PASSE NA OAB 2ª fase COMPLETAÇO®

MARCELO HUGO DA ROCHA
Coordenação

PRÁTICA
ADMINISTRATIVA

PASSE NA OAB 2ª fase COMPLETAÇO

MARCELO HUGO DA ROCHA
Coordenação

ANDRÉ BARBIERI
DALMO AZEVEDO

PRÁTICA
ADMINISTRATIVA

9ª edição
2025

gen | saraiva jur

- Os autores deste livro e a editora empenharam seus melhores esforços para assegurar que as informações e os procedimentos apresentados no texto estejam em acordo com os padrões aceitos à época da publicação, *e todos os dados foram atualizados pelos autores até a data de fechamento do livro.* Entretanto, tendo em conta a evolução das ciências, as atualizações legislativas, as mudanças regulamentares governamentais e o constante fluxo de novas informações sobre os temas que constam do livro, recomendamos enfaticamente que os leitores consultem sempre outras fontes fidedignas, de modo a se certificarem de que as informações contidas no texto estão corretas e de que não houve alterações nas recomendações ou na legislação regulamentadora.

- Data do fechamento do livro: 18/11/2024

- Os autores e a editora se empenharam para citar adequadamente e dar o devido crédito a todos os detentores de direitos autorais de qualquer material utilizado neste livro, dispondo-se a possíveis acertos posteriores caso, inadvertida e involuntariamente, a identificação de algum deles tenha sido omitida.

- Direitos exclusivos para a língua portuguesa
  Copyright ©2025 by
  Saraiva Jur, um selo da SRV Editora Ltda.
  Uma editora integrante do GEN | Grupo Editorial Nacional
  Travessa do Ouvidor, 11
  Rio de Janeiro – RJ – 20040-040

- **Atendimento ao cliente: https://www.editoradodireito.com.br/contato**

- Reservados todos os direitos. É proibida a duplicação ou reprodução deste volume, no todo ou em parte, em quaisquer formas ou por quaisquer meios (eletrônico, mecânico, gravação, fotocópia, distribuição pela Internet ou outros), sem permissão, por escrito, da **SRV Editora Ltda.**

- Capa: Tiago Dela Rosa

DADOS INTERNACIONAIS DE CATALOGAÇÃO NA PUBLICAÇÃO (CIP)
ELABORADO POR VAGNER RODOLFO DA SILVA – CRB-8/9410

B236p   Barbieri, André
        Passe na OAB 2ª fase - completaço® - prática administrativa / André Barbieri, Dalmo Azevedo ; coordenado por Marcelo Hugo da Rocha. - 9. ed. - São Paulo : Saraiva Jur, 2025.

        240 p. - (Passe na OAB 2ª fase - Completaço®)
        ISBN: 978-85-5362-731-8 (Impresso)

        1. Direito. 2. OAB. 3. Exame de ordem. 4. Prática administrativa. I. Azevedo, Dalmo. II. Rocha, Marcelo Hugo da. III. Título. IV. Série.

                              CDD 340
2024-4060   CDU 34

Índice para catálogo sistemático:
1. Direito 340
2. Direito 34

À Clara,
razão da existência da minha felicidade plena.
Responsável, com seu encanto e amor, por transformar
um simples homem no pai mais feliz do mundo!

André Barbieri

Agradeço a direção de Deus em minha vida, todas as decisões que Ele me permitiu tomar me trouxeram até esse momento tão importante da minha história. À minha mãe, Ana Elizabeth, um agradecimento especial pois, se não fosse por toda sua força e amor, eu não estaria vivendo um momento tão valioso em minha vida; meu irmão, Erick, meu maior exemplo de comprometimento e dedicação; minha falecida avó, Heloísa Nazareth, e meu falecido avô, João Dalmo, por acreditarem e apoiarem minha decisão profissional ao seguir a carreira do magistério.

Agradeço à minha esposa, Anna, por toda paciência e parceria nesses anos, meus sogros, Jackson e Sandra, que me receberam como um filho em sua família. Aos melhores amigos da minha vida, Fábio Arruda, André Santiago, Francisco (Deus te recebeu com braços abertos meu irmão) e Ricardo, pessoas que me ensinaram a ser um cidadão honesto, dedicado e um professor do mais alto nível possível. E aos melhores sócios e grandes amigos que a profissão me deu, Fatten e Felipe, por terem tido a coragem de criar junto comigo a Comunidade Sem Migue, o meu maior projeto e o maior legado que nós três queremos deixar para a sociedade.

Por fim, agradeço ao meu coordenador, Marcelo Hugo, por acreditar no meu potencial e me incluir em uma das coleções mais importantes da editora. E agradeço fortemente a todos da editora que participaram da produção desse material.

Dalmo Azevedo

Sobre os autores

MARCELO HUGO DA ROCHA

Autores
ANDRÉ BARBIERI
Advogado. Mestre em Direito. Professor para o Exame de Ordem e Concursos Públicos. Criador da Metodologia PEI: Programa de Estudos Individualizado.
Site: www.professorbarbieri.com.br

DALMO AZEVEDO
Bacharel em Direito pela Universidade do Grande Rio (UnigranRio). Tecnólogo em Investigação Criminal e Perícia Forense pela Universidade Estácio de Sá (UNESA). Professor de Direito Administrativo para concursos públicos civis, militares e exame da OAB. Atuou nos principais cursos dos Estados do RJ, SP, MG, SC, PR e RS. Foi Coordenador-geral de concursos durante dois anos e meio no Curso Progressão/RJ, possuindo ampla experiência em preparação para provas e exames de todo o Brasil.

Nota da coordenação

A coleção **Passe na OAB 2ª Fase** com sete volumes, um para cada disciplina optativa, nasceu na primeira série "**Questões & Peças Comentadas**", lançada em 2011. Nesse período, foi lançada outra série para completar a preparação: "**Teoria & Modelos**". Então, em 2017, lançamos a primeira edição do **Passe na OAB 2ª Fase – Completaço®**, que reúne a experiência de ambas as abordagens das séries anteriores num único livro para cada disciplina.

Com o tempo, reunimos novas ferramentas para seguir pelo caminho mais rápido para aprovação na OAB. Incluímos roteiros passo a passo, súmulas selecionadas, cronograma de estudos, quadro de incidência de peças e vídeos, além de melhorias na apresentação do conteúdo com quadros, esquemas e uma diagramação mais amigável e didática. A experiência dos autores, todos professores reconhecidos, também está presente no livro que você tem em mãos e no conteúdo *online* disponível por meio do acesso ao *QR Code* ao longo da obra. Você encontrará mais questões dissertativas comentadas, peças processuais exemplificadas e vídeo. O cronograma de estudos para 40 dias de preparação e as súmulas selecionadas também estão disponíveis para acessar de forma *online*, incluindo novas atualizações dos autores. É por isso que escolhemos "Completaço" como título para esta coleção: o conteúdo é mais que completo, é Completaço!

Bons estudos e ótima aprovação!

Marcelo Hugo da Rocha
@profmarcelohugo

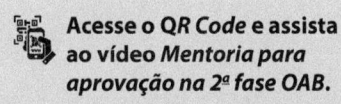

Acesse o *QR Code* e assista ao vídeo *Mentoria para aprovação na 2ª fase OAB*.

> http://uqr.to/1wzrw

Apresentação

É com muita alegria que apresentamos esta obra única, elaborada com o claro objetivo de ajudar o examinando a conseguir sua aprovação na segunda fase do Exame da OAB.

Convém, primeiro, sugerir que a escolha da disciplina para a segunda fase do Exame deva ser uma questão de afinidade, e não de modismo. O examinando deve optar por aquela matéria com que mais se identifica, quer seja por facilidade de absorção do conteúdo durante a faculdade, quer seja por exercer, ou ter exercido, atribuições ligadas à disciplina escolhida.

Um grande erro que deve ser evitado reside na escolha da matéria por indicação de amigos, ou porque a banca está menos rigorosa, ou porque há menos peças práticas, ou qualquer outro motivo que não seja *afinidade* com a disciplina. O resultado poderá ser frustrante.

Ao escolher o Direito Administrativo, partimos da premissa de que há entre o direito público por excelência e o examinando uma relação íntima, de gosto e afinidade pela matéria. Uma relação de paixão! Sendo assim, tudo fica mais fácil e esta obra certamente irá te levar à tão sonhada habilitação para o exercício da profissão.

Todos nós sabemos que a segunda fase é composta de uma peça prático-profissional seguida de quatro questões discursivas. Como fruto de muita experiência, deve-se iniciar a prova pela peça, considerando a importância e o peso dado a ela.

Vale ressaltar, outrossim, que a rigor não existem medidas judiciais próprias do direito administrativo. As únicas peças realmente administrativas são os pareceres e os recursos administrativos, principalmente os afetos à licitação. Observamos que a atual banca organizadora não possui muita predileção por tais peças.

Sendo assim, para a segunda fase em direto administrativo, o examinando deve concentrar sua atenção nas peças processuais e constitucionais, tais como petição inicial, contestação, apelação, agravo, mandado de segurança, ação popular, *habeas data*, recurso ordinário constitucional, dentre outras.

Não há que se preocupar quanto à forma da peça. O capítulo 2 deste livro contém dicas e macetes fundamentais para que o examinando possa identificar e estruturar de forma rápida e simples quaisquer peças supracitadas, entre outras, trazendo todos os elementos imprescindíveis na formatação da medida a ser cobrada, à luz das regras insculpidas no Código de Processo Civil.

Em relação às questões discursivas, bem como ao conteúdo material da peça, cabem aqui algumas orientações de aprendizagem, na forma do capítulo 4 deste livro. O direito administrativo não é uma matéria sistematizada, no sentido de não haver um Código de Direito Administrativo, e as questões são resolvidas com base na legislação pertinente a cada instituto, além da Constituição e jurisprudência, claro.

Portanto, para ter sucesso nas questões discursivas, você precisa, em primeiro lugar, ler com muita atenção o enunciado da questão e identificar com precisão o tema central arguido pelo examinador (exemplo: licitação). Uma vez feita a identificação do assunto central, o próximo passo é buscar o tema secundário (exemplo: licitação – inexigibilidade).

Assim, sabendo que o tema central é licitação e o secundário é inexigibilidade, basta se socorrer da lei pertinente (Lei n. 14.133/2021) e procurar nela o artigo que trata do tema, caso já não saiba de cabeça. Essa técnica pode ser usada tanto para as questões discursivas quanto para o direito material disposto na peça. Outra dica, caso não se recorde da lei correspondente ao tema, basta procurar no índice remissivo de seu *Vade Mecum*, que certamente irá lhe direcionar ao artigo pertinente.

Usando corretamente a técnica do MIT (Mapa de Identificação do Tema – central e secundário) no rascunho de sua prova, o examinando encontrará a facilidade e a tranquilidade para obter a pontuação necessária à aprovação. Neste livro, ao analisar as questões já cobradas na segunda fase, demonstraremos concretamente a utilização da técnica, que vem a ser mais um instrumento de ajuda ao examinando.

Por fim, no material *online* desta obra, o examinando encontrará os verbetes mais cobrados das súmulas do STF e STJ, bem como o comentário aos enunciados pertinentes ao direito administrativo, dispostos na súmula vinculante do STF.

Então já viu, técnicas e macetes de peças e questões discursivas somados à análise da jurisprudência dos Tribunais Superiores só podem resultar na obra mais completa para a segunda fase em Direito Administrativo.

Bons estudos!!!

Os Autores

Sumário

Sobre os autores VII

Nota da coordenação IX

Apresentação XI

Quadro de incidência XIX

Cronograma de estudos XXI

1. Introdução 1
   1.1. Como gabaritar a peça 1
       1.1.1. Encontre-se! 1
       1.1.2. Organize suas ideias! 1
       1.1.3. Tenha muita atenção na forma adequada! 2
   1.2. Construção das teses 2
   1.3. Regras de competência 3
   1.4. Resumo das peças 4
2. Estudo do direito processual e análise de cada peça 7
   2.1. *Habeas data* 7
       2.1.1. Apresentação 7
       2.1.2. Requisitos e características 7
       2.1.3. Como identificar a peça 8
       2.1.4. Competência 9
       2.1.5. Resumo dos pedidos do *habeas data* 11
       2.1.6. Estrutura do *habeas data* 11
       2.1.7. Modelo de petição do *habeas data* 12
   2.2. Mandado de segurança 14
       2.2.1. Apresentação 14
       2.2.2. Requisitos e características 14
       2.2.3. Como identificar a peça 16
       2.2.4. Competência 16

2.2.5. Resumo dos pedidos do mandado de segurança.................................... 17
2.2.6. Estrutura do mandado de segurança.. 18
2.2.7. Modelo de petição do mandado de segurança..................................... 19
2.2.8. Caso prático e gabarito da FGV 21
2.3. Mandado de segurança coletivo.. 24
    2.3.1. Apresentação 24
    2.3.2. Requisitos e características... 25
    2.3.3. Como identificar a peça 26
    2.3.4. Competência 26
    2.3.5. Resumo dos pedidos do mandado de segurança............................. 26
    2.3.6. Estrutura do mandado de segurança coletivo................................. 27
    2.3.7. Modelo de petição do mandado de segurança coletivo................... 28
2.4. Ação popular... 28
    2.4.1. Apresentação 28
    2.4.2. Requisitos e características... 29
    2.4.3. Como identificar a peça 30
    2.4.4. Competência 30
    2.4.5. Resumo dos pedidos da ação popular... 31
    2.4.6. Estrutura da ação popular... 31
    2.4.7. Modelo de petição da ação popular.. 33
2.5. Ação civil pública 37
    2.5.1. Apresentação 37
    2.5.2. Requisitos e características... 37
    2.5.3. Como identificar a peça 38
    2.5.4. Resumo dos pedidos da ação civil pública...................................... 38
    2.5.5. Estrutura da ação civil pública.. 39
    2.5.6. Modelo de petição da ação civil pública.. 41
    2.5.7. Caso prático e gabarito da FGV 42
2.6. Petição inicial.. 45
    2.6.1. Apresentação 45
    2.6.2. Requisitos e características... 45
    2.6.3. Como identificar a peça 46
    2.6.4. Competência 46
    2.6.5. Da audiência de conciliação ou de mediação 46
    2.6.6. Resumo dos pedidos da petição inicial 47

PRÁTICA ADMINISTRATIVA XV

2.6.7. Estrutura da petição inicial	47
2.6.8. Modelo de petição inicial	49
2.6.9. Caso prático e gabarito da FGV	51
2.7. Contestação	54
2.7.1. Apresentação	54
2.7.2. Requisitos e características	54
2.7.3. Como identificar a peça	55
2.7.4. Resumo dos pedidos da contestação	56
2.7.5. Estrutura da contestação	56
2.7.6. Modelo da contestação	57
2.8. Teoria geral sobre os recursos	60
2.8.1. Apresentação	60
2.8.2. Requisitos e características	61
2.8.3. Como identificar a peça	62
2.8.4. Resumo dos pedidos (clássicos) recursais	62
2.9. Apelação	63
2.9.1. Apresentação	63
2.9.2. Requisitos e características	64
2.9.3. Como identificar a peça	65
2.9.4. Resumo dos pedidos da apelação	65
2.9.5. Estrutura da apelação	65
2.9.5.1. Na folha de rosto	65
2.9.5.2. Na folha das razões recursais	66
2.9.6. Modelo de apelação	67
2.9.7. Caso prático e gabarito da FGV	69
2.10. Recurso ordinário	71
2.10.1. Apresentação	71
2.10.2. Requisitos e características	71
2.10.3. Como identificar a peça	73
2.10.4. Resumo dos pedidos do recurso ordinário	73
2.10.5. Estrutura do recurso ordinário	74
2.10.5.1. Na folha de rosto	74
2.10.5.2. Na folha das razões recursais	74
2.10.6. Modelo de recurso ordinário	75
2.10.7. Caso prático e gabarito da FGV	77
2.11. Agravo de instrumento	78
2.11.1. Apresentação	78

2.11.2. Requisitos e características 79
2.11.3. Como identificar a peça 81
2.11.4. Resumo dos pedidos do agravo de instrumento 81
2.11.5. Estrutura do agravo de instrumento 81
2.11.6. Modelo do agravo de instrumento 83
2.11.7. Caso prático e gabarito da FGV 85
2.12. Recurso especial e recurso extraordinário 88
2.12.1. Apresentação 88
2.12.2. Requisitos e características 88
2.12.3. Como identificar a peça 91
2.12.4. Resumo dos pedidos 92
2.12.5. Estrutura do recurso especial 92
    2.12.5.1. Na folha de rosto 92
    2.12.5.2. Na folha das razões recursais 93
2.12.6. Estrutura do recurso extraordinário 94
    2.12.6.1. Na folha de rosto 94
    2.12.6.2. Na folha das razões recursais 95
2.12.7. Modelo de petição do recurso especial 95
2.13. Reclamação constitucional 97
2.13.1. Apresentação 97
2.13.2. Requisitos e características 98
2.13.3. Como identificar a peça 98
2.13.4. Competência 99
2.13.5. Resumo dos pedidos da reclamação constitucional 99
2.13.6. Estrutura da reclamação na ofensa de súmula vinculante 99
2.13.7. Modelo de reclamação constitucional 100
3. Resumo teórico dos temas mais cobrados 103
3.1. Licitação 103
3.1.1. Introdução e âmbito de aplicação 103
3.1.2. Aplicabilidade material 104
3.1.3. Pressupostos e finalidade da licitação 105
3.1.4. Princípios da licitação 106
    3.1.4.1. Julgamento objetivo 106
    3.1.4.2. Vinculação ao edital 106
    3.1.4.3. Motivação 106
    3.1.4.4. Segregação de funções 106

PRÁTICA ADMINISTRATIVA

        3.1.4.5. Economicidade 106
        3.1.4.6. Celeridade 107
        3.1.4.7. Transparência 107
        3.1.4.8. Competitividade 107
        3.1.4.9. Eficiência 107
        3.1.4.10. Planejamento 107
        3.1.4.11. Desenvolvimento nacional sustentável 107
        3.1.4.12. Publicidade 107
    3.1.5. Critérios de julgamento, desclassificação e desempate 107
        3.1.5.1. Menor preço e maior desconto 108
        3.1.5.2. Melhor técnica ou conteúdo artístico 108
        3.1.5.3. Técnica e preço 109
        3.1.5.4. Maior lance e maior retorno econômico 110
    3.1.6. Fases do procedimento licitatório 110
    3.1.7. Modalidades da licitação 111
    3.1.8. Procedimentos auxiliares 112
        3.1.8.1. Credenciamento 113
        3.1.8.2. Sistema de registro de preços 114
        3.1.8.3. Pré-qualificação 116
        3.1.8.4. Procedimento de Manifestação de Interesse (PMI) 117
        3.1.8.5. Registro cadastral 118
    3.1.9. Contratação direta 119
        3.1.9.1. Licitação dispensada 120
        3.1.9.2. Licitação dispensável 121
        3.1.9.3. Inexigibilidade da licitação 125
3.2. Intervenção do Estado na propriedade privada 126
    3.2.1. Intervenção supressiva 127
        3.2.1.1. Desapropriação comum 127
        3.2.1.2. Desapropriação especial 128
        3.2.1.3. Desapropriação confiscatória 129
        3.2.1.4. Outras formas de desapropriação 129
        3.2.1.5. Procedimento da desapropriação 129
    3.2.2. Intervenção restritiva 130
3.3. Responsabilidade civil do Estado 131
    3.3.1. Conceito e elementos 131
    3.3.2. Evolução histórica 132
    3.3.3. Pressupostos de configuração 133
    3.3.4. Outras teorias importantes 133
    3.3.5. Responsabilidades específicas 134

3.4. Improbidade administrativa 135
    3.4.1. Conceito e base legal 135
    3.4.2. Abrangência da lei 136
    3.4.3. Espécies de atos de improbidade administrativos 137
    3.4.4. Legitimidade da ação e procedimentos 142
    3.4.5. Sanções e prescrição 146
3.5. Agentes públicos 148
    3.5.1. Conceito e classificação 148
    3.5.2. Concurso público 150
    3.5.3. Principais conceitos e jurisprudências 151

4. Questões e gabaritos 155

Súmulas selecionadas 211

Referências 213

Quadro de incidência de peças

PEÇAS	EXAMES					
Apelação	XIII	XX	XXI	XXII	XXXII	39º
Mandado de Segurança	XIV	XVIII	XXVII	41º		
Petição Inicial indenizatória pelo procedimento comum	II	VI	XVI	XXVIII	38º	
Petição Inicial anulatória pelo procedimento comum	IX	XI	XVII	XIX	XXV	XXIX	37º
Ação popular	VII	XV	XXXI			
Recurso ordinário em mandado de segurança	XII	XXIV				
Contestação	III	X	XXX	35º		
Agravo de Instrumento	VIII	XXIII	XXXIII	40º		
Ação Civil Pública	XXVI	36º				

Cronograma de estudos

Acesse o Q*R Code* e veja o cronograma de estudos de 40 dias elaborado pelos autores com sugestão do que você pode estudar em cada um dos dias antes da prova.

> http://uqr.to/1wzrv

1. INTRODUÇÃO

1.1. Como gabaritar a peça

A peça profissional é a parte mais valorizada da segunda fase do Exame. É aqui que se avalia a capacidade do bacharel em desenvolver sua atividade profissional. Por isso, vamos buscar a nota máxima!

Nesse sentido, preste bastante atenção nas dicas e comentários abaixo, que muito ajudarão a realizar a tarefa e conquistar a tão sonhada aprovação.

1.1.1. Encontre-se!

A questão irá narrar um caso concreto e lhe pedir a peça a ser peticionada. Veja a legislação pertinente e utilize o resumo dos pedidos, bem como anote os requisitos essenciais. Tenha a percepção de que todos os pedidos estão na legislação ou na Constituição Federal. Aqui você vai pontuar só por repetir os pedidos da lei.

Preste atenção aos detalhes, como menção a prazos, autoria e réu, prescrições, competências e possibilidade de liminares.

Nunca identifique a peça! Tenha muito cuidado para não utilizar qualquer espécie de marcação, como nomes próprios, rabiscos, lugares etc. Imagine que o problema não lhe apresentou o endereço completo das partes. Neste caso, faça de forma genérica: rua, número, bairro, cidade, Estado, CEP. *Siga estritamente o comando da questão* (autor, advogado, lugar, data).

1.1.2. Organize suas ideias!

Antes de começar a redigir sua peça, organize as ideias fazendo um esquema na área de rascunho da prova, colocando o que você irá falar e em que ordem irá fazê-lo, não se esquecendo de apontar as características da peça que irá montar. Sugerimos que você, assim que identificar as teses, construa sua redação na seguinte ordem: tese constitucional, tese legal, tese de súmulas/jurisprudência e princípios.

Não se esqueça também de que sua peça deve convencer a banca acerca de seus argumentos. Para isso, lembre-se de que sua peça deve conter a narração dos fatos, de forma objetiva, o apontamento do direito, de forma fundamentada, e o pedido, de forma correta.

1.1.3. Tenha muita atenção na forma adequada!

Algumas dicas importantes:

1. Utilize parágrafos e frases curtos, a não ser que seja inevitável. Para isso, pontue a frase ou parágrafo, evite palavras e expressões que não acresçam na sua redação: tendo, sendo, estava fazendo... nada de gerúndio!

2. Comece novos parágrafos com as expressões e palavras a seguir (veja, logo abaixo, como construir cada tese em três parágrafos): "O artigo", "no caso concreto", "No caso em tela" "Sendo assim"...

3. Evite abreviações desnecessárias, cite o inciso, o parágrafo... Não deixe espaço para o examinador descontar pontos preciosos da sua prova. Cuidado com a repetição de palavras ao longo da peça.

4. Nas peças judiciais, não personalize o discurso. Evite colocar "na minha opinião"; "a meu sentir". Lembre-se de que você estará falando por alguém, então cite corretamente a parte. Exceção é o Parecer Jurídico, em que você emitirá sua opinião.

5. Quando for discorrer sobre os fatos, prenda-se apenas aos elementos trazidos pela questão. É a cópia do problema em dois parágrafos, no máximo. *Não há qualquer possibilidade de inventar fatos novos*, sob pena de anulação. Ex.: se o único dado de qualificação do legitimado ativo é a nacionalidade, somente esse que deve ser colocado.

6. Em relação às partes, utilize a nomenclatura correta:
- Ações em geral: autor e réu. Pode repetir as expressões acima.
- Reclamação: Reclamante e reclamado.
- Mandado de segurança: impetrante e impetrado (ou autoridade coatora).

1.2. Construção das teses

Esta é uma parte de extrema importância, pois, ao aprender a construir as teses, você saberá, de uma só vez, bem fundamentar sua peça prático-profissional, bem como, responder às quatro questões de direito material.

A construção é simples e eficaz, pois você demonstrará ao examinador uma resposta completa, objetiva e juridicamente fundamentada.

Diante disso, sempre que identificar uma tese, utilizaremos "três parágrafos" para o desenvolvimento desta. Quando falamos "identificar a tese", vale desde um artigo na Constituição Federal, nas leis, princípios, súmulas ou jurisprudência. O importante é você sempre lembrar: **para cada tese teremos três parágrafos**!

Assim será construída a tese:

§ 1º – exposição dos fatos (informação que o problema lhe deu. Aqui você vai, com suas palavras, apresentar os fatos, que o problema lhe deu, de forma objetiva);

§ 2º – utilização do dispositivo jurídico de forma lógica (exposição dos argumentos. Nesse momento, você vai demonstrar todo o seu conhecimento jurídico, aplicando o dispositivo de lei sobre o fato apresentado no parágrafo anterior);

§ 3º – conclusão (faça o pedido. É o momento em que você conclui, de forma lógica, o fato apresentado com o dispositivo jurídico).

Para facilitar ainda mais a elaboração da peça prático-profissional, deixamos a sugestão para que você comece cada parágrafo (da tese) com "expressões-chaves". Exemplo:

§ 1º – No caso concreto...

§ 2º – O artigo...

§ 3º – Sendo assim...

Imagine que você tenha identificado quatro teses na leitura do caso prático, automaticamente, teremos de desenvolvê-las em, pelo menos, 12 parágrafos. Lembre-se: para cada tese, teremos sempre a configuração em três parágrafos.

Vamos praticar! Analise comigo o seguinte caso:

"Maria, enquanto caminhava pela calçada, foi atropelada por uma viatura do Estado, veículo este conduzido por um agente público que, inadvertidamente, subiu na calçada e atingiu à vítima, causando-lhe diversas escoriações". Podemos construir a seguinte tese constitucional para nossa ação indenizatória:

No caso concreto, a autora, enquanto caminhava pela calçada, foi atropelada pela viatura do Estado.

O art. 37, § 6º, da Constituição Federal determina a responsabilidade objetiva do Estado. Assim, presentes a conduta do agente público, o nexo causal e o resultado dano, deverá o Estado indenizar a vítima. Conforme se comprovou, no caso em tela, os três elementos estão presentes, motivo este suficiente para que o Estado arque com todos os prejuízos impostos à vítima.

Sendo assim, requer seja o Estado condenado a indenizar a autora, nos termos da fundamentação.

Nesses termos, vale lembrar que, para a prova prático-profissional teremos, no mínimo, quatro teses, quais sejam: a *primeira* será a tese da Constituição Federal; a *segunda* será da legislação; a *terceira* será encontrada nos princípios; e a *quarta* na jurisprudência/súmulas. Lembre-se de que tais teses são mínimas, pois nada impede duas teses constitucionais, mais três teses distribuídas pelas leis etc.

1.3. Regras de competência

Agora, vamos trabalhar algumas regras importantíssimas sobre a competência.

a) Entes públicos
- Ações autor/réu: União Federal – Justiça Federal – art. 109 da Constituição Federal – Vara Federal.
- Ações autor/réu: Estados-membros – Justiça Estadual – art. 125 da Constituição Federal – Vara da Fazenda Pública.
- Ações autor/réu: Municípios – Justiça Estadual – art. 125 da Constituição Federal – Vara da Fazenda Pública.

b) Entidades administrativas
- Ações autor/réu: autarquias, fundações, empresas públicas federais – Justiça Federal – Vara Federal – art. 109, I, da Constituição Federal.
- Ações autor/réu: autarquia, fundações, empresas públicas e sociedades de economia mista estaduais e municipais – Justiça Estadual – art. 109, I, por interpretação a *contrario sensu*.
- Ações autor/réu: sociedade de economia mista federal – Justiça Estadual – art. 109, I, por interpretação a *contrario sensu*.

Súmula 42 do STJ. "Compete à Justiça Comum Estadual processar e julgar as causas cíveis em que é parte sociedade de economia mista e os crimes praticados em seu detrimento".

1.4. Resumo das peças

O objetivo deste guia é apresentar um **resumo** das possibilidades de cabimento de cada uma das peças práticas da 2ª fase de direito administrativo. Ainda que a peça a ser peticionada seja exigida pela FGV, faz-se de grande importância compreender os motivos, características e requisitos básicos de cada uma das possíveis cobranças.

1. Habeas data: remédio constitucional utilizado para ter acesso à informação, complementar à informação ou retificá-la no que diz respeito a um registro existente num banco de dados. Só pode prosperar a ação se demonstrado o cumprimento do requisito administrativo, qual seja, a provocação do banco de dados para que apresentasse, retificasse ou inserisse à informação, nos termos do pedido. Lembra que tanto faz a negativa expressa ou a omissão no que diz respeito à informação.

2. Mandado de segurança: utilizado para tutelar um direito líquido e certo não amparado por *habeas data* ou *habeas corpus*. O direito líquido e certo recai, em resumo, sobre as provas documentais. Importante lembrar que no mandado de segurança não há possibilidade de produção probatória, mas deve ser pedido a juntada de documentos. Não esqueça o prazo de 120 dias, bem como que o mandado de segurança não se confunde com ação de cobrança, conforme explicaremos em capítulo próprio. Ainda, o mandado de segurança será impetrado contra o ato de uma autoridade coatora.

3. Mandado de segurança coletivo: segue a mesma lógica do mandado de segurança individual, porém, agora, busca a tutela dos direitos coletivos, tendo em vista alguns legitimados específicos: o partido político, as organizações sindicais, as entidades de classe ou as associações. Todo o resto segue o mandado de segurança individual, com a exceção do pedido de liminar (art. 22, § 2º, da Lei do Mandado de Segurança).

4. Ação popular: busca a anulação de ato ou contrato administrativo que venha a lesar o patrimônio público. Muito cuidado que a ação popular não visa proteger direito exclusivo do autor, mas de toda a coletividade. Ainda, somente poderá ser autor dessa ação aquele que comprovar ser cidadão, ou seja, é indispensável o título de eleitor para que seja provada a cidadania. Cuidado que o detentor de mandato eletivo e o agente público também podem propor uma ação popular, pois para ser eleito e para tomar posse em cargo público devem ter, necessariamente, o título de eleitor.

5. Ação de improbidade administrativa: é cabível para a propositura do Ministério Público. Por essa razão, parece ser mais interessante o estudo de uma contestação em sede de improbidade administrativa, vez que o Exame da OAB visa à habilitação do advogado para a carreira privada e, não, para a carreira pública. Sendo assim, neste *livro* trabalharemos a contestação em ação de improbidade administrativa.

6. Ação civil pública: se for cobrada uma ação civil pública, será cabível nos casos em que a associação busca tutelar os chamados direitos difusos ou coletivos. Pelo mesmo fato que não é razoável no Exame de Ordem cair uma peça privativa do Promotor de Justiça, também não seria lógico cobrarem uma peça em que você atue como um advogado público. Vale lembrar que na ação civil pública temos uma amplitude de tutela maior do que na ação popular, porém. A ação civil pública visa tutelar o consumidor, o meio ambiente, os bens de valor histórico, estético [...], os portadores de necessidades especiais, a criança, o adolescente etc. Aqui, não se fala mais do título de eleitor ou do cidadão.

7. Ação ordinária de indenização/ação ordinária de anulação: como toda ação ordinária deve seguir o modelo de petição inicial do Código de Processo Civil, sendo que a única diferença entre uma indenizatória para uma anulatória é o pedido em si. Lembre-se de que se já tiver expirado o prazo de 120 dias e/ou o problema falar que o seu cliente busca receber valores do passado, não mais será cabível o mandado de segurança, por exemplo, e sim uma ação ordinária. Por convenção, sempre que for uma ação ordinária faremos o pedido de antecipação de tutela.

8. Contestação: cabível sempre nos casos em que houver citação/notificação/intimação (razão pela qual alguém moveu uma ação contra seu cliente) e, ainda não existiu sentença. Lembre-se de que a contestação pode ser cobrada no contexto da Lei de Improbidade Administrativa, razão pela qual deve seguir o modelo do Código de Processo Civil. Ao contrário das petições iniciais (em que ainda não existiu qualquer manifestação judicial), na contestação, já lhe é dado todo um conjunto de fatos e acusações que caberá a você rebater. Não esqueça, se cair contestação, teremos de mencionar as preliminares, bem como rebater todos os argumentos apresentados pela petição inicial.

9. Apelação: recurso cabível contra uma decisão judicial que encerra o processo, com ou sem julgamento do mérito. Lembre-se de que a apelação é o recurso cabível contra a sentença (juiz singular, seja estadual ou federal).

10. Recurso ordinário: recurso cabível de uma decisão originária de tribunal. Veja se da sentença cabe apelação, das decisões originárias do TJ ou TRF caberá recurso ordinário ao STJ. Ainda, se for decisão originária do STJ, caberá recurso ordinário ao STF, sempre num contexto de denegatória de mandado de segurança e *habeas data*, principalmente.

11. Agravo de instrumento: recurso cabível contra decisões judiciais interlocutórias que, por lógica, não colocam fim ao processo e trazem ao seu cliente um prejuízo. Lembre-se de que, mesmo sendo um recurso, o modelo do agravo de instrumento é sempre uma petição inicial.

12. Recurso especial: recurso cabível, como regra, contra uma decisão do TJ ou do TRF que contrarie a legislação infraconstitucional. Não se esqueça da existência do prequestionamento.

13. Recurso extraordinário: recurso cabível contra decisões do TJ, do TRF ou do STJ que atentem contra a Constituição Federal. Lembre-se de que existe o prequestionamento e, também, a repercussão geral.

14. Reclamação constitucional: nada mais é do que uma ação endereçada ao STJ ou ao STF em que buscamos garantir a autoridade das decisões das respectivas Cortes. No caso de uma ofensa ao texto de súmula vinculante, por evidente, teremos uma reclamação constitucional ao Supremo Tribunal Federal.

15. Impugnação ao edital: medida administrativa utilizada somente quando o examinador expressamente solicitar, tendo em vista uma cláusula abusiva/ilícita num edital da Administração Pública. Mais comumente utilizada para impugnar edital de concurso público ou de procedimento licitatório.

16. Recurso administrativo: também é medida administrativa utilizada só e tão somente quando o examinador expressamente pedir. A regra sempre será o recurso judicial, mas nada impede de conhecermos o recurso administrativo e suas peculiaridades.

17. Parecer: o parecer é, objetivamente falando, uma resposta jurídica para uma pergunta formulada. Mais uma vez, somente elaboraremos esta peça quando o examinador assim exigir.

2. ESTUDO DO DIREITO PROCESSUAL E ANÁLISE DE CADA PEÇA

2.1. *Habeas data*

2.1.1. Apresentação

O *habeas data* é o remédio constitucional utilizado para a obtenção de informações, correções/retificações ou complementação de uma informação do próprio requerente/autor/impetrante.

É o instrumento adequado à defesa dos direitos previstos nos incisos XIV e XXXIII do art. 5º da CF/88. Reserva-se à salvaguarda do registro correto dos dados relativos à pessoa.

Vale lembrar que se considera de caráter público todo registro ou banco de dados que contém informações que sejam transmitidas a terceiros e, assim, que não sejam de uso privativo do órgão ou entidade produtora ou depositária da informação (art. 1º, parágrafo único, da Lei n. 9.507/97).

Esse remédio constitucional tem estrutura da petição inicial.

2.1.2. Requisitos e características

Para elaborar um *habeas data* é indispensável a leitura do art. 5º, LXXII, da Constituição Federal, bem como da Lei n. 9.507/97. Assim determina o texto constitucional:

> Art. 5º [...]
> LXXII – conceder-se-á *habeas data*:
> a) para assegurar o conhecimento de informações relativas à pessoa do impetrante, constantes de registros ou bancos de dados de entidades governamentais ou de caráter público;
> b) para a retificação de dados, quando não se prefira fazê-lo por processo sigiloso, judicial ou administrativo;

Percebe-se, com muita nitidez, que o *habeas data* tem uma finalidade muito objetiva: permitir que o impetrante tenha acesso à uma informação própria que foi negada.

No tocante à Lei n. 9.507/97, a disposição legal segue a mesma linha constitucional, porém com maior detalhamento:

> Art. 7º Conceder-se-á *habeas data*:
> I – para assegurar o conhecimento de informações relativas à pessoa do impetrante, constantes de registro ou banco de dados de entidades governamentais ou de caráter público;

II – para a retificação de dados, quando não se prefira fazê-lo por processo sigiloso, judicial ou administrativo;

III – para a anotação nos assentamentos do interessado, de contestação ou explicação sobre dado verdadeiro mas justificável e que esteja sob pendência judicial ou amigável.

Por evidente, é sempre indispensável que tenhamos uma exata identificação do inciso que se encaixa no caso concreto, uma vez que o pedido do *habeas data* será para ter acesso, ou para retificar ou para complementar uma informação.

Para que o *habeas data* prospere, é indispensável o cumprimento do requisito administrativo, qual seja, o peticionamento ao banco de dados para que a informação seja concedida/retificada/complementada. Somente com a prova de que se cumpriu o requisito administrativo (a negativa do banco de dados ou sua omissão) é que estará aberta a via para a impetração desse remédio constitucional. Assim dispõe o art. 8º da Lei do *Habeas Data*:

Art. 8º A petição inicial, que deverá preencher os requisitos dos arts. 282 a 285 (*leia-se 319 e 320, do novo CPC*) do Código de Processo Civil, será apresentada em duas vias, e os documentos que instruírem a primeira serão reproduzidos por cópia na segunda.
Parágrafo único. A petição inicial deverá ser instruída com prova:
I – da recusa ao acesso às informações ou do decurso de mais de dez dias sem decisão;
II – da recusa em fazer-se a retificação ou do decurso de mais de quinze dias, sem decisão; ou
III – da recusa em fazer-se a anotação a que se refere o § 2º do art. 4º ou do decurso de mais de quinze dias sem decisão.

No *habeas data* não se admite a produção de provas, razão pela qual você deve realizar o pedido de juntada de prova pré-constituída/prova documental.

Outro ponto importante é pela inexistência de pedido de liminar ou de antecipação de tutela, uma vez que nesse remédio constitucional temos de realizar o pedido de prioridade de julgamento (art. 19 da Lei n. 9.507/97).

Ainda, por expressa determinação constitucional, o *habeas data* é uma ação gratuita, razão pela qual não se faz pedido de condenação em custas nem honorários advocatícios (art. 5º, LXXVII, da CF).

Por fim, da sentença que conceder ou negar o *habeas data* será cabível apelação (art. 15).

2.1.3. Como identificar a peça

Para identificar um *habeas data* não há dificuldades, pois a questão mencionará o desejo do autor de ter acesso/retificar/complementar sua própria informação, sendo que esta estará junto ao banco de dados. Vale lembrar, também, que o problema deverá informar sobre a existência do peticionamento administrativo e, por evidente, seu insucesso.

Além disso, por se tratar de uma petição inicial, não terá qualquer manifestação judicial, nem peticionamento judicial. Ou seja, o problema apresentará um caso e caberá a você ingressar com esta ação.

2.1.4. Competência

Lembre-se de que o *habeas data* será impetrado contra o ato de uma autoridade e, por essa razão, será essa autoridade que determinará a competência. Muito importante a leitura do art. 20 da Lei n. 9.507/97, pois será nele que você verificará o juízo responsável pela apreciação do remédio:

> Art. 20. O julgamento do *habeas data* compete:
> I – originariamente:
> a) ao Supremo Tribunal Federal, contra atos do Presidente da República, das Mesas da Câmara dos Deputados e do Senado Federal, do Tribunal de Contas da União, do Procurador-Geral da República e do próprio Supremo Tribunal Federal;
> b) ao Superior Tribunal de Justiça, contra atos de Ministro de Estado ou do próprio Tribunal;
> c) aos Tribunais Regionais Federais contra atos do próprio Tribunal ou de juiz federal;
> d) a juiz federal, contra ato de autoridade federal, excetuados os casos de competência dos tribunais federais;
> e) a tribunais estaduais, segundo o disposto na Constituição do Estado;
> f) a juiz estadual, nos demais casos;
> II – em grau de recurso:
> a) ao Supremo Tribunal Federal, quando a decisão denegatória for proferida em única instância pelos Tribunais Superiores;
> b) ao Superior Tribunal de Justiça, quando a decisão for proferida em única instância pelos Tribunais Regionais Federais;
> c) aos Tribunais Regionais Federais, quando a decisão for proferida por juiz federal;
> d) aos Tribunais Estaduais e ao do Distrito Federal e Territórios, conforme dispuserem a respectiva Constituição e a lei que organizar a Justiça do Distrito Federal;
> III – mediante recurso extraordinário ao Supremo Tribunal Federal, nos casos previstos na Constituição.

Na mesma linha, determina o texto constitucional quanto à competência do Supremo Tribunal Federal, do Superior Tribunal de Justiça, Justiça Federal etc.:

> Art. 102. Compete ao Supremo Tribunal Federal, precipuamente, a guarda da Constituição, cabendo-lhe:
> I – processar e julgar, originariamente:
> [...]
> d) o *habeas corpus*, sendo paciente qualquer das pessoas referidas nas alíneas anteriores; o mandado de segurança e o *habeas data* contra atos do Presidente da República, das Mesas da Câmara dos Deputados e do Senado Federal, do Tribunal de Contas da União, do Procurador-Geral da República e do próprio Supremo Tribunal Federal;
> [...]
> Art. 105. Compete ao Superior Tribunal de Justiça:
> I – processar e julgar, originariamente:
> [...]

b) os mandados de segurança e os habeas data contra ato de Ministro de Estado, dos Comandantes da Marinha, do Exército e da Aeronáutica ou do próprio Tribunal;

[...]

Art. 108. Compete aos Tribunais Regionais Federais:

I – processar e julgar, originariamente:

[...]

c) os mandados de segurança e os *habeas data* contra ato do próprio Tribunal ou de juiz federal.

Para uma melhor compreensão de todos os dispositivos acima, vejamos a tabela:

Competência	a) STF: contra atos do Presidente da República, das Mesas das Câmaras dos Deputados e do Senado Federal, do Tribunal de Contas da União, do Procurador-Geral da República e do próprio STF (art. 102, I, *d*, da CF) b) STJ: contra atos de Ministro de Estado, dos Comandantes da Marinha, Exército e Aeronáutica ou do próprio Tribunal (art. 105, I, *b*, da CF) c) TRF: contra atos do próprio Tribunal ou de juiz federal (art. 108, I, *c*, da CF) d) Juízes federais: contra ato de autoridade federal, excetuados os casos de competência dos tribunais federais (art. 109, VIII, da CF) e) Juízes do trabalho: contra ato questionado que envolva matéria sujeita à sua jurisdição (art. 114, IV, da CF) f) Tribunais estaduais: segundo o disposto na Cons. do Estado g) Juízes estaduais: nos demais casos
Recurso	a) STF: quando a decisão denegatória for proferida em única instancia pelos Tribunais Superiores (art. 102, II, *a*, da CF) b) STJ: quando a decisão for proferida por um tribunal estadual ou por um TRF em apelação (art. 105, II, da CF) ou quando a decisão for proferida em única instancia pelos Tribunais Regionais Federais c) TRF: quando a decisão for proferida por juiz federal d) Tribunais estaduais e o Distrito Federal: conforme dispuseram a respectiva Constituição e a Lei Orgânica e) TSE: quando o *habeas data* for negado pelo Tribunal Regional Eleitoral (art. 121, § 4º, V, da CF)
Partes	a) Impetrante: titular do direito, pessoa física ou jurídica, ao conhecimento ou retificação de informações – direito *intuito personae* b) Impetrado: contra quem praticou o ato ou quem detém a informação que se pretende obter, retificar ou anotar, ou seja, ente, entidade, órgão ou pessoa jurídica de Direito Privado que exercer função pública ou privada (que possua caráter público) responsável pelo registro das informações. Se o impetrado for órgão ou agente público: explicar a entidade à qual pertence
Hipóteses de cabimento	a) Acesso aos registros/informações b) Retificação dos registros/informações c) Complementação dos registros/informações
Prazo	Sem prazo definido. Ver art. 8º da Lei n. 9.507/97
Fundamentos legais	– art. 5º, LXXII, da CF – Lei n. 9.507/97
Fundamentação jurídica	Recusa de apresentação/retificação/complementação de informações por parte da autoridade. Interesse de agir: é necessário que o interessado postule administrativamente as informações. A denegação do pedido é a condição para a propositura da ação

2.1.5. Resumo dos pedidos do *habeas data*

No *habeas data*, teremos de formular cinco pedidos. Por isso, para que você nunca mais se esqueça, olha o nosso macete: a Lei n. 9.507/97 "determina" cinco pedidos! Pronto, agora, veja quais são eles:

a) notificação da autoridade coatora para que preste as informações no prazo de dez dias (art. 9º da Lei n. 9.507/97);
b) intimação do representante do Ministério Público (art. 12 da Lei n. 9.507/97);
c) a procedência da ação para marcar data e horário para que o coator apresente ao impetrante as informações a seu respeito (art. 13 da Lei n. 9.507/97);
d) a prioridade de julgamento do presente feito (art. 19 da Lei n. 9.507/97);
e) a juntada da prova pré-constituída que comprova a recusa da informação (requisito administrativo/petição administrativa, nos termos do art. 8º da Lei n. 9.507/97 e art. 320 do Código de Processo Civil).

Valor da causa: R$

Local/Data

Advogado/OAB

2.1.6. Estrutura do *habeas data*

ENDEREÇAMENTO:
EXCELENTÍSSIMO SENHOR DOUTOR JUIZ DE DIREITO DA... VARA DA FAZENDA PÚBLICA DA COMARCA DE..., ESTADO DE...
OU
EXCELENTÍSSIMO SENHOR DOUTOR JUIZ FEDERAL DA... VARA FEDERAL DA SUBSEÇÃO JUDICIÁRIA, SEÇÃO JUDICIÁRIA DE...

QUALIFICAÇÃO DO IMPETRANTE: (nome completo, estado civil, profissão, RG, CPF, endereço eletrônico, com endereço na rua, número, bairro, cidade, Estado, CEP...), por seu advogado (procuração em anexo), com escritório no endereço..., onde receberá as intimações devidas.

NOME DA AÇÃO E FUNDAMENTO: o "habeas data" terá, pelo menos, dois fundamentos, quais sejam um no art. 5º, inciso LXXII, alínea... (conforme o problema mencionar), da Constituição Federal e, também, no art. 7º, inciso... (a ser escolhido conforme o caso concreto), da Lei n. 9.507/97, tudo isso sem prejuízo da possibilidade em se impetrar perante o STF, STJ, Tribunais Federais etc. Lembre-se de que, por se tratar de um remédio constitucional, o correto é mencionar "impetrar" o "Habeas data".

QUALIFICAÇÃO DA AUTORIDADE: basta mencionar o ato praticado pela autoridade e, também, a pessoa jurídica ao qual esteja à autoridade vinculada.

I. DOS FATOS: resumir os fatos apresentados pelo problema, sem inserir qualquer novo dado, sob pena de nota zero na peça.

II. DO DIREITO: após identificar as teses, é importante desenvolver cada uma delas naquela nossa estrutura de três parágrafos (conforme estudamos no capítulo da Estrutura das Teses). Assim, você sempre terá uma tese constitucional, outra tese na lei e uma terceira com base em princípios. Isso sem afastar a possibilidade de aplicar jurisprudência e súmulas.

III. DOS PEDIDOS: é o momento de concluir seu "habeas data" e pontuar cada um dos pedidos, conforme o roteiro estabelecido pela Lei n. 9.507/97, sempre lembrando dos cinco pedidos.
Sendo assim, pede:
a) seja o coator notificado para que preste as informações necessárias (art. 9º da Lei n. 9.507/97);
b) seja a ação julgada procedente para marcar data e horário para que o coator apresente à autora as informações a seu respeito, nos termos da fundamentação (art. 13, inciso I, da Lei n. 9.507/97);
c) a intimação do representante do Ministério Público (art. 12 da Lei n. 9.507/97);
d) a prioridade do julgamento, nos termos do art. 19 da Lei n. 9.507/97;
e) a juntada dos documentos que comprovam a negativa da informação requerida mediante petição administrativa (art. 8º da Lei n. 9.507/97 e art. 320 do Código de Processo Civil).

Valor da causa: R$

Local/Data

Advogado/OAB

2.1.7. Modelo de petição do *habeas data*

(Questão Simulada) Mévio, servidor público federal, lotado no Ministério do Esporte, pretende se submeter a outro concurso em âmbito federal. Para tanto, organiza a lista de documentos necessários e percebe a ausência de informação quanto ao seu assentamento funcional. Imediatamente, peticiona ao Sr. Ministro requerendo informações pessoais que constam nos registros do Ministério. Em resposta, a autoridade nega a informação, com a justificativa de que todas as informações do Ministério estão sob sigilo em virtude dos contratos firmados com o COI para a realização das Olimpíadas e que a quantidade de serviço no órgão é grande e que não se faz possível prestar tais informações no momento.

Na qualidade de advogado de Mévio, elabore a medida judicial cabível na defesa de seus interesses, levando em consideração sua urgência na obtenção das informações.

EXCELENTÍSSIMO SENHOR DOUTOR MINISTRO PRESIDENTE DO SUPERIOR TRIBUNAL DE JUSTIÇA

(pular 10 linhas)

Mévio, estado civil, servidor público federal, RG, CPF, endereço eletrônico, com endereço na rua, número, bairro, cidade, Estado, CEP, por seu advogado (procuração em anexo), com escritório no endereço..., onde receberá as intimações devidas, vem, com fundamento no art. 5º, inciso LXXII, alínea "a", da Constituição Federal e Lei n. 9.507/97, impetrar:

"Habeas data"

Em face do ato praticado pelo Sr. Ministro dos Esportes, vinculado a União, pessoa jurídica de direito público interno, com endereço..., pelas razões de fato e de direito:

I – Dos Fatos

O autor, servidor público federal, tem a intenção de se submeter a novo concurso e precisa ter acesso a informações pessoais que constam nos assentamentos do Ministério do Esporte. Para isso, solicitou por petição tais informações ao Ministro, que por sua vez negou o pedido com a justificativa de que todas as informações estão sob sigilo em virtude dos contratos firmados com o COI para a realização das Olimpíadas e que a quantidade de serviço no órgão é grande, o que não se permite prestar tais informações no momento. No entanto, como será demonstrado a seguir, o ato é ilegal e merece ser afastado.

II – Do Direito

Lembre-se de desenvolver cada tese conforme estudamos no Capítulo 1 "Construção das Teses", bem como utilizando-se das lições de direito material do Capítulo 3.

III – Dos Pedidos

Sendo assim, pede:
a) seja o coator notificado para que preste as informações necessárias no prazo de dez dias (art. 9º da Lei n. 9.507/97);
b) seja a ação julgada procedente para marcar data e horário para que o coator apresente à autora as informações a seu respeito, nos termos da fundamentação (art. 13, inciso I, da Lei n. 9.507/97);
c) a intimação do representante do Ministério Público (art. 12 da Lei n. 9.507/97);
d) a prioridade do julgamento, nos termos do art. 19 da Lei n. 9.507/97;
e) a juntada dos documentos que comprovam a negativa da informação requerida mediante petição administrativa (art. 8º, parágrafo único, inciso I, da Lei n. 9.507/97 e art. 320 do Código de Processo Civil).

Valor da causa: R$

Local/Data

Advogado/OAB

2.2. Mandado de segurança

2.2.1. Apresentação

O mandado de segurança é o remédio constitucional utilizado subsidiariamente em relação ao *habeas data* e ao *habeas corpus*. Assim, primeiro se deve verificar a possibilidade de ser caso de *habeas data*. Quanto ao *habeas corpus*, não parece ser razoável a cobrança deste na 2ª fase de direito administrativo.

Também chamado de *mandamus*, ou *writ*, constitui ação de cunho constitucional, pela qual se busca a proteção de direito líquido e certo contra direito vulnerado (mandado de segurança repressivo) ou na iminência de ser (mandado de segurança preventivo), por ato de autoridade pública ou delegatário de serviço público.

Esse remédio constitucional tem estrutura da petição inicial.

2.2.2. Requisitos e características

O **mandado de segurança pode ser individual ou coletivo** (entidade de classe ou associação na defesa dos direitos de seus membros ou associados). O primeiro tem previsão no art. 5º, LXIX, e o segundo no art. 5º, LXX, ambos da Constituição Federal, sempre em conjunto com a leitura da Lei n. 12.016/2009. Iniciaremos pelo mandado de segurança individual e, depois, estudaremos o mandado de segurança coletivo.

O mandado de segurança é impetrado sempre contra um ato praticado por uma autoridade coatora com ilegalidade ou abuso de poder. Lembre-se: o mandado segurança deve ser impetrado contra o ato da autoridade. Assim determina a Lei n. 12.016/2009:

> Art. 1º Conceder-se-á mandado de segurança para proteger direito líquido e certo, não amparado por *habeas corpus* ou *habeas data*, sempre que, ilegalmente ou com abuso de poder, qualquer pessoa física ou jurídica sofrer violação ou houver justo receio de sofrê-la por parte de autoridade, seja de que categoria for e sejam quais forem as funções que exerça.
>
> § 1º Equiparam-se às autoridades, para os efeitos desta Lei, os representantes ou órgãos de partidos políticos e os administradores de entidades autárquicas, bem como os dirigentes de pessoas jurídicas ou as pessoas naturais no exercício de atribuições do poder público, somente no que disser respeito a essas atribuições.

Dessa forma, será **autoridade coatora** aquela que tenha praticado o ato impugnado ou da qual emane ordem para a sua prática. Muita atenção com o exercício de competência delegada, pois, caso exista uma delegação, aquele que praticou o ato no exercício da delegação é quem responderá como autoridade coatora, não o titular da competência. Exemplo: João, titular da competência, também conhecido como autoridade delegante, delegou o exercício da competência para Pedro, autoridade delegada, que, por sua vez, praticou o ato e causou dano ao particular. Quem responderá como autoridade coatora será Pedro. Ver Súmula 510 do STF.

O **direito líquido e certo/direito subjetivo** é aquele comprovado por provas documentais, ou seja, demonstrado por provas pré-constituídas. Dessa forma, no mandado segurança não se admite a produção de provas. Tecnicamente, na ação mandamental não é admitida a dilação probatória. Por isso, sendo caso de mandado de segurança, jamais faremos o pedido de produção de provas.

Por **ato ilegal** deve-se entender que são todos aqueles atos concretos que afrontam algum dispositivo de lei e, dessa forma, causam uma lesão ao direito individual. No entanto, o **abuso de poder** pode ser tanto excesso de poder, quando o agente atua para além da sua competência, como desvio de finalidade, quando o agente usa seu poder para contrariar interesse público buscando uma finalidade privada.

Outro ponto fundamental é a realização do **pedido de liminar** (fumaça do bom direito e perigo da demora), nos termos do art. 7º, III, da Lei do Mandado de Segurança:

> Art. 7º Ao despachar a inicial, o juiz ordenará:
> [...]
> III – que se suspenda o ato que deu motivo ao pedido, quando houver fundamento relevante e do ato impugnado puder resultar a ineficácia da medida, caso seja finalmente deferida, sendo facultado exigir do impetrante caução, fiança ou depósito, com o objetivo de assegurar o ressarcimento à pessoa jurídica.

No mandado de segurança, deve-se analisar o **prazo para impetração**, ou seja, o direito de requerer por mandado de segurança extingue-se após 120 dias, contados da ciência, pelo interessado, do ato impugnado. *Assim, lembre-se de que o prazo começa a contar com a ciência do interessado* (art. 23 da Lei n. 12.016/2009).

Outro ponto muito importante é a distinção do clássico "pedido de citação" da parte contrária. No mandado de segurança, esse pedido é desdobrado, pois a **autoridade coatora é notificada** para prestar as informações, enquanto a **pessoa jurídica da qual ela está vinculada será cientificada** para, se desejar, ingressar no feito. Lembre-se de que será essa pessoa jurídica que suportará os custos de uma eventual condenação.

Por falar em pedidos e peculiaridades, já vimos que não cabe o pedido de produção de provas. Porém, sempre será cabível o pedido de condenação em custas, mas não realizamos o pedido de condenação ao pagamento dos honorários, por expressa proibição do art. 25 da Lei n. 12.016/2009:

> Art. 25. Não cabem, no processo de mandado de segurança, a interposição de embargos infringentes e a condenação ao pagamento dos honorários advocatícios, sem prejuízo da aplicação de sanções no caso de litigância de má-fé.

Além do que já foi mencionado, quais seriam as outras hipóteses em que não será cabível o mandado de segurança? Bem, não será cabível o mandado de segurança contra:

a) **lei em tese**, ou seja, normas gerais, abstratas e impessoais, pois é imprescindível uma violação concreta de um direito líquido e certo;
b) **coisa julgada** (Súmula 268 do STF e art. 5º, III, da Lei n. 12.016/2009);
c) **ato do qual caiba recurso administrativo com efeito suspensivo**, independentemente de caução (art. 5º, I, da Lei n. 12.016/2009). Por essa razão, com base no art. 168 da Lei n. 14.133/2021, não cabe mandado de segurança da decisão da comissão de

licitação que inabilita ou desclassifica o licitante, uma vez que dessa decisão cabe recurso administrativo com efeito suspensivo;

d) **decisão judicial da qual caiba recurso com efeito suspensivo** (art. 5º, II, da Lei n. 12.016/2009);

e) **ato de gestão comercial** praticado pelos administradores de empresas públicas, de sociedade de economia mista e de concessionárias de serviço público. Assim, se o gerente da Caixa Econômica não lhe concede limite maior para o seu cartão de crédito, nega talão de cheques por eventual restrição ao CPF do cliente, dentre outras hipóteses, não será cabível o mandado de segurança por serem atos de gestão comercial (art. 1º, § 2º, da Lei n. 12.016/2009);

f) **recebimento de valores do passado**. Explicamos: o mandado de segurança não pode ser utilizado para substituir uma ação de cobrança. No mandado de segurança não podemos cobrar os valores do passado, mas somente aqueles que vencerem da impetração do remédio até a sentença (art. 14, § 4º, da Lei n. 12.016/2009 e Súmula 269 do STF).

2.2.3. Como identificar a peça

Conforme mencionamos no começo deste capítulo, somente utilizaremos o mandado de segurança se não for o caso de *habeas data* ou *habeas corpus*. Além disso, o problema já lhe dará a prova documental, pois não há produção de provas. Assim, o direito líquido e certo já estará nitidamente violado ou em vias de ser ofendido.

Além disso, quando existir dúvida entre o mandado de segurança e uma ação ordinária devemos optar, preenchidos todos os requisitos, pelo mandado de segurança, pois é uma ação mais célere.

2.2.4. Competência

Lembre-se de que o mandado de segurança será impetrado contra o ato de uma autoridade e, por essa razão, será essa autoridade que determinará a competência do Juízo. Muito importante a leitura do art. 20 da Lei n. 9.507/97, isso mesmo, é esse artigo que produz reflexos para o mandado de segurança, também. Assim, aquilo que é válido para o *habeas* data, no aspecto da competência, também o será para o mandado de segurança.

> Art. 20. O julgamento do *habeas data* compete:
> I – originariamente:
> a) ao Supremo Tribunal Federal, contra atos do Presidente da República, das Mesas da Câmara dos Deputados e do Senado Federal, do Tribunal de Contas da União, do Procurador-Geral da República e do próprio Supremo Tribunal Federal;
> b) ao Superior Tribunal de Justiça, contra atos de Ministro de Estado ou do próprio Tribunal;
> c) aos Tribunais Regionais Federais contra atos do próprio Tribunal ou de juiz federal;

d) a juiz federal, contra ato de autoridade federal, excetuados os casos de competência dos tribunais federais;

e) a tribunais estaduais, segundo o disposto na Constituição do Estado;

f) a juiz estadual, nos demais casos;

II – em grau de recurso:

a) ao Supremo Tribunal Federal, quando a decisão denegatória for proferida em única instância pelos Tribunais Superiores;

b) ao Superior Tribunal de Justiça, quando a decisão for proferida em única instância pelos Tribunais Regionais Federais;

c) aos Tribunais Regionais Federais, quando a decisão for proferida por juiz federal;

d) aos Tribunais Estaduais e ao do Distrito Federal e Territórios, conforme dispuserem a respectiva Constituição e a lei que organizar a Justiça do Distrito Federal;

III – mediante recurso extraordinário ao Supremo Tribunal Federal, nos casos previstos na Constituição.

Na mesma linha, determina o texto constitucional quanto à competência do Supremo Tribunal Federal, do Superior Tribunal de Justiça, Justiça Federal etc.:

Art. 102. Compete ao Supremo Tribunal Federal, precipuamente, a guarda da Constituição, cabendo-lhe:

I – processar e julgar, originariamente:

[...]

d) o *habeas corpus*, sendo paciente qualquer das pessoas referidas nas alíneas anteriores; o mandado de segurança e o *habeas data* contra atos do Presidente da República, das Mesas da Câmara dos Deputados e do Senado Federal, do Tribunal de Contas da União, do Procurador-Geral da República e do próprio Supremo Tribunal Federal;

[...]

Art. 105. Compete ao Superior Tribunal de Justiça:

I – processar e julgar, originariamente:

[...]

b) os mandados de segurança e os habeas data contra ato de Ministro de Estado, dos Comandantes da Marinha, do Exército e da Aeronáutica ou do próprio Tribunal;

[...]

Art. 108. Compete aos Tribunais Regionais Federais:

I – processar e julgar, originariamente:

[...]

c) os mandados de segurança e os *habeas data* contra ato do próprio Tribunal ou de juiz federal;

2.2.5. Resumo dos pedidos do mandado de segurança

No mandado de segurança, teremos de formular seis pedidos. Por isso, para que você nunca mais se esqueça, olha o nosso macete: a Lei n. 12.016/2009 "determina" seis pedidos! Pronto, agora, quais são os pedidos:

a) notificação da autoridade coatora para que preste as informações (art. 7º, I, da Lei n. 12.016/2009);

b) cientificação do feito ao órgão de representação judicial da pessoa jurídica interessada para, querendo, venha ingressar no feito (art. 7º, II, da Lei n. 12.016/2009);

c) intimação do representante do Ministério Público (art. 12 da Lei n. 12.016/2009);

d) a procedência da ação para a concessão da segurança, confirmando a liminar em todos os seus termos (art. 7º, III, Lei n. 12.016/2009);

e) a juntada da prova pré-constituída/prova documental (art. 320 do Código de Processo Civil);

f) a condenação ao pagamento das custas processuais (art. 82 do Código de Processo Civil).

Valor da causa: R$

Local/Data

Advogado/OAB

2.2.6. Estrutura do mandado de segurança

ENDEREÇAMENTO:
EXCELENTÍSSIMO SENHOR DOUTOR JUIZ DE DIREITO DA... VARA DA FAZENDA PÚBLICA DA COMARCA DE..., ESTADO DE...
OU
EXCELENTÍSSIMO SENHOR DOUTOR JUIZ FEDERAL DA... VARA FEDERAL DA SUBSEÇÃO JUDICIÁRIA, SEÇÃO JUDICIÁRIA DE...

QUALIFICAÇÃO DO IMPETRANTE: (nome completo, estado civil, profissão, RG, CPF, endereço eletrônico, com endereço na rua, número, bairro, cidade, Estado, CEP..), caso seja uma pessoa jurídica (nome da PJ, CNPJ, nesse ato representada pelo sócio..., com endereço na rua, número, bairro, cidade, Estado, CEP) por seu advogado (procuração em anexo), com escritório no endereço..., onde receberá as intimações devidas.

NOME DA AÇÃO E FUNDAMENTO: o mandado de segurança (com pedido de liminar) terá, pelo menos, dois fundamentos, quais sejam um no art. 5º, inciso LXIX, da Constituição Federal e, também, no art. 1º da Lei n. 12.016/2009, tudo isso sem prejuízo da possibilidade em se impetrar perante o STF, STJ, Tribunais Federais etc. Lembre-se de que por se tratar de um remédio constitucional o correto é mencionar "impetrar" o mandado de segurança com o pedido de liminar.

QUALIFICAÇÃO DA AUTORIDADE: basta mencionar o ato praticado pela autoridade e, também, a pessoa jurídica que esteja à autoridade vinculada.

PRÁTICA ADMINISTRATIVA

I – DOS FATOS: resumir os fatos apresentados pelo problema, sem inserir qualquer novo dado, sob pena de nota zero na peça.

II – DO DIREITO: após identificar as teses, é importante desenvolver cada uma delas naquela nossa estrutura de três parágrafos (conforme estudamos no capítulo da Estrutura das Teses). Assim, você sempre terá uma tese constitucional, outra tese na lei e uma terceira com base em princípios. Isso sem afastar a possibilidade de aplicar jurisprudência e súmulas. Não se esqueça de mencionar o direito líquido e certo/direito subjetivo violado.

III – DA LIMINAR: deve ser feito o pedido de liminar, conforme já estudado, sempre mencionando o perigo da demora ("periculum in mora") e a fumaça do bom direito ("fumus boni juris"), tudo em respeito ao art. 7º, inciso III, da Lei n. 12.016/2009.

IV – DOS PEDIDOS: é o momento de concluir seu mandado de segurança e pontuar cada um dos pedidos, conforme o roteiro estabelecido pela Lei n. 12.016/2009, sempre lembrando dos seis pedidos.

Sendo assim, pede:
a) notificação da autoridade coatora para que preste as informações (art. 7º, I, da Lei n. 12.016/2009);
b) cientificação do feito ao órgão de representação judicial da... para, querendo, ingressar no feito (art. 7º, II, da Lei n. 12.016/2009);
c) intimação do representante do Ministério Público (art. 12 da Lei n. 12.016/2009);
d) a procedência da ação para a concessão da segurança, confirmando a liminar em todos os seus termos, para determinar..., nos termos da fundamentação (art. 7º, III, da Lei n. 12.016/2009);
e) a juntada da prova pré-constituída/prova documental (art. 320 do Código de Processo Civil);
f) a condenação ao pagamento das custas processuais (art. 82 do Código de Processo Civil).

Valor da causa: R$

Local/Data

Advogado/OAB

2.2.7. Modelo de petição do mandado de segurança

(V Exame) A empresa Aquatrans é concessionária de transporte público aquaviário no Estado X há sete anos e foi surpreendida com a edição do Decreto 1.234, da Chefia do Poder Executivo Estadual, que, na qualidade de Poder Concedente, declarou a caducidade da concessão e fixou o prazo de trinta dias para assumir o serviço, ocupando as instalações e os bens reversíveis.

A concessionária, inconformada com a medida, especialmente porque jamais fora cientificada de qualquer inadequação na prestação do serviço, procura-o, na qualidade de advogado(a), e o contrata para ajuizar a medida judicial pertinente para discutir a juridicidade do decreto, bem como para assegurar à concessionária o direito de continuar prestando o serviço até que, se for o caso, a extinção do contrato se opere de maneira regular.

Elabore a peça processual adequada, levando em consideração que a matéria não demanda qualquer dilação probatória e que se deve optar pela medida judicial cujo rito, em tese, seja o mais célere.

EXCELENTÍSSIMO SENHOR DOUTOR JUIZ DE DIREITO DA... VARA DA FAZENDA PÚBLICA DA COMARCA DE..., ESTADO X

(pular 10 linhas)

Aquatrans, concessionária de transporte público aquaviário, nesse ato representada pelo sr./sra., CNPJ, endereço eletrônico, com sede na rua, número, bairro, cidade, Estado, CEP, por seu advogado (procuração em anexo), com escritório no endereço..., onde receberá as intimações devidas, vem, com fundamento no art. 5º, inciso LXIX, da CF e art. 1º da Lei n. 12.016/2009, impetrar:

Mandado de Segurança Individual
(com pedido de liminar)

Em face do ato do Senhor Governador do Estado X, consubstanciado no Decreto 1.234, autoridade vinculada ao Estado X, pessoa jurídica de direito público interno, CNPJ, com sede..., pelas razões de fato e de direito:

I – Dos Fatos

A autora é concessionária de transporte público aquaviário no Estado X há sete anos e foi surpreendida com a edição do Decreto 1.234, assinado pelo Governador do Estado que, na qualidade de representante do Poder Concedente, declarou a caducidade da concessão e fixou o prazo de 30 dias para assumir o serviço, ocupando as instalações e os bens reversíveis. Vale lembrar que a concessionária jamais fora cientificada de qualquer inadequação na prestação do serviço.

II – Do Direito

Lembre-se de desenvolver cada tese conforme estudamos no Capítulo 1 "Construção das Teses", bem como utilizando-se das lições de direito material do Capítulo 3. No caso concreto o "GABARITO:" pontuou: em que consiste a caducidade da concessão, os requisitos para que fosse declarada a caducidade (art. 38, §§ 2º e 3º, da Lei n. 8.987/95), ausência do processo administrativo para apurar eventuais faltas, inobservância do devido processo legal e a nulidade do Decreto.

III – Da Liminar

No caso concreto, a autora tem direito à liminar, pois os requisitos do art. 7º, inciso III, da Lei n. 12.016/2009 estão preenchidos.
A fumaça do bom direito é evidente, pois todas as provas confirmam as alegações da autora. O perigo da demora também é nítido, uma vez que a autora teve contra si a declaração de caducidade

da concessão e o prazo de 30 dias para que o Poder Concedente assuma o serviço, ocupando as instalações e os bens reversíveis.

Sendo assim, requer a concessão da liminar para impedir os efeitos da declaração de caducidade, nos termos da fundamentação.

IV – Dos Pedidos

Sendo assim, pede:
a) notificação da autoridade coatora para que preste as informações (art. 7º, I, da Lei n. 12.016/2009);
b) cientificação do feito ao órgão de representação judicial do Estado X para, querendo, ingressar no feito (art. 7º, II, da Lei n. 12.016/2009);
c) intimação do representante do Ministério Público (art. 12 da Lei n. 12.016/2009);
d) a procedência da ação para a concessão da segurança, confirmando a liminar em todos os seus termos, para determinar a continuidade do contrato e consequência nulidade do Decreto n. 1.234, nos termos da fundamentação (art. 7º, III, da Lei n. 12.016/2009);
e) a juntada da prova pré-constituída/prova documental (art. 320 do Código de Processo Civil);
f) a condenação ao pagamento das custas processuais (art. 82 do Código de Processo Civil).

Valor da causa: R$

Local/Data

Advogado/OAB

2.2.8. Caso prático e gabarito da FGV

(41º Exame) O Município Alfa publicou edital de licitação, visando à aquisição de centenas de cadeiras padronizadas para as repartições públicas municipais, mediante a divulgação e a manutenção do inteiro teor do ato convocatório e de seus anexos no Portal Nacional de Contratações Públicas (PNCP), além da publicação de extrato do edital no Diário Oficial do ente federativo e em jornal diário de grande circulação. Figura como presidente da Comissão de Licitação o agente público João da Silva, responsável por todos os atos, bem como, pelas regras editalícias, segundo as normas de convocação.

Ao tomarem ciência da publicação do edital da licitação, os sócios da sociedade empresária XYZ passaram a analisá-lo detalhadamente, visando à tomada de uma decisão informada sobre a participação ou não no referido processo licitatório.

Em síntese, o Município Alfa publicou o edital de licitação, com o objetivo de adquirir 500 (quinhentas) cadeiras padronizadas, para entrega futura, adotando-se, para tanto, o pregão como modalidade de licitação, sob o critério de julgamento do menor preço. Apurou-se ainda que, segundo o edital, as propostas e os lances deveriam ser apresentados no prazo de 5 (cinco) dias úteis, contados a partir da data de divulgação do edital de licitação. Além disso, os participantes, no momento da apresentação das propostas e dos lances, deveriam comprovar, como requisito de pré-habilitação, o recolhimento de quantia correspondente a 5% (cinco por cento) do valor estimado para a contratação, a título de garantia da proposta.

O edital previu também margem de preferência de 10% (dez por cento) para sociedades empresárias que tenham instituído programa de integridade, conforme orientações dos órgãos de controle. Na fase de habilitação, como forma de demonstrar a aptidão econômica do licitante para cumprir as obrigações decorrentes do futuro contrato, o edital previu a necessidade de que os licitantes tivessem, no ano anterior, faturado, ao menos, R$ 5.000.000 (cinco milhões de reais), com índice de rentabilidade mínima de 10% (dez por cento). Por fim, na fase de julgamento, em caso de empate entre as propostas oferecidas pelos licitantes, caberia à Administração Pública, a partir de um juízo de oportunidade e de conveniência, selecionar o vencedor.

Nesse contexto, a sociedade empresária XYZ impugnou o edital publicado na seara administrativa, com observância ao prazo legal, questionando os seguintes tópicos: i) prazo mínimo para apresentação de propostas e lances; ii) garantia de proposta, como requisito de pré-habilitação; iii) margem de preferência estabelecida; iv) forma de demonstração da aptidão econômica do licitante para cumprir as obrigações decorrentes do futuro contrato; e v) critérios de desempate. Contudo, o agente público João da Silva, autoridade administrativa competente da Administração Pública, manteve o edital na íntegra, em decisão definitiva na esfera administrativa.

Dessa forma, os sócios da sociedade empresária XYZ, dois dias depois de terem acesso à referida decisão administrativa, procuraram você para, na qualidade de advogado(a), adotar as providências cabíveis junto ao Poder Judiciário, sendo certo que há urgência na obtenção de um provimento jurisdicional, ante o receio de que a licitação prossiga, sem a participação da sociedade empresária XYZ. Considere que todas as provas necessárias já estão pré-constituídas, sendo desnecessária dilação probatória.

Diante das circunstâncias narradas, redija a peça cabível, que traga o procedimento mais célere para a defesa dos interesses da sociedade empresária XYZ, mediante a apresentação de todos os fundamentos jurídicos pertinentes, ciente de que as provas documentais já existentes bastam para demonstrar os fatos acima. (Valor: 5,00)

A FGV apresentou o seguinte GABARITO:

O(a) examinando(a) deve apresentar um Mandado de Segurança, impugnando a decisão administrativa que manteve, na íntegra, o edital de licitação publicado pelo Estado Alfa. A peça deve ser endereçada ao Juízo da Vara Cível ou da Vara de Fazenda Pública da Comarca do Município Alfa.

Na petição inicial, o(a) examinando(a) deve indicar a sociedade empresária XYZ, na qualidade de impetrante, o presidente da Comissão de Licitação, na posição de autoridade coatora, e o Município Alfa, que é a pessoa jurídica à qual João está vinculado. Deve ser demonstrado o cabimento do mandado de segurança, em razão da violação a direito líquido e certo, nos termos do art. 5º, LXIX, da CRFB/88 ou do art. 1º da Lei n. 12.016/2009, sem descurar do respeito ao prazo decadencial de 120 dias, na forma do art. 23 da Lei n. 12.016/2009.

A fundamentação deve conter os seguintes argumentos:

- O prazo mínimo para apresentação de propostas e lances, contados a partir da data de divulgação do edital de licitação, é de oito dias úteis, quando adotado o critério de julgamento de menor preço, nos termos do art. 55, inciso I, alínea *a*, da Lei n. 14.133/2021.

- A garantia de proposta, como requisito de pré-habilitação, não pode ser superior a 1% (um por cento) do valor estimado para a contratação, na forma do art. 58, § 1º, da Lei n. 14.133/2021.
- Não há previsão legal de margem de preferência para sociedades empresárias que tenham instituído programa de integridade, conforme orientações dos órgãos de controle, o que se extrai da leitura do art. 26 da Lei n. 14.133/2021.
- Não se pode exigir do licitante valores mínimos de faturamento anterior e de índices de rentabilidade ou lucratividade para demonstração da sua aptidão econômica para cumprir as obrigações decorrentes do futuro contrato, conforme prevê o art. 69, § 2º, da Lei n. 14.133/2021.
- Em caso de empate entre duas ou mais propostas, adotar-se-ão os critérios de desempate estabelecidos na legislação de regência, não se admitindo que a Administração Pública, a partir da sua discricionariedade, selecione o licitante vencedor, na forma do art. 60 da Lei n. 14.133/2021, ou, em caso de empate entre duas ou mais propostas, a Administração Pública não tem qualquer discricionariedade na escolha do licitante vencedor, devendo observar os critérios de desempate, de natureza vinculante, estabelecidos no art. 60 da Lei n. 14.133/2021.

O(A) examinando(a) deve elencar os fundamentos necessários para fins de concessão de medida liminar no mandado de segurança. A probabilidade do direito decorre da violação de diversas disposições legais (art. 26; art. 55, inciso I, alínea *a*; art. 58; art. 60; e art. 69, § 2º, todos da Lei n. 14.133/2021). Ademais, há inequívoco e fundado receio de ineficácia da medida caso seja concedida a segurança, apenas, ao final do processo, porquanto a licitação prosseguirá com base em edital maculado, em prejuízo da impetrante.

Deve ser formulado pedido de concessão de medida liminar para suspender o prosseguimento do processo licitatório, até o julgamento do mérito do mandado de segurança, na forma do art. 7º, inciso III, da Lei n. 12.016/2009.

Devem ser formulados pedidos de notificação da autoridade coatora e de ciência ao órgão de representação judicial da pessoa jurídica de direito público a que está vinculada, de juntada de documentos que demonstrem a prova pré-constituída, além de se determinar o valor da causa.

Por fim, deve ser postulada a concessão da segurança, com a confirmação da medida liminar concedida, para anular o edital da licitação e todos os atos, no âmbito do processo licitatório, que lhe são subsequentes.

Fechamento da peça, com a indicação de local, data, espaço para assinatura do advogado e número de sua inscrição na OAB.

(XXVII Exame) Mateus, nascido no México, veio morar no Brasil juntamente com seus pais, também nascidos no México. Aos dezoito anos, foi aprovado no vestibular e matriculou-se no curso de engenharia civil. Faltando um semestre para concluir a faculdade, decidiu inscrever-se em um concurso público promovido por determinada Universidade Federal brasileira, que segue a forma de autarquia federal, para provimento do cargo efetivo de professor. Um mês depois da colação de grau, foi publicado o resultado do certame: Mateus tinha sido o primeiro colocado. Mateus soube que seria nomeado em novembro de 2018, previsão essa que se confirmou. Como já tinha uma viagem marcada para o México, outorgou procuração específica para seu pai, Roberto, para que este assinasse o termo de posse. No último dia previsto para a posse, Roberto comparece à repartição pública. Ocorre que, orientado pela assessoria jurídica, o Reitor não permitiu a posse de Mateus, sob a justificativa de não ser possível a investidura de estrangeiro em cargo público. A autoridade também salientou que outros dois fatos impediriam a posse: a impossibilidade de o provimento ocorrer por meio de procuração e o não cumprimento, por parte de Mateus, de um dos requisitos do cargo (diploma de nível superior em engenharia) na data da inscrição no concurso público. Ciente disso, Mateus, que não se naturalizara brasileiro, interrompe sua viagem e retorna imediatamente ao Brasil. Quinze dias depois da negativa de posse pelo Reitor, Mateus contrata você, como advogado(a), para adotar as providências cabíveis perante o Poder Judiciário. Há certa urgência na obtenção do provimento jurisdicional, ante o receio de que, com o agravamento da crise, não haja dotação orçamentária para a nomeação futura. Considere que todas as provas necessárias já estão pré-constituídas, não sendo necessária dilação probatória. Considerando essas informações, redija a peça cabível que traga o procedimento mais célere para a defesa dos interesses de Mateus. A ação deve ser proposta imediatamente. Explicite as teses favoráveis ao seu cliente. (Valor: 5,00)

A FGV apresentou o seguinte GABARITO:

O examinando deve apresentar Mandado de Segurança, impugnando a validade da decisão que impediu Mateus de tomar posse no cargo público.

O Mandado de Segurança há de ser dirigido a Juízo Federal, competente para o julgamento de Mandado de Segurança contra ato do Reitor, na forma do art. 109 da CRFB/88.

O examinando deve indicar, como impetrante, Mateus, bem como indicar a autoridade coatora (o Reitor) e a pessoa jurídica a que se vincula (autarquia federal – Universidade Federal).

O examinando deve demonstrar o cabimento da impetração, pois (i) houve violação a direito líquido e certo, nos termos do art. 5º, LXIX, da CRFB/88, OU do art. 1º da Lei n. 12.016/2009; e (ii) há respeito ao prazo decadencial previsto no art. 23 da Lei n. 12.016/2009.

No mérito, deve ser alegado: i) o candidato deve cumprir os requisitos do cargo no momento da posse, não no da inscrição no concurso público, em consonância com a Súmula 266 do STJ; ii) a legislação permite a posse por procuração específica, nos termos do art. 13, § 3º, da Lei n. 8.112/90; e iii) as universidades podem prover seus cargos de professor com estrangeiros, nos termos do art. 5º, § 3º, da Lei n. 8.112/90.

Deve ser formulado pedido de concessão de medida liminar, demonstrando-se o fundamento relevante (violação ao art. 5º, § 3º, e ao art. 13, § 3º, ambos da Lei n. 8.112/90, e à Súmula 266 do STJ) e o fundado receio de ineficácia da medida, caso concedida a segurança apenas ao final do processo, dado o risco real de não haver dotação orçamentária para a nomeação futura.

Ao final, devem ser formulados pedidos de notificação da autoridade coatora e de ciência ao órgão de representação judicial da pessoa jurídica de direito público a que se vincula aquela autoridade.

Também deve ser requerida a concessão da liminar para suspender os efeitos da decisão do Reitor, determinando a posse imediata de Mateus. No mérito, o examinando deve requerer a concessão da segurança, confirmando a liminar concedida, para anular a decisão do Reitor e, por consequência, garantir o direito de Mateus à posse no cargo público.

2.3. Mandado de segurança coletivo

2.3.1. Apresentação

O mandado de segurança coletivo segue, basicamente, o que já estudamos anteriormente, sobre o mandado de segurança individual. Sendo assim, continua sendo um remédio constitucional utilizado para tutelar direito líquido e certo/direito subjetivo, porém, com legitimados específicos e a concessão da liminar sob condição.

O *mandamus* coletivo constitui ação de cunho constitucional, pela qual se busca a proteção de direito líquido e certo contra direito vulnerado (mandado de segurança repressivo) ou na iminência de ser (mandado de segurança preventivo), por ato de autoridade pública ou delegatário de serviço público, mas, agora, na qualidade de substituto processual.

Esse remédio constitucional tem estrutura da petição inicial.

2.3.2. Requisitos e características

O mandado de segurança coletivo tem, em seu **polo ativo**, uma peculiaridade, pois somente poderá ser impetrado por alguns legitimados, quais sejam: o partido político com representação no Congresso Nacional, a organização sindical, a entidade de classe ou associação na defesa dos direitos de seus membros ou associados.

Além do que, não é todo e qualquer direito que será tutelado no mandado de segurança coletivo, mas somente os direitos coletivos e individuais homogêneos, nos termos do art. 21 da Lei n. 12.016/2009:

> Art. 21. O mandado de segurança coletivo pode ser impetrado por partido político com representação no Congresso Nacional, na defesa de seus interesses legítimos relativos a seus integrantes ou à finalidade partidária, ou por organização sindical, entidade de classe ou associação legalmente constituída e em funcionamento há, pelo menos, 1 (um) ano, em defesa de direitos líquidos e certos da totalidade, ou de parte, dos seus membros ou associados, na forma dos seus estatutos e desde que pertinentes às suas finalidades, dispensada, para tanto, autorização especial.
> Parágrafo único. Os direitos protegidos pelo mandado de segurança coletivo podem ser:
> I – coletivos, assim entendidos, para efeito desta Lei, os transindividuais, de natureza indivisível, de que seja titular grupo ou categoria de pessoas ligadas entre si ou com a parte contrária por uma relação jurídica básica;
> II – individuais homogêneos, assim entendidos, para efeito desta Lei, os decorrentes de origem comum e da atividade ou situação específica da totalidade ou de parte dos associados ou membros do impetrante.

Assim, antes de peticionar um mandado de segurança coletivo é de fundamental importância a leitura do art. 5º, LX, da Constituição Federal, bem como dos arts. 21 e 22, ambos da Lei n. 12.016/2009.

Por isso, ao impetrar o mandado de segurança coletivo, seu autor atua na qualidade de **substituto processual**, pois pleiteia uma proteção dos direitos de seus associados, por exemplo.

Outra peculiaridade do mandado de segurança coletivo está no **pedido da liminar**, pois o art. 22, § 2º, determina que a liminar somente poderá ser concedida após a audiência com o representante judicial da pessoa jurídica de direito público:

> Art. 22. No mandado de segurança coletivo, a sentença fará coisa julgada limitadamente aos membros do grupo ou categoria substituídos pelo impetrante.

[...]
§ 2º No mandado de segurança coletivo, a liminar só poderá ser concedida após a audiência do representante judicial da pessoa jurídica de direito público, que deverá se pronunciar no prazo de 72 (setenta e duas) horas.

Fora isso, todo o restante segue o mesmo do mandado de segurança individual: autoridade coatora, prazos, notificação e cientificação, requisitos, proibição de condenação em honorários advocatícios etc.

2.3.3. Como identificar a peça

Conforme já mencionamos, no mandado de segurança coletivo, aplicamos o que vale para o mandado de segurança individual, porém no polo ativo teremos a peculiaridade de alguns legitimados, razão pela qual ficará evidente ser caso de mandado de segurança coletivo. Além disso, o problema já lhe dará a prova documental, pois não há produção de provas. Assim, o direito líquido e certo já estará nitidamente violado ou em vias de ser ofendido, mas no tocante aos associados da associação, ou dos membros do partido político, ou dos membros do sindicato etc.

2.3.4. Competência

Lembre-se de que o mandado de segurança coletivo seguirá o mesmo que é válido para o mandado de segurança individual, assim devemos sempre observar o art. 20 da Lei n. 9.507/97, bem como os arts. 102 e 105, ambos da Constituição Federal.

2.3.5. Resumo dos pedidos do mandado de segurança

No mandado de segurança teremos de formular seis pedidos. Por isso, para que você nunca mais se esqueça, olha o nosso macete: a Lei n. 12.016/2009 "determina" seis pedidos! Pronto, agora, quais são eles:

a) notificação da autoridade coatora para que preste as informações (art. 7º, I, da Lei n. 12.016/2009);

b) cientificação do feito ao órgão de representação judicial da pessoa jurídica interessada para, querendo, ingressar no feito (art. 7º, II, da Lei n. 12.016/2009);

c) intimação do representante do Ministério Público (art. 12 da Lei n. 12.016/2009);

d) a procedência da ação para a concessão da segurança, confirmando a liminar em todos os seus termos (art. 22, § 2º, da Lei n. 12.016/2009);

e) a juntada da prova pré-constituída/prova documental (art. 320 do Código de Processo Civil);

f) a condenação ao pagamento das custas processuais (art. 82 do Código de Processo Civil).

Valor da causa: R$

Local/Data

Advogado/OAB

2.3.6. Estrutura do mandado de segurança coletivo

ENDEREÇAMENTO:
EXCELENTÍSSIMO SENHOR DOUTOR JUIZ DE DIREITO DA... VARA DA FAZENDA PÚBLICA DA COMARCA DE..., ESTADO DE...
OU
EXCELENTÍSSIMO SENHOR DOUTOR JUIZ FEDERAL DA... VARA FEDERAL DA SUBSEÇÃO JUDICIÁRIA, SEÇÃO JUDICIÁRIA DE...

QUALIFICAÇÃO DO IMPETRANTE: lembre-se de que somente alguns legitimados aqui poderão atuar (partido político, organização sindical, entidade de classe ou associação legalmente constituída e em funcionamento há, pelo menos, um ano), razão pela qual deverá mencionar (nome, CNPJ, nesse ato representado por..., com endereço na rua, número, bairro, cidade, Estado, CEP) por seu advogado (procuração em anexo), com escritório no endereço..., onde receberá as intimações devidas.

NOME DA AÇÃO E FUNDAMENTO: o mandado de segurança coletivo (com pedido de liminar) terá, pelo menos, dois fundamentos, quais sejam um no art. 5º, inciso LXX, alínea conforme o legitimado apresentado no caso concreto, da Constituição Federal e, também, no art. 21 da Lei n. 12.016/2009, tudo isso sem prejuízo da possibilidade em se impetrar perante o STF, STJ, Tribunais Federais etc. Lembre-se de que por se tratar de um remédio constitucional o correto é mencionar "impetrar" o mandado de segurança coletivo com o pedido de liminar.

QUALIFICAÇÃO DA AUTORIDADE: basta mencionar o ato praticado pela autoridade e, também, a pessoa jurídica que esteja à autoridade vinculada.

I – DO SUBSTITUTO PROCESSUAL: mencionar que o impetrante do mandado de segurança coletivo atua na defesa dos direitos coletivos ou individuais homogêneos de seus membros e/ou categoria (art. 21, parágrafo único, da Lei n. 12.016/2009).

II – DOS FATOS: resumir os fatos apresentados pelo problema, sem inserir qualquer novo dado, sob pena de nota zero na peça.

III – DO DIREITO: após identificar as teses, é importante desenvolver cada uma delas naquela nossa estrutura de três parágrafos (conforme estudamos no capítulo da Estrutura das Teses). Assim, você sempre terá uma tese constitucional, outra tese na lei e uma terceira com base em princípios. Isso sem afastar a possibilidade de aplicar jurisprudência e súmulas. Não se esqueça de mencionar o direito líquido e certo/direito subjetivo violado.

IV – DA LIMINAR: deve ser feito o pedido de liminar, conforme já estudado, sempre mencionando o perigo da demora ("periculum in mora") e a fumaça do bom direito ("fumus boni juris"), tudo em respeito ao art. 22, § 2º, da Lei n. 12.016/2009.

V – DOS PEDIDOS: é o momento de concluir seu mandado de segurança e pontuar cada um dos pedidos, conforme o roteiro estabelecido pela Lei n. 12.016/2009, sempre lembrando dos seis pedidos.

Sendo assim, pede:
a) notificação da autoridade coatora para que preste as informações (art. 7º, I, da Lei n. 12.016/2009);
b) cientificação do feito ao órgão de representação judicial da... para, querendo, ingressar no feito (art. 7º, II, da Lei n. 12.016/2009);
c) intimação do representante do Ministério Público (art. 12 da Lei n. 12.016/2009);
d) a procedência da ação para a concessão da segurança, confirmando a liminar em todos os seus termos, para determinar..., nos termos da fundamentação (art. 22, § 2º, da Lei n. 12.016/2009);
e) a juntada da prova pré-constituída/prova documental (art. 320 do Código de Processo Civil);
f) a condenação ao pagamento das custas processuais (art. 82 do Código de Processo Civil).

Valor da causa: R$

Local/Data

Advogado/OAB

2.3.7. Modelo de petição do mandado de segurança coletivo

Conforme já mencionamos, a estrutura do mandado de segurança coletivo segue a mesma lógica do mandado de segurança individual, apenas com a alteração no polo ativo, no item do substituto processual e, também, na liminar, com o fundamento do art. 22, § 2º, da Lei n. 12.016/2009.

2.4. Ação popular

2.4.1. Apresentação

A ação popular é uma ação constitucional proposta pelo cidadão que busca anular um ato lesivo ao patrimônio público ou de uma entidade da qual o Estado participe, bem como tutela a moralidade administrativa, o meio ambiente e o patrimônio histórico e cultural, nos termos do art. 5º, LXXIII, da Constituição Federal, bem como do art. 1º da Lei n. 4.717/65.

A grande característica desta ação é a proteção da moralidade administrativa, do meio ambiente e do patrimônio público mediante atuação do cidadão, ou seja, daquele que detém o título de eleitor. Diante disso, todo e qualquer ato lesivo ao patrimônio público (conjunto de bens e direitos de valor artístico, estético, histórico ou turístico), bem como da moralidade administrativa (atos atentatórios a probidade administrativa, por exemplo) ou qualquer outro ato que busque lesar o patrimônio do Estado ou das pessoas jurídicas em que recebam verba pública ou qualquer subvenção pelos cofres públicos, cabível será a ação popular.

Essa ação constitucional tem estrutura da petição inicial.

2.4.2. Requisitos e características

Qualquer **cidadão** é parte legítima para propor uma ação popular. Por cidadão entenda aquele que possui um título de eleitor (art. 1º, § 3º, da Lei n. 4.717/65). Porém muito cuidado que nem sempre o problema mencionará a existência do "título de eleitor", haja vista a possibilidade de essa informação estar escondida nas expressões "servidor público" ou em qualquer detentor de mandato eletivo. Explicamos... Uma vez que o indivíduo seja um servidor público (para nós será cobrado o servidor público federal), o art. 5º da Lei n. 8.112/90, exige, para que tome posse, a comprovação da quitação das obrigações eleitorais. Assim, por óbvio, tem o título de eleitor e, tão logo, é considerado cidadão. Além disso, se a prova menciona que o indivíduo detém mandato político, seja de vereador, deputado ou qualquer outro, por óbvio só se candidatou e foi eleito por possuir título de eleitor.

Por isso, a prova pode mencionar a palavra cidadão, como também o servidor público federal ou o detentor de mandato eletivo, conforme explicamos.

Vale lembrar que a prova da cidadania deve ser sempre mencionada na petição inicial.

No entanto, jamais a pessoa jurídica terá legitimidade para propor uma ação popular, pois não tem a seu favor o conceito de cidadania. A Súmula 365 do STF assim determina: "Pessoa jurídica não tem legitimidade para propor ação popular". Já para figurar no **polo passivo** temos um rol no art. 6º da Lei n. 4.717/65. A regra é que a ação popular será proposta contra três réus:

a) pessoas públicas ou privadas e as entidades do art. 1º (União, Estado, Distrito Federal, Municípios, autarquias...);

b) contra a autoridade, funcionário ou administrador que houver autorizado ou aprovado o ato impugnado; e

c) contra o beneficiário do ato (particular).

Muito cuidado que na ação popular temos **duas citações**, pois a pessoa jurídica (Estado) tem o direito de, querendo, deixar o polo passivo e passar a litigar ao lado do autor (art. 6º, § 3º, da Lei n. 4.717/65), enquanto os outros dois réus, agente público e beneficiário, serão notificados para apresentar contestação, no prazo de 20 dias.

No **objeto da ação**, temos a busca por se anular um ato eivado de lesividade, de ilegalidade, que já tenha ou possa lesar o patrimônio público ou a moralidade administrativa, por exemplo. Podemos citar, a título de hipóteses de cobrança em provas: editais de concursos públicos com manifesta ilegalidade, editais de licitação com superfaturamento, dentre outros.

Por essa razão, sempre que a prova mencionar a palavra "cidadão" ou a expressão "título de eleitor", é bem provável que estejamos falando de uma ação popular.

Para elaborar uma ação popular, é de grande importância a leitura dos arts. 9º, 10, e 11 da **Lei n. 8.429/92**, bem como dos arts. 2º e 4º da **Lei n. 4.717/65**, uma vez que a Lei da Improbidade Administrativa e a Lei da Ação Popular são, na jurisprudência do Superior Tribunal de Justiça, microssistemas legislativos que se comunicam e, assim, a questão apresentará algum caso concreto que se encaixará nas hipóteses legislativas dos artigos mencionados.

Na ação popular, além da prova da cidadania (título de eleitor), precisamos preencher ao menos um dos **requisitos** abaixo:
a) ato lesivo ao patrimônio público;
b) ato lesivo à moralidade administrativa;
c) ato lesivo ao meio ambiente; ou
d) ato lesivo ao patrimônio histórico e cultural.

Ainda, se estivermos diante de um ato que atente contra o patrimônio histórico, é imprescindível a leitura do art. 216 da Constituição Federal.

O **pedido de liminar** deve sempre constar, nos termos do art. 5º, § 4º, da Lei n. 4.717/65. Lembre-se de que os fundamentos são sempre os mesmos: perigo da demora (*periculum in mora*) e fumaça do bom direito (*fumus boni juris*).

2.4.3. Como identificar a peça

Para identificar uma ação popular, não há dificuldades, pois a questão mencionará a existência do cidadão (servidor público federal, detentor de mandato eletivo ou aquele que possui o título de eleitor) e busca anular um ato lesivo ao patrimônio público, à moralidade administrativa, ao meio ambiente ou ao patrimônio histórico e cultural. Vale lembrar, também, que o problema deverá informar sobre a existência, como regra, de três réus (pessoa jurídica do art. 1º da Lei da Ação Popular, o agente público e o particular/beneficiário).

Além disso, por se tratar de uma petição inicial, não terá qualquer manifestação judicial e nem peticionamento judicial. Ou seja, o problema apresentará um caso e caberá a você ingressar com esta ação.

2.4.4. Competência

Lembre-se de que a ação popular *será* proposta no juízo competente conforme a origem do ato impugnado (art. 5º, § 2º, da Lei n. 4.717/65), porém tenha cuidado com o § 1º do art. 5º, vez que existe equiparação, nos termos da lei.

Para uma melhor compreensão de todos os dispositivos acima, vejamos a seguinte tabela:

Competência	Regra: o juízo competente será correspondente à origem do ato impugnado (art. 5º, § 2º, da Lei n. 4.717/65), porém tenha cuidado com o § 1º do art. 5º.
Partes	Autor: cidadão (aquele que tem título de eleitor). Pessoa jurídica e estrangeiros não têm legitimidade para propor ação popular (Súmula 365 do STF). Réu/Requerido (art. 6º da Lei n. 4717/65). No polo passivo, há um litisconsórcio passivo necessário entre: (a) pessoa jurídica pública ou privada em nome da qual foi praticado o ato impugnado; (b) agentes públicos que houverem autorizado, aprovado, ratificado ou praticado o ato, ou seja, os agentes públicos responsáveis pela prática do ato; (c) beneficiários diretos e imediatos do ato impugnado, caso já estejam determinados.
Prazo	Prescreve em cinco anos.
Fundamento legal	– art. 5º, LXXIII, da Constituição Federal. – Lei n. 4.717/65.

Fundamentação jurídica	– o ato viciado deve estar elencado nos arts. 2º, 3º ou 4º da Lei n. 4.717/65, bem como poderá encontrar fundamentação nos arts. 9º, 10, 10-A e 11 da Lei n. 8.429/92. – demonstrar a ilegalidade e a lesividade. – violação aos princípios da Administração Pública: art. 37, *caput*, da Constituição Federal.
Custas	O autor é isento de custas judiciais e do ônus da sucumbência, salvo comprovada má-fé.
Honorários advocatícios	Possível: art. 12 da Lei n. 4.717/65.

Na ação popular, não se fala em condenação em custas, tendo em vista o mandamento constitucional, salvo comprovada má-fé do autor, porém deve-se pedir a condenação em honorários advocatícios (art. 12 da Lei n. 4.717/65).

2.4.5. Resumo dos pedidos da ação popular

Na ação popular, teremos de formular sete pedidos. Por isso, para que você nunca mais se esqueça, olha o nosso macete: a Lei n. 4.717/65 "determina" sete pedidos! Pronto, agora, quais são os pedidos:

a) citação da autoridade (agente público) e do beneficiário para, querendo, apresentar contestação, no prazo de 20 dias, sob pena dos efeitos da revelia;

b) a citação da pessoa jurídica nos termos do art. 6º, § 3º, da Lei n. 4.717/65;

c) a intimação do representante do Ministério Público;

d) a procedência da ação para decretar a invalidade do ato lesivo ao patrimônio e à moralidade, confirmando a liminar em todos os seus termos (art. 5º, § 4º, da Lei n. 4.717/65);

e) a produção de todas as provas em direito admitidas;

f) a juntada dos documentos (art. 320 do Código de Processo Civil);

g) a condenação dos réus ao pagamento dos honorários advocatícios (art. 85 do Código de Processo Civil).

Valor da causa: R$

Local/Data

Advogado/OAB

2.4.6. Estrutura da ação popular

ENDEREÇAMENTO:
EXCELENTÍSSIMO SENHOR DOUTOR JUIZ DE DIREITO DA... VARA DA FAZENDA PÚBLICA DA COMARCA DE..., ESTADO DE...
OU
EXCELENTÍSSIMO SENHOR DOUTOR JUIZ FEDERAL DA... VARA FEDERAL DA SUBSEÇÃO JUDICIÁRIA, SEÇÃO JUDICIÁRIA DE...

QUALIFICAÇÃO DO AUTOR: (nome completo, estado civil, profissão, RG, CPF, título de eleitor, endereço eletrônico, com endereço na rua, número, bairro, cidade, Estado, CEP...), por seu advogado (procuração em anexo), com escritório no endereço..., onde receberá as intimações devidas.
Não se esqueça de mencionar o título de eleitor.

NOME DA AÇÃO E FUNDAMENTO: a ação popular terá, pelo menos, dois fundamentos, quais sejam um no art. 5º, LXXIII, da Constituição Federal e outro no art. 1º da Lei n. 4.717/65, bem como deverá ser acompanhada do título: Ação Popular com pedido de liminar.

QUALIFICAÇÃO DOS RÉUS: para uma melhor visualização e compreensão do examinador, prefiro que você mencione cada réu numa linha própria:
Pessoa Jurídica (art. 1º da Lei n. 4.717/65);
Agente Público (Nome, estado civil, RG, CPF...);
Particular/Beneficiário (Nome, RF/CPF ou CNPJ...).

I – DOS FATOS: resumir os fatos apresentados pelo problema, sem inserir qualquer novo dado, sob pena de nota zero na peça.

II – DO DIREITO: após identificar as teses, é importante desenvolver cada uma delas naquela nossa estrutura de três parágrafos (conforme estudamos no capítulo da Estrutura das Teses). Assim, você sempre terá uma tese constitucional, outra tese na lei e uma terceira com base em princípios. Isso sem afastar a possibilidade de aplicar jurisprudência e súmulas.

III – DA LIMINAR: deve ser feito o pedido de liminar, conforme já estudado, sempre mencionando o perigo da demora ("periculum in mora") e a fumaça do bom direito ("fumus boni juris"), tudo em respeito ao art. 5º, § 4º, da Lei n. 4.717/65.

IV – DOS PEDIDOS: é o momento de concluir sua ação popular e pontuar cada um dos pedidos, conforme o roteiro estabelecido pela Lei n. 4.717/65, sempre lembrando dos sete pedidos.

Sendo assim, pede:
a) citação da autoridade (agente público) e do beneficiário para, querendo, apresentar contestação, no prazo de 20 dias, sob pena dos efeitos da revelia;
b) a citação da pessoa jurídica nos termos do art. 6º, § 3º, da Lei n. 4.717/65;
c) a intimação do representante do Ministério Público;
d) a procedência da ação para decretar a invalidade do ato lesivo ao patrimônio e à moralidade, confirmando a liminar em todos os seus termos (art. 5º, § 4º, da Lei n. 4.717/65);
e) a produção de todas as provas em direito admitidas;
f) a juntada dos documentos (art. 320 do Código de Processo Civil);
g) a condenação dos réus ao pagamento dos honorários advocatícios (art. 85 do Código de Processo Civil).

Valor da causa: R$

Local/Data

Advogado/OAB

2.4.7. Modelo de petição da ação popular

(VII Exame) O Município Y, representado pelo Prefeito João da Silva, celebrou contrato administrativo com a empresa W – cujo sócio majoritário vem a ser Antonio Precioso, filho da companheira do Prefeito –, tendo por objeto o fornecimento de material escolar para toda a rede pública municipal de ensino, pelo prazo de sessenta meses. O contrato foi celebrado sem a realização de prévio procedimento licitatório e apresentou valor de cinco milhões de reais anuais.

José Rico, cidadão consciente e eleitor no Município Y, inconformado com a contratação que favorece o filho da companheira do Prefeito, o procura para, na qualidade de advogado(a), identificar e minutar a medida judicial que, em nome dele, pode ser proposta para questionar o contrato administrativo.

A medida judicial deve conter a argumentação jurídica apropriada e o desenvolvimento dos fundamentos legais da matéria versada no problema, abordando, necessariamente:

(i) competência do órgão julgador;

(ii) a natureza da pretensão deduzida por José Rico; e

(iii) os fundamentos jurídicos aplicáveis ao caso.

EXCELENTÍSSIMO SENHOR DOUTOR JUIZ DE DIREITO DA... VARA DA FAZENDA PÚBLICA DA COMARCA DO MUNICÍPIO Y..., ESTADO

(pular 10 linhas)

José Rico, brasileiro, estado civil, RG, CPF, título de eleitor, endereço eletrônico, com endereço na rua, número, bairro, cidade, Estado, CEP, por seu advogado (procuração em anexo), com escritório no endereço..., onde receberá as intimações devidas, vem, com fundamento no art. 5º, inciso LXXIII, da Constituição Federal e, também, no art. 1º da Lei n. 4.717/65, impetrar:

Ação Popular
(com pedido de liminar)

Em face dos seguintes réus:
Município Y, pessoa jurídica de direito público interno, CNPJ, com sede...;
João da Silva, nacionalidade, estado civil, Prefeito do Município Y, RG, CPF, com endereço...;
Empresa W, CNPJ, cujo sócio majoritário é Antonio Precioso, com sede..., pelas razões de fato e de direito que passa a expor.

I – Dos Fatos

O Município Y, representado pelo Prefeito João da Silva, celebrou contrato administrativo com a empresa W – cujo sócio majoritário vem a ser Antonio Precioso, filho da companheira do Prefeito, no qual ocorre o fornecimento de material escolar para toda a rede pública municipal de ensino, durante 60 meses. Vale lembrar que o contrato foi celebrado sem a realização de prévio procedimento licitatório e apresentou valor de cinco milhões de reais anuais. Diante disso, é evidente que o contrato em tela favorece o filho da companheira do Prefeito, sendo nitidamente uma afronta à Constituição da República Federativa do Brasil, à Lei n. 14.133/2021 e aos princípios da moralidade e da impessoalidade.

II – Do Direito

Lembre-se de desenvolver cada tese conforme estudamos no Capítulo 1 "Construção das Teses", bem como utilizando-se das lições de direito material do Capítulo 3. No caso concreto, o "GABARITO." pontuou: o pedido de nulidade do contrato administrativo em tela, ausência do processo licitatório para aquisição do material escolar (art. 37, inciso XXI, da Constituição Federal e art. 2º da Lei n. 14.133/2021), violação do princípio da impessoalidade, violação do princípio da moralidade, violação do art. 105 da Lei n. 14.133/2021, além de pedir o ressarcimento dos danos causados ao erário.

III – Da Liminar

No caso concreto, a autora tem direito à liminar, pois os requisitos do art. 5º, § 4º, da Lei n. 4.717/65 estão preenchidos.

A fumaça do bom direito é evidente, pois todas as provas confirmam as alegações do autor. O perigo da demora também é nítido, uma vez que o contrato celebrado pelos réus lesa o erário e beneficia o filho da companheira do Prefeito.

Sendo assim, requer a concessão da liminar para impedir os efeitos do contrato administrativo em tela, nos termos da fundamentação.

IV – Dos Pedidos

Sendo assim, pede:
a) citação do Prefeito João da Silva e da empresa W para, querendo, apresentarem contestação, no prazo de 20 dias, sob pena dos efeitos da revelia;
b) a citação do Município Y, nos termos do art. 6º, § 3º, da Lei n. 4.717/65;
c) a intimação do representante do Ministério Público;
d) a procedência da ação para decretar a nulidade do contrato pactuado, determinando o ressarcimento ao erário, confirmando a liminar em todos os seus termos (art. 5º, § 4º, da Lei n. 4.717/65);
e) a produção de todas as provas em direito admitidas;
f) a juntada dos documentos (art. 320 do Código de Processo Civil);
g) a condenação dos réus ao pagamento dos honorários advocatícios (art. 85 do Código de Processo Civil).

Valor da causa: R$

PRÁTICA ADMINISTRATIVA

Local/Data

Advogado/OAB

(XXXI Exame) Para incentivar a prática de diversos esportes olímpicos, a Secretaria de Esportes de determinado estado da Federação publicou edital de licitação (parceria público-privada na modalidade concessão patrocinada), que tinha por objeto a construção, gestão e operação de uma arena poliesportiva. No estudo técnico, anexo ao edital, consta que as receitas da concessionária advirão dos valores pagos pelas equipes esportivas para a utilização do espaço, complementadas pela contrapartida do parceiro público. O aporte de dinheiro público corresponde a 80% do total da remuneração do parceiro privado. Na época da publicação do instrumento convocatório, dois deputados estaduais criticaram o excessivo aporte de recursos públicos, bem como a ausência de participação da Assembleia Legislativa nesse importante projeto. Diversas empresas participaram do certame, sagrando-se vencedor o consórcio Todos Juntos, que apresentou proposta de exatos R$ 30 milhões. O prazo de duração do futuro contrato, conforme estabelecido em edital, é de cinquenta anos. Dias antes da celebração do contrato, após o certame ter sido homologado e adjudicado, foi constituída uma Sociedade de Propósito Específico (SPE), que seria responsável por implantar e gerir o objeto da parceria. O representante da SPE, não satisfeito com a minuta contratual que lhe fora apresentada, resolveu procurar o Secretário de Esportes para propor que toda a contraprestação do parceiro público fosse antecipada para o dia da celebração do contrato, o que foi aceito pela autoridade estadual, após demorada reunião. Diversos veículos de comunicação divulgaram que o acolhimento do pleito da SPE ocorreu em troca de apoio financeiro para a campanha do Secretário de Esportes ao cargo de Governador. A autoridade policial obteve, por meio lícito, áudio da conversa travada entre o Secretário e o representante da SPE, que confirma a versão divulgada na imprensa. Dias depois, a mulher do Secretário de Esportes procura a polícia e apresenta material (vários documentos) que demonstram que a licitação foi "dirigida" e que o preço está bem acima do custo. Ricardo, cidadão brasileiro residente na capital do referido estado, com os direitos políticos em dia, procura você para, na qualidade de advogado(a), redigir a peça adequada para anular a licitação. Há certa urgência na obtenção do provimento jurisdicional, tendo em vista a iminente celebração do contrato. Considere que, de acordo com a lei de organização judiciária local, o foro competente é a Vara da Fazenda Pública. A peça deve abranger todos os fundamentos de Direito que possam ser utilizados para dar respaldo à pretensão, inclusive quanto à legitimidade do demandante.

ENDEREÇAMENTO:
EXCELENTÍSSIMO SENHOR DOUTOR JUIZ DE DIREITO DA... VARA DA FAZENDA PÚBLICA DA COMARCA DE..., ESTADO DE...
OU
EXCELENTÍSSIMO SENHOR DOUTOR JUIZ FEDERAL DA... VARA FEDERAL DA SUBSEÇÃO JUDICIÁRIA, SEÇÃO JUDICIÁRIA DE...

QUALIFICAÇÃO DO AUTOR: (nome completo, estado civil, profissão, RG, CPF, título de eleitor, endereço eletrônico, com endereço na rua, número, bairro, cidade, Estado, CEP...), por seu advogado (procuração em anexo), com escritório no endereço..., onde receberá as intimações devidas.
Não se esqueça de mencionar o título de eleitor.

NOME DA AÇÃO E FUNDAMENTO: a ação popular terá, pelo menos, dois fundamentos, quais sejam um no art. 5º, LXXIII, da Constituição Federal e outro no art. 1º da Lei n. 4.717/65, bem como deverá ser acompanhada do título: Ação Popular com pedido de liminar.

QUALIFICAÇÃO DOS RÉUS: para uma melhor visualização e compreensão do examinador, prefiro que você mencione cada réu numa linha própria:
Pessoa Jurídica (art. 1º da Lei n. 4.717/65);
Agente Público (Nome, estado civil, RG, CPF...);
Particular/Beneficiário (Nome, RF/CPF ou CNPJ...).

I – DOS FATOS: resumir os fatos apresentados pelo problema, sem inserir qualquer novo dado, sob pena de nota zero na peça.

II – DO DIREITO: após identificar as teses, é importante desenvolver cada uma delas naquela nossa estrutura de três parágrafos (conforme estudamos no capítulo da Estrutura das Teses). Assim, você sempre terá uma tese constitucional, outra tese na lei e uma terceira com base em princípios. Isso sem afastar a possibilidade de aplicar jurisprudência e súmulas.

III – DA LIMINAR: deve ser feito o pedido de liminar, conforme já estudado, sempre mencionando o perigo da demora ("periculum in mora") e a fumaça do bom direito ("fumus boni juris"), tudo em respeito ao art. 5º, § 4º, da Lei n. 4.717/65.

IV – DOS PEDIDOS: é o momento de concluir sua ação popular e pontuar cada um dos pedidos, conforme o roteiro estabelecido pela Lei n. 4.717/65, sempre lembrando dos sete pedidos.

Sendo assim, pede:
1) citação da autoridade (agente público) e do beneficiário para, querendo, apresentar contestação, no prazo de 20 dias, sob pena dos efeitos da revelia;
2) a citação da pessoa jurídica nos termos do art. 6º, § 3º, da Lei n. 4.717/65;
3) a intimação do representante do Ministério Público;
4) a procedência da ação para decretar a invalidade do ato lesivo ao patrimônio e à moralidade, confirmando a liminar em todos os seus termos (art. 5º, § 4º, da Lei n. 4.717/65);
5) a produção de todas as provas em direito admitidas;
6) a juntada dos documentos (art. 320 do Código de Processo Civil);
7) a condenação dos réus ao pagamento dos honorários advocatícios (art. 85 do Código de Processo Civil).

Valor da causa: R$

Local/Data

Advogado/OAB

2.5. Ação civil pública

2.5.1. Apresentação

A ação civil pública tem como objeto a proteção do patrimônio público e social, a tutela do meio ambiente e de inúmeros outros direitos difusos e coletivos, nos termos do art. 129, III, da Constituição Federal. Conforme se percebe tem um amplo leque de opções para proteção, até mesmo pelo conceito de direitos difusos e coletivos ser, na prática, um albergue de inúmeros casos práticos.

Ainda, é imprescindível uma atenta leitura da Lei n. 7.347/85.

2.5.2. Requisitos e características

A lei que regulamenta a ação civil pública é a de n. 7.347/85, legislação de extrema importância para essa peça, até pelo fato de uma primeira comparação entre ela e à ação popular:

Ação popular	Legitimado: cidadão
	Objeto de proteção: "restrito"
	Pedido principal: anular ato lesivo
Ação civil pública	Legitimados: art. 5º da Lei n. 7.347/85
	Objeto de proteção: amplo
	Pedidos principais: obrigação de fazer, não fazer e indenizar

A principal característica deste instrumento de controle judicial é quanto ao seu objeto, uma vez que abrange direitos/interesses difusos e coletivos, não sendo cabível tal ação quando os beneficiários puderem ser individualmente determinados (art. 1º, parágrafo único, da Lei n. 7.347/85).

A Lei n. 7.347/85 estabeleceu que a ação civil deve ser proposta para a defesa da coletividade por atos de toda e qualquer pessoa física ou jurídica responsável pela lesão a um dos bens jurídicos tutelados pela Constituição e pelas leis de direito material, principalmente que atente contra o meio ambiente, o consumidor, os bens e direitos de valor artístico, estético, histórico, turístico e paisagístico, a ordem econômica e a economia popular, a ordem urbanística, dentre outros. As ações serão sempre de responsabilidade por danos morais e/ou patrimoniais.

Segundo a Lei n. 7.347/85, no seu art. 5º, com redação dada pela Lei n. 11.448/2007, são legitimados a propor a ação civil pública:

I – o Ministério Público;
II – a Defensoria Pública;
III – a União, os Estados, o Distrito Federal e os Municípios;
IV – a autarquia, empresa pública, fundação ou sociedade de economia mista;
V – a associação que, concomitantemente:
a) esteja constituída há pelo menos 1 (um) ano nos termos da lei civil;

b) inclua, entre suas finalidades institucionais, a proteção ao meio ambiente, ao consumidor, à ordem econômica, à livre concorrência ou ao patrimônio artístico, estético, histórico, turístico e paisagístico.

O Ministério Público terá participação obrigatória, pois se não intervier no processo como parte, atuará obrigatoriamente como fiscal da lei (*custos legis*).

Para os estudos da nossa 2ª fase de direito administrativo, o foco da ação civil pública é controlar as ações da Administração Pública na tutela dos direitos difusos e coletivos e, por isso é comum, nessa ação, a existência de casos concretos que afetam toda a coletividade.

No **polo ativo** da ação civil pública parece, por pertinência temática, restar-nos somente à *associação*. Explicamos: para o Exame da OAB, por evidente que não será o Promotor de Justiça, ou o Defensor Público ou um Procurador Público que ingressará com essa ação. Assim, vale lembrar que o Exame é voltado para a advocacia privada, razão pela qual parece mais lógico que o problema nos apresente a associação como sendo nossa cliente, nos termos do art. 5º, V, da Lei n. 7.347/85.

No entanto, o cidadão jamais poderá propor uma ação civil pública. Lembre-se de que o cidadão tem a ação popular, enquanto à associação tem à ação civil pública.

O foro competente, ou seja, a **competência** para a propositura da ação é o local da ocorrência do dano.

Cuidado! Ao peticionar uma ação civil pública, há um rol maior de pedidos, pois é perfeitamente cabível a obrigação de fazer, de não fazer e de indenizar.

O **pedido de liminar** deve sempre constar, nos termos do art. 12 da Lei n. 7.347/85. Lembre-se de que os fundamentos são sempre os mesmos: perigo da demora e fumaça do bom direito.

Comparativo entre uma ação civil pública e uma ação popular. Lembre-se de que na ação civil temos à associação, uma amplitude de possibilidades e os pedidos de fazer, de não fazer e pagar/indenizar. Já na ação popular, temos o cidadão/título de eleitor, possibilidades restritas e a busca pela nulidade de um ato lesivo ao patrimônio público/defesa da moralidade pública.

2.5.3. Como identificar a peça

Para identificar uma ação civil pública, não há dificuldades, pois a questão mencionará a existência da associação e, conforme já afirmado acima, parece mais razoável que você advogue na defesa de um direito/interesse difuso ou coletivo (art. 1º da Lei n. 7.347/85).

Além disso, por se tratar de uma petição inicial, não terá qualquer manifestação judicial nem peticionamento judicial. Ou seja, o problema apresentará um caso e caberá a você ingressar com esta ação.

2.5.4. Resumo dos pedidos da ação civil pública

Na ação civil pública, teremos de formular sete pedidos. Por isso, para que você nunca mais esqueça, olha o nosso macete: a Lei n. 7.347/85 "determina" sete pedidos! Pronto, agora, quais são os pedidos:

a) citação do réu para apresentar defesa, sob pena dos efeitos da revelia;
b) a procedência da ação para condenar o réu, confirmando a liminar em todos os seus termos, para (arts. 3º e 12 da Lei n. 7.347/85):
   b.1) obrigação de fazer...
   b.2) obrigação de não fazer...
   b.3) obrigação de pagar/indenizar...
c) intimação do representante do Ministério Público (art. 5º, § 1º, da Lei n. 7.347/85);
d) a produção de todas as provas em direito admitidas;
e) a juntada dos documentos (art. 320 do Código de Processo Civil);
f) a condenação do réu ao pagamento dos honorários advocatícios (art. 85 do Código de Processo Civil); e
g) a condenação do réu ao pagamento de multa diária em caso de descumprimento da decisão (art. 11 da Lei n. 7.347/85).

Valor da causa: R$

Local/Data

Advogado/OAB

2.5.5. Estrutura da ação civil pública

ENDEREÇAMENTO:
EXCELENTÍSSIMO SENHOR DOUTOR JUIZ DE DIREITO DA... VARA DA FAZENDA PÚBLICA DA COMARCA DE..., ESTADO DE...
OU
EXCELENTÍSSIMO SENHOR DOUTOR JUIZ FEDERAL DA... VARA FEDERAL DA SUBSEÇÃO JUDICIÁRIA, SEÇÃO JUDICIÁRIA DE...

QUALIFICAÇÃO DO AUTOR: (nome completo, CNPJ, com sede na rua, número, bairro, cidade, Estado, CEP...), muito cuidado para não esquecer de mencionar que sua cliente, sendo a associação, está constituída há pelo menos um ano, bem como possui em sua finalidade institucional a proteção dos objetos desta ação (art. 5º, inciso V, alíneas "a" e "b", da Lei n. 7.347/85), por seu advogado (procuração em anexo), com escritório no endereço..., onde receberá as intimações devidas.

NOME DA AÇÃO E FUNDAMENTO: a ação civil pública terá, pelo menos, dois fundamentos, quais sejam arts. 1º e 5º, inciso V, da Lei n. 7.347/85, bem como deverá ser acompanhada do título: Ação Civil Pública com pedido de liminar.

QUALIFICAÇÃO DO RÉU: (nome completo, nacionalidade, estado civil, RG, CPF, com endereço na rua, número, bairro, cidade, Estado, CEP...) ou se pessoa jurídica (nome completo, CNPJ, com sede na rua número, bairro, cidade, Estado, CEP...).

I – DOS FATOS: resumir os fatos apresentados pelo problema, sem inserir qualquer novo dado, sob pena de nota zero na peça.

II – DO DIREITO: após identificar as teses, é importante desenvolver cada uma delas naquela nossa estrutura de três parágrafos (conforme estudamos no capítulo da Estrutura das Teses). Assim, você sempre terá uma tese constitucional, outra tese na lei e uma terceira com base em princípios. Isso sem afastar a possibilidade de aplicar jurisprudência e súmulas.

III – DA LIMINAR: deve ser feito o pedido de liminar, conforme já estudado, sempre mencionando o perigo da demora ("periculum in mora") e a fumaça do bom direito ("fumus boni juris", tudo em respeito ao art. 12 da Lei da Ação Civil Pública.

IV – DOS PEDIDOS: é o momento de concluir sua ação civil pública e pontuar cada um dos pedidos, conforme o roteiro estabelecido pela Lei n. 7.347/85, sempre lembrando dos sete pedidos.

Sendo assim, pede:
a) citação do réu para apresentar defesa, sob pena dos efeitos da revelia;
b) a procedência da ação para condenar o réu, confirmando a liminar em todos os seus termos, para (arts. 3º e 12 da Lei n. 7.347/85):
   b.1) obrigação de fazer...
   b.2) obrigação de não fazer...
   b.3) obrigação de pagar/indenizar...
c) intimação do representante do Ministério Público (art. 5º, § 1º, da Lei n. 7.347/85);
d) a produção de todas as provas em direito admitidas;
e) a juntada dos documentos (art. 320 do Código de Processo Civil);
f) a condenação do réu ao pagamento dos honorários advocatícios (art. 85 do Código de Processo Civil); e
g) a condenação do réu ao pagamento de multa diária em caso de descumprimento da decisão (art. 11 da Lei n. 7.347/85).

Valor da causa: R$

Local/Data

Advogado/OAB

2.5.6. Modelo de petição da ação civil pública

(Questão Simulada) A Associação Civil em Defesa dos Cachorros de Rua, pessoa jurídica de direito privado, recebeu uma denúncia que os cachorros que eram recolhidos pelo canil municipal eram vítimas de maus tratos e situações de higiene e hospedagem deploráveis.

Diante do clamor em toda a população do Município W – Estado Z, ingresse com a medida cabível, sabendo que você é o advogado regularmente contratado pela citada associação, bem como que esta já está ela regularmente constituída há mais de 5 anos e que, no seu ato constitutivo, possui a finalidade de defesa dos cachorros contra toda e qualquer prática cruel.

EXCELENTÍSSIMO SENHOR DOUTOR JUIZ DE DIREITO DA... VARA DA FAZENDA PÚBLICA DA COMARCA DO MUNICÍPIO W – ESTADO Z

(pular 10 linhas)

Associação Civil em Defesa dos Cachorros de Rua, pessoa jurídica de direito privado, CNPJ, endereço eletrônico, com sede na rua, número, bairro, cidade, Estado, CEP, por seu advogado (procuração em anexo), com escritório no endereço..., onde receberá as intimações devidas, vem, com fundamento nos arts. 1º e 5º, inciso V, da Lei n. 7.347/85, propor

Ação Civil Pública
(com pedido de liminar)

Em face do Município W, pessoa jurídica de direito público interno, CNPJ, com sede na..., pelas razões de fato e de direito:

I – Dos Fatos

A Associação Civil em Defesa dos Cachorros de Rua recebeu uma denúncia de que os cachorros que eram recolhidos pelo canil municipal eram vítimas de maus-tratos e situações de higiene e hospedagem deploráveis. Diante do clamor gerado e da revolta da população, a autora decidiu ingressar com esta ação civil pública para eliminar toda e qualquer prática cruel contra os cães de rua.

II – Do Direito

Lembre-se de desenvolver cada tese conforme estudamos no Capítulo 1 "Construção das Teses", bem como utilizando-se das lições de direito material do Capítulo 3.

III – Da Liminar

No caso concreto, a autora tem direito à medida liminar, pois os requisitos do art. 12 da Lei n. 7.347/85 estão preenchidos.

A fumaça do bom direito está confirmada conforme tudo o que foi alegado e comprovado documentalmente. O dano irreparável é evidente, uma vez que a autora confirmou todos os danos causados aos citados cachorros, no canil municipal.

Sendo assim, requer a concessão da liminar para obrigar o Município W a interditar o referido canil, bem como abrigar os animais que lá estão num local condizente, com tratamento digno e sem qualquer violência às suas vidas e bem-estar, nos termos da fundamentação, sem prejuízo da indenização.

IV – Dos Pedidos

Sendo assim, pede:
a) citação do réu, na pessoa do Procurador Municipal, para apresentar defesa, sob pena dos efeitos da revelia;
b) a procedência da ação para condenar o réu, confirmando a liminar em todos os seus termos, para:
   b.1) interditar o citado canil municipal, encerrando todo e qualquer tratamento degradante aos cachorros, bem como obrigando o Município a abrigar os animais de forma condizente;
   b.2) bem como que as práticas que exteriorizem crueldade e/ou maus-tratos sejam imediatamente cessadas;
   b.3) além da indenização a ser arbitrada por este Juízo, nos termos da fundamentação;
c) intimação do representante do Ministério Público;
d) a produção de todas as provas em direito admitidas;
e) a juntada dos documentos (art. 320 do Código de Processo Civil);
f) a condenação do réu ao pagamento dos honorários advocatícios (art. 85 do Código de Processo Civil); e
g) a condenação do réu ao pagamento de multa diária em caso de descumprimento da decisão (art. 11 da Lei n. 7.347/85).

Valor da causa: R$

Local/Data

Advogado/OAB

2.5.7. Caso prático e gabarito da FGV

(XXVI Exame) A sociedade empresária Leva e Traz explora, via concessão, o serviço público de transporte de passageiros no município Sigma, conhecido pelos altos índices de criminalidade; por isso, a referida concessionária encontra grande dificuldade em contratar motoristas para seus veículos. A solução, para não interromper a prestação dos serviços, foi contratar profissionais sem habilitação para a direção de ônibus. Em paralelo, a empresa, que utiliza ônibus antigos (mais poluentes) e em péssimo estado de conservação, acertou informalmente com todos os funcionários que os veículos não deveriam circular após as 18 horas, dado que, estatisticamente, a partir desse horário, os índices de criminalidade são maiores. Antes, por exigência do poder concedente, os ônibus circulavam até meia-noite. Os jornais da cidade noticiaram amplamente a precária condição dos ônibus, a redução do horário de circulação e a utilização de motoristas não habilitados para a condução dos veículos. Seis meses após a concretização da mencionada situação e da divulgação das respectivas notícias, a associação municipal de moradores, entidade constituída e em funcionamento há dois anos e que tem por finalidade institucional, dentre outras, a proteção dos usuários de transporte público, contrata você, jovem advogado(a), para adotar as providências cabíveis perante o Poder Judiciário para compelir o poder concedente e a concessionária a regularizarem a atividade em questão. Há certa urgência, pois no último semestre a qualidade do serviço público caiu drasticamente e será necessária a produção de

PRÁTICA ADMINISTRATIVA

provas no curso do processo. Considerando essas informações, redija a peça cabível para a defesa dos interesses dos usuários do referido serviço público. (Valor: 5,00)

A FGV apresentou o seguinte GABARITO:

Considerando tratar-se de direitos coletivos, a medida judicial adequada é o ajuizamento de Ação Civil Pública (ACP).

A ACP deve ser dirigida ao Juízo de Fazenda Pública ou à Vara Cível competente.

O examinando deve indicar, como autora, a associação municipal de moradores e, como réus, o município Sigma e a sociedade empresária Leva e Traz.

O examinando deve demonstrar, em preliminar, a legitimidade ativa da associação. Assim, cabe citar que a entidade está constituída há mais de um ano (art. 5º, inciso V, alínea *a*, da Lei n. 7.347/85) e sua finalidade institucional está alinhada com o tema da ação (pertinência temática – art. 5º, inciso V, alínea *b*, da Lei n. 7.347/85).

No mérito, o examinando deve apontar, genericamente, a violação ao dever de adequação na prestação do serviço público, conforme previsto pelos artigos 6º, § 1º, da Lei n. 8.987/95 OU do art. 22 da Lei n. 8.078/90 (Código de Defesa do Consumidor – CDC) OU do art. 4º da Lei n. 13.460/2017, e, de forma específica, com base nos seguintes fundamentos: I. a concessão pressupõe a prestação de serviço público em condição segura para os usuários, o que não está sendo feito, pois os motoristas dos ônibus não têm habilitação para direção e os veículos apresentam péssimo estado de conservação, o que viola o princípio da segurança dos serviços públicos; II. a concessão pressupõe a prestação de serviço público regular e contínuo, requisitos que não estão sendo observados, dada a interrupção da circulação dos ônibus a partir das dezoito horas, deixando a população desprovida do serviço, o que implica violação dos princípios da regularidade e continuidade dos serviços públicos; III. a utilização de veículos antigos e mais poluentes viola o princípio da atualidade do serviço, que pressupõe a modernidade dos equipamentos postos à disposição dos usuários.

Deve ser requerida e fundamentada medida liminar para impedir a designação de motoristas sem habilitação (obrigação de não fazer) e para obrigar os réus à renovação da frota e à circulação dos ônibus até meia-noite (obrigações de fazer). A probabilidade do direito está caracterizada pelos fundamentos já expostos nos itens I, II e III do parágrafo anterior. O perigo de dano também está caracterizado, pois cidadãos deixam de ser atendidos pelo transporte público. Em relação àqueles que utilizam os ônibus, eles estão expostos a riscos de acidentes, tendo em vista a inabilitação dos condutores e a precária condição dos veículos.

Quanto aos pedidos, o examinando deve requerer: a) a concessão da liminar para impedir a designação de motoristas sem habilitação (obrigação de não fazer) e para obrigar à renovação da frota e à circulação dos ônibus novos até meia-noite (obrigações de fazer); b) a procedência do pedido, obrigando-se o réu ao cumprimento das obrigações de fazer e de não fazer indicadas na alínea "a"; c) a condenação do réu ao pagamento de custas e honorários; d) a produção de provas; e) a condenação dos réus ao pagamento de custas e honorários advocatícios; f) indicação do valor da causa.

Por fim, o fechamento.

(36º Exame) No centro da cidade turística brasileira Sigma, foi criado um polo gastronômico composto por diversos restaurantes e bares tradicionais da iniciativa privada, todos devidamente legalizados. Com o passar do tempo, não obstante o visível aumento de turistas e consumidores no local, os comerciantes experimentaram diminuição em suas vendas, em razão do surgimento de quiosques motorizados, do tipo *food truck*, que se instalaram no entorno da praça onde se situa o polo gastronômico, à revelia do poder público local. A Associação de bares e restaurantes XYZ, cujas finalidades institucionais incluem a proteção ao consumidor, à ordem urbanística e econômica e à livre concorrência, apresentou representação em face dos quiosques ilegais junto ao Município. A Associação XYZ, que está regularmente instituída há cinco anos nos termos da lei, alegou e comprovou com farta documentação, a ocupação irregular do solo urbano pelos quiosques, haja vista que seus proprietários não possuem permissão de uso do bem público (calçadas do entorno da praça), nem os demais documentos públicos legalmente exigidos para se instalarem no local e exercerem atividades de comércio de bebidas e alimentos.

Ocorre que, apesar da identificação dos infratores e da comprovação de todas as irregularidades noticiadas, o Município Sigma está inerte há mais de um ano e os quiosques ilegais continuam em atividade, em prejuízo dos comerciantes que integram a citada associação e dos próprios consumidores, que frequentam locais não regularizados nem fiscalizados.

Como advogado (a) da Associação XYZ, redija a petição inicial da medida judicial a ser ajuizada em face do Município Sigma e em favor dos interesses coletivos *lato sensu*, levando em consideração que haverá necessidade de ampla dilação probatória no curso do processo. (Valor: 5,00).

A FGV apresentou o seguinte GABARITO:

O examinando deve elaborar petição inicial de ação civil pública, com base no art. 1º, incisos II, IV, V e VI, da Lei n. 7.347/85. A Vara competente é a Cível (ou Fazendária, se houver na comarca) da Justiça Estadual.

O examinando deve indicar, como autor, a Associação XYZ, bem como alegar e comprovar que a associação concomitantemente está constituída há pelo menos 1 (um) ano nos termos da lei e que tem, entre suas finalidades institucionais, a proteção ao consumidor, à ordem urbanística e econômica e à livre concorrência (conforme determina o art. 5º, inciso V, alíneas *a* e *b*, da Lei n. 7.347/85).

O examinando deve indicar como réu o Município Sigma por conduta omissiva, eis que, apesar de provocado, não está fiscalizando a ocupação do solo urbano municipal.

No mérito, deve ser alegado pelo examinando que o Município Sigma praticou atos ilícitos por omissão, pois violou o ordenamento jurídico por não estar fiscalizando o uso e ocupação do solo urbano, mediante o exercício de seu poder de polícia. O Município ofendeu a Constituição da República ao quedar-se inerte em sua obrigação legal de promover a fiscalização do adequado ordenamento territorial, mediante controle do uso e ocupação do solo urbano (art. 30, inciso VIII, e art. 182, ambos da Constituição da República). Assim, verifica-se que o Município, mesmo após ser provocado, tolerou ilegalmente a utilização de bem público (calçada do entorno da praça) sem prévia permissão de uso (ato precário que requer, inclusive, licitação) por parte de particulares que também não possuem documentos públicos legalmente exigidos para exercerem atividades de comércio de bebidas e comidas.

Deve ser formulado pedido de concessão de medida liminar com base no art. 12 da Lei n. 7.347/85 (ou art. 300 e seguintes do CPC), demonstrando-se o fundamento relevante de probabilidade do direito alegado (com base nas provas apresentadas pela Associação ao Município quando foi feita a representação comprovando as ilegalidades) e o fundado receio de ineficácia da medida, caso concedida apenas ao final do processo, dado o risco iminente à livre iniciativa e concorrência, em prejuízo aos proprietários dos bares e restaurantes legalizados do polo gastronômico (que perderam clientela em razão da instalação e funcionamento ilegais dos quiosques). Assim, deve ser requerida a concessão da liminar para que o Município exerça imediatamente seu poder de polícia e realize fiscalização, com objetivo de promover a paralisação das atividades ilegais dos quiosques e a interdição dos mesmos, sob pena de multa diária, com base no art. 12, § 2º, da Lei n. 7.347/85. Ao final, o examinando deve requerer a procedência do pedido de obrigação de fazer para que o Município fiscalize a ocupação do solo urbano, consistente nas calçadas no entorno da praça do polo gastronômico, para impedir a manutenção dos atuais quiosques irregulares e coibir o seu retorno ou a instalação de novos quiosques, com regular uso de seu poder de polícia.

Devem ser formulados, ainda, pedidos de: (i) isenção de custas judiciais e eventuais ônus da sucumbência, diante da evidente não ocorrência de má-fé do autor, conforme previsto no art. 18 da Lei n. 7.347/85; (ii) produção de provas, em especial para comprovar a ilegalidade na instalação dos quiosques e omissão do Município; (iii) intimação do representante do Ministério Público Estadual (art. 5º, § 1º, da Lei n. 7.347/85).

Por fim, o fechamento da peça, com a indicação do local, data, nome e inscrição OAB.

2.6. Petição inicial

2.6.1. Apresentação

A petição inicial/ação ordinária tem cabimento quando houver o início de uma relação jurídica, sem menção a ação anterior, ou seja, não houve sequer manifestação judicial. Sendo assim, imagine uma ação de indenização por responsabilidade civil do Estado, uma ação para rescisão contratual contra à Administração Pública, uma ação anulatória de ato, dentre outras hipóteses.

Porém deve-se observar se essa relação inicial não é caso de instrumentos específicos, como o *habeas data*, mandado de segurança, a ação popular, dentre outras.

2.6.2. Requisitos e características

Para elaborar uma petição inicial (seja ela anulatória ou indenizatória), devemos sempre nos pautar pelos arts. 319 e 320, ambos do Código de Processo Civil:

> Art. 319. A petição inicial indicará:
> I – o juízo a que é dirigida;
> II – os nomes, os prenomes, o estado civil, a existência de união estável, a profissão, o número de inscrição no Cadastro de Pessoas Físicas ou no Cadastro Nacional da Pessoa Jurídica, o endereço eletrônico, o domicílio e a residência do autor e do réu;
> III – o fato e os fundamentos jurídicos do pedido;
> IV – o pedido com as suas especificações;
> V – o valor da causa;
> VI – as provas com que o autor pretende demonstrar a verdade dos fatos alegados;
> VII – a opção do autor pela realização ou não de audiência de conciliação ou de mediação.
> § 1º Caso não disponha das informações previstas no inciso II, poderá o autor, na petição inicial, requerer ao juiz diligências necessárias a sua obtenção.

§ 2º A petição inicial não será indeferida se, a despeito da falta de informações a que se refere o inciso II, for possível a citação do réu.

§ 3º A petição inicial não será indeferida pelo não atendimento ao disposto no inciso II deste artigo se a obtenção de tais informações tornar impossível ou excessivamente oneroso o acesso à justiça.

Art. 320. A petição inicial será instruída com os documentos indispensáveis à propositura da ação.

É muito importante lembrar que na ação ordinária faremos o **pedido de tutela de urgência**, com a demonstração dos elementos que evidenciem a probabilidade do direito e o perigo de dano ou o risco ao resultado útil do processo, nos termos do art. 300 do Código de Processo Civil.

Lembre-se, também, de que toda petição inicial tem a mesma estrutura, o que muda é, basicamente, o pedido – sendo este o responsável por dar o nome da ação, exemplo: se pedimos uma indenização, nossa ação será uma indenizatória; se desejamos anular um ato jurídico, então, teremos uma ação anulatória etc.

2.6.3. Como identificar a peça

Para identificar um caso de petição inicial/ação ordinária você, primeiro, verificará se não é caso de outra ação/remédio constitucional específico. Primeiro daremos prioridade para um eventual *habeas data*, ou mandado de segurança, ou ação popular e, por fim, uma ação civil pública. Não sendo caso dessas ações e, por evidente, inexistindo qualquer relação processual formada, será cabível a petição inicial.

Tenha sempre muito cuidado, pois, na dúvida entre uma *habeas data* e uma ação ordinária, um mandado de segurança e uma ação ordinária; sempre escolha a ação específica. Exemplifico: para ter acesso à informação, é caso de *habeas data*, para ter a tutela de um direito líquido e certo violado é mandado de segurança.

2.6.4. Competência

Em primeiro lugar, deve-se verificar se a competência é de primeiro grau ou de Tribunais (normalmente em razão da pessoa). Depois, verifica-se a justiça competente, se é Federal ou Estadual. Para isso, ver arts. 102, 105, 108 e 109 da Constituição Federal, além das regras de competência dos arts. 42 e seguintes, do Código de Processo Civil.

2.6.5. Da audiência de conciliação ou de mediação

Uma das novidades do atual Código de Processo Civil é a **possibilidade de dispensa** da audiência de conciliação ou de mediação, caso ambas as partes manifestem, expressamente, o desinteresse na composição consensual ou quando não se admitir a autocomposição, na forma do art. 334, § 4º, I e II do CPC.

No entanto, o autor deverá indicar, já na petição inicial (procedimento comum), seu desinteresse na autocomposição, conforme o § 5º do art. 334 do CPC.

Esta indicação poderá ser feita logo abaixo das qualificações ou no final da peça, antes do fechamento.

2.6.6. Resumo dos pedidos da petição inicial

Na petição inicial/ação ordinária, teremos de formular cinco pedidos clássicos, conforme os arts. 319 e 320 do Código de Processo Civil. São eles:

a) citação do réu para, querendo, apresentar defesa, sob pena da revelia (art. 238 do Código de Processo Civil);

b) a procedência da ação para..., confirmando o pedido de tutela de urgência (art. 300 do Código de Processo Civil), nos termos da fundamentação;

c) a produção de todas as provas em direito admitidas (art. 369 do Código de Processo Civil);

d) a juntada dos documentos (art. 320 do Código de Processo Civil);

e) a condenação do réu ao pagamento das custas processuais e honorários advocatícios (arts. 82 e 85, ambos do Código de Processo Civil);

f) Não há interesse na realização da audiência de conciliação e mediação (art. 334, § 5º, do Código de Processo Civil).

Valor da causa: R$

Local/Data

Advogado/OAB

2.6.7. Estrutura da petição inicial

ENDEREÇAMENTO:
EXCELENTÍSSIMO SENHOR DOUTOR JUIZ DE DIREITO DA... VARA DA FAZENDA PÚBLICA DA COMARCA DE..., ESTADO DE...
OU
EXCELENTÍSSIMO SENHOR DOUTOR JUIZ FEDERAL DA... VARA FEDERAL DA SUBSEÇÃO JUDICIÁRIA, SEÇÃO JUDICIÁRIA DE...

QUALIFICAÇÃO DO AUTOR: (nome completo, estado civil, profissão, RG, CPF, endereço eletrônico, com endereço na rua, número, bairro, cidade, Estado, CEP...), caso seja uma pessoa jurídica (nome da PJ, CNPJ, nesse ato representada pelo sócio..., com endereço na rua, número, bairro, cidade, Estado, CEP), por seu advogado (procuração em anexo), com escritório no endereço..., onde receberá as intimações devidas.

NOME DA AÇÃO E FUNDAMENTO: a petição inicial terá, pelo menos, três fundamentos, quais sejam arts. 319 e 320, ambos do Código de Processo Civil, além de outro artigo vinculado ao caso concreto (exemplo: art. 37, § 6º, da Constituição Federal, se for caso de responsabilidade civil do Estado), bem como deverá ser acompanhada do título: "Ação Indenizatória com pedido de tutela de urgência" ou "Ação Anulatória com pedido de tutela de urgência", conforme o caso concreto.

QUALIFICAÇÃO DO RÉU: qualifique o réu de forma completa (nome completo, estado civil, profissão, CPF, endereço eletrônico, com endereço na rua, número, bairro, cidade, Estado, CEP...), caso seja uma pessoa jurídica (nome da PJ, CNPJ, nesse ato representada pelo sócio..., com endereço na rua, número, bairro, cidade, Estado, CEP).

I – DOS FATOS: resumir os fatos apresentados pelo problema, sem inserir qualquer novo dado, sob pena de nota zero na peça.

II – DO DIREITO: após identificar as teses, é importante desenvolver cada uma delas naquela nossa estrutura de três parágrafos (conforme estudamos no capítulo da Estrutura das Teses). Assim, você sempre terá uma tese constitucional, outra tese na lei e uma terceira com base em princípios. Isso sem afastar a possibilidade de aplicar jurisprudência e súmulas.

III – DA TUTELA DE URGÊNCIA: deve ser feito o pedido de tutela de urgência, conforme já estudado, sempre mencionando elementos que evidenciem a probabilidade do direito e o perigo de dano ou o risco ao resultado útil do processo, nos termos do art. 300 do Código de Processo Civil.

VI – DOS PEDIDOS: é o momento de concluir sua petição inicial e pontuar cada um dos pedidos, conforme o roteiro estabelecido, sempre lembrando dos cinco pedidos.

Sendo assim, pede:
a) citação do réu para, querendo, apresentar defesa, sob pena da revelia (art. 238 do Código de Processo Civil);
b) a procedência da ação para..., confirmando o pedido de tutela de urgência (art. 300 do Código de Processo Civil), nos termos da fundamentação;
c) a produção de todas as provas em direito admitidas;
d) a juntada dos documentos (art. 320 do Código de Processo Civil);
e) a condenação do réu ao pagamento das custas processuais e honorários advocatícios (arts. 82 e 85, ambos do Código de Processo Civil);
f) não há interesse na realização da audiência de conciliação e mediação (art. 334, § 5º, do Código de Processo Civil).

Valor da causa: R$

O autor manifesta desde já o desinteresse na autocomposição, na forma do art. 334, § 5º, do CPC.

Local/Data

Advogado/OAB

PRÁTICA ADMINISTRATIVA   49

2.6.8. Modelo de petição inicial

(II Exame) JOANA, moradora de um Município da Baixada Fluminense, Rio de Janeiro, ao sair de casa para o trabalho às 7:00 horas da manhã do dia 10-10-2009, caminhando pela rua em direção ao ponto de ônibus, distraiu-se e acabou por cair em um bueiro que estava aberto, sem qualquer sinalização específica de aviso de cuidado pelo Poder Público. Em razão da queda, a sua perna direita ficou presa dentro do bueiro e moradores do local correram para socorrer JOANA. Logo em seguida, bombeiros militares chegaram com uma ambulância e acabaram por prestar os primeiros socorros à JOANA e por levá-la ao hospital municipal mais próximo. JOANA fraturou o seu joelho direito e sofreu outras lesões externas leves. Em razão da fratura, JOANA permaneceu em casa pelo período de 2 (dois) meses, com sua perna direita imobilizada e sem trabalhar, em gozo de auxílio-doença. Entretanto, além de seu emprego formal, JOANA prepara bolos e doces para vender em casa, a fim de complementar sua renda mensal, uma vez que é mãe solteira de um filho de 10 (dez) anos e mora sozinha com ele. Com a venda dos bolos e doces, JOANA aufere uma renda complementar de aproximadamente R$ 100,00 (cem reais) por semana. Em razão de sua situação, JOANA também não pôde preparar suas encomendas de bolos e doces durante o referido período de 2 (dois) meses em que esteve com sua perna imobilizada. Diante dos fatos acima descritos, e na qualidade de advogado procurado por JOANA, elabore a peça processual cabível para defesa do direito de sua cliente.

EXCELENTÍSSIMO SENHOR DOUTOR JUIZ DE DIREITO DA... VARA DA FAZENDA PÚBLICA DA COMARCA DO MUNICÍPIO, ESTADO DO RIO DE JANEIRO

(pular 10 linhas)

Joana, nacionalidade, estado civil, profissão, RG, CPF, endereço eletrônico, residente na rua, número, bairro, cidade, Estado, CEP, por seu advogado (procuração em anexo), com escritório no endereço..., onde receberá as intimações devidas, vem, com fundamento nos arts. 37, § 6º, da Constituição Federal, arts. 186 e 927 do Código Civil e arts. 319 e 320 do Código de Processo Civil, propor

Ação Indenizatória
(com pedido de tutela de urgência)

Em face do Município, pessoa jurídica de direito público interno, CNPJ, com sede na..., pelas razões de fato e de direito:

I – Dos Fatos

JOANA, moradora de um Município da Baixada Fluminense, ao sair de casa para o trabalho às 7:00 horas da manhã do dia 10-10-2009, caminhando pela rua em direção ao ponto de ônibus, distraiu-se e acabou por cair em um bueiro que estava aberto, sem qualquer sinalização específica de aviso de cuidado pelo Poder Público. Em razão da queda, a sua perna direita ficou presa dentro do bueiro, fraturando o seu joelho direito, além de sofrer outras lesões externas leves. Em razão da fratura, JOANA permaneceu em casa pelo período de dois meses, com sua perna direita imobilizada e sem trabalhar, em gozo de auxílio-doença, bem como não pôde complementar sua renda com bolos e doces, uma vez que a autora aufere uma renda complementar de aproximadamente R$ 100,00 por semana e, por esse período em que sua perna estava imobilizada, deixou de ter a renda complementar para cuidar do seu filho.

II – Do Direito

Lembre-se de desenvolver cada tese conforme estudamos em "Construção das Teses", bem como utilizando-se das lições de direito material do Capítulo 3. No caso concreto, o "GABARITO:" pontuou: a responsabilidade do município pela manutenção dos bueiros, a demonstração da omissão do município pela falta da tampa e da sinalização e a caracterização dos danos morais e lucros cessantes.

III – Da Tutela de Urgência

No caso concreto, a autora tem direito à tutela de urgência, pois os requisitos do art. 300 do Código de Processo Civil estão preenchidos.

A probabilidade do direito é evidente, pois todas as provas confirmam as alegações dos autos. O perigo de dano ou da ausência de resultado útil do processo também está comprovado, pois a autora está com a perna imobilizada, diante do acidente causado pela omissão do réu, bem como não pode trabalhar para complementar sua renda familiar que é de R$ 100,00 por semana, com a venda de bolos e doces.

Sendo assim, requer a concessão da tutela de urgência para obrigar o réu a arcar com todas as despesas do tratamento, bem como a complementação da renda mensal, nos termos da fundamentação.

IV – Dos Pedidos

Sendo assim, pede:
a) citação do réu para, querendo, apresentar defesa, sob pena da revelia (art. 238 do Código de Processo Civil);
b) a procedência da ação para condenar o Município ao pagamento da indenização da autora, incluindo o dano moral e os lucros cessantes, confirmando o pedido de tutela de urgência (art. 300 do Código de Processo Civil), nos termos da fundamentação;
c) a produção de todas as provas em direito admitidas;
d) a juntada dos documentos (art. 320 do Código de Processo Civil);
e) a condenação do réu ao pagamento das custas processuais e honorários advocatícios (arts. 82 e 85, ambos do Código de Processo Civil);
f) não há interesse na realização da audiência de conciliação e mediação (art. 334, § 5º, do Código de Processo Civil).

Valor da causa: R$

Local/Data

Advogado/OAB

2.6.9. Caso prático e gabarito da FGV

(XXVIII Exame) Apolônio Silva foi encarcerado há três anos, pela prática do crime de lesão corporal seguida de morte (art. 129, § 3º, do CP), em razão de decisão penal transitada em julgado proferida pelo Tribunal de Justiça do Estado Alfa, que o condenou à pena de doze anos de reclusão. Apesar das tentativas da Defensoria Pública de obter a ordem de soltura, Apolônio permaneceu preso, até que, no ano corrente, foi morto durante a rebelião que ocorreu no presídio em que estava acautelado. Durante a mesma rebelião, numerosos condenados foram assassinados a tiros, sendo certo que as armas ingressaram no local mediante pagamento de propina aos agentes penitenciários. Inconformada, Maria da Silva, mãe de Apolônio, procurou você para, na qualidade de advogado(a), tomar as medidas cabíveis, com vistas a obter a responsabilização civil do Estado. Ela demonstrou que, ao tempo da prisão, ele era filho único, solteiro, sem filhos, trabalhador, e provia o seu sustento. Como Maria tem idade avançada e problemas de saúde, ela não tem condições de arcar com os custos do processo, notadamente porque gastou as últimas economias para proporcionar um funeral digno para o filho. Redija a peça cabível, mediante apontamento de todos os argumentos jurídicos pertinentes. (Valor: 5,00)

A FGV apresentou o seguinte GABARITO:

A medida cabível é a petição inicial de Ação de Responsabilidade Civil OU Ação Indenizatória.

A peça deve ser endereçada a um dos Juízos da Vara de Fazenda Pública OU Vara Cível da Comarca X do Estado Alfa.

Na qualificação das partes: Maria da Silva é a autora e o Estado Alfa é o réu. Inicialmente, deve ser requerida a gratuidade de justiça, diante da impossibilidade de a autora arcar com as custas do processo, sem prejuízo do próprio sustento, na forma do art. 98 do CPC.

Na fundamentação, deve ser alegada a caracterização do dever de indenizar pelo Estado, com base nos seguintes fundamentos: a. Presença dos elementos configuradores da responsabilidade objetiva do Estado OU independentemente da demonstração do elemento subjetivo (dolo ou culpa), destacando-se ainda: a1. Violação do dever de preservação da integridade física e moral do preso na forma do art. 5º, inciso XLIX, da CRFB/88. a2. Incidência do art. 37, § 6º, da CRFB/88, que adota a teoria do risco administrativo. b. Com relação ao dano, o examinando deve apontar também: b1. Caracterização do dano moral (*in re ipsa*), decorrente do falecimento do filho da demandante. b2. Dependência financeira da autora, que contava com o falecido para o seu sustento, para fins de pensionamento, na forma do art. 948, inciso II, do Código Civil. b3. Necessidade de ressarcimento das despesas de funeral, na forma do art. 948, inciso I, do Código Civil.

Ao final, deve ser formulado pedido de procedência, para que o Estado seja condenado no pagamento de indenização por danos morais, ressarcimento pelas despesas de funeral, bem como no pensionamento da autora.

Ademais, devem ser expressamente requeridas a produção de provas para a demonstração da verdade dos fatos alegados; a condenação em custas e honorários; o valor da causa e a opção do autor pela realização, ou não, de audiência de conciliação ou mediação.

Arremata a peça a indicação de local, data, espaço para assinatura do advogado e número de sua inscrição na OAB.

(XXIX Exame) Em concurso realizado na vigência da Emenda Constitucional n. 20/98, Joel foi aprovado para desempenhar serviços notariais e de registro, vindo a ser nomeado tabelião de notas de serventia extrajudicial, no Estado Alfa. Ao completar setenta e cinco anos de idade, em maio de 2018, Joel foi aposentado compulsoriamente pelo regime próprio de previdência do ente federativo em questão, contra a sua vontade, sob o motivo de que havia atingido a idade limite para atuar junto à Administração Pública, nos termos da CRFB/88. Joel, em razão da aposentação compulsória, sentindo-se violado nos seus direitos de personalidade, entrou em depressão profunda em menos de dois meses. O quadro tornou-se ainda mais grave devido à grande perda patrimonial, considerando que os proventos de inativo são bem inferiores ao valor do faturamento mensal do cartório. Seis meses após a decisão que declarou "vacante" a sua delegação junto a específico cartório de notas, e o deu por aposentado, Joel procura você, como advogado(a), para tomar as providências pertinentes à defesa de seus interesses. Menciona que sua pretensão seria voltar à atividade e ser reparado por todos os danos sofridos. Redija a peça processual adequada para a plena defesa dos interesses de Joel, mediante o apontamento de todos os argumentos pertinentes. (Valor: 5,00)

Obs.: a peça deve abranger todos os fundamentos de Direito que possam ser utilizados para dar respaldo à pretensão. A simples menção ou transcrição do dispositivo legal não confere pontuação.

A FGV apresentou o seguinte GABARITO:

A medida cabível é a petição inicial de ação anulatória do ato de aposentadoria de Joel, com a reintegração na função delegada, bem como indenização pelo período do afastamento ilegal e por danos morais, com pedido de liminar.

A peça deve ser endereçada a um dos Juízos da Vara de Fazenda Pública do Estado Alfa ou para a Vara Cível competente.

Na qualificação das partes: Joel é o autor e o Estado Alfa é o réu.

Na fundamentação, deve ser alegada a nulidade da aposentadoria compulsória de Joel, pelos fundamentos a seguir. I. Apesar de realizarem concurso público, os tabeliães, notários e oficiais dos serviços notariais e de registro não são servidores públicos, mas agentes que exercem função delegada, na forma do art. 236 da CRFB/88 OU art. 3º da Lei n. 8.935/94. II. Consequentemente, os tabeliães, notários e oficiais de serviços notariais estão vinculados ao regime geral de previdência social e/ou não se submetem ao regime de aposentadoria próprio dos servidores públicos ocupantes de cargos efetivos, notadamente à aposentadoria compulsória, prevista no art. 40, inciso II, da CRFB/88.

Com relação à indenização, deve ser destacado: a. A presença dos elementos configuradores da responsabilidade civil do Estado – conduta ilícita, nexo causal e dano – a ensejar o dever de reparação material e moral, na forma do art. 37, § 6º, da CRFB/88; b. Quanto ao dano material, ressaltar os enormes prejuízos sofridos por Joel em razão da redução de sua remuneração a partir de sua aposentadoria compulsória; c. Em relação ao dano moral, frisar que a conduta ilegal foi além do mero aborrecimento OU violou direitos da personalidade do demandante.

Deve ser efetuado pedido de concessão de liminar para suspender os efeitos do ato de aposentadoria e reintegrar o autor nas funções notariais, na forma do art. 300, *caput*, OU do art. 311, inciso II, ambos do CPC.

Ao final, deve ser formulado pedido de procedência, para anular o ato de aposentadoria compulsória de Joel, com sua reintegração na função delegada, bem como indenizá-lo pelos prejuízos materiais e morais sofridos.

Ademais, devem ser expressamente requeridas a citação do réu, juntada de provas para a demonstração da verdade dos fatos alegados; a condenação em custas e honorários; o valor da causa e a opção do autor pela realização, ou não, de audiência de conciliação ou mediação.

Arremata a peça a indicação de local, data, espaço para assinatura do advogado e o número de sua inscrição na OAB.

(38º Exame) Em agosto de 2016, o Município Alfa esbulhou imóvel rural de propriedade de Fabiana, para fins de construção de via de ligação entre as áreas urbana e rural do município, de grande importância para a população local. O referido Município iniciou a obra em janeiro de 2017, concluindo-a, com sucesso, um ano depois.

Logo após o esbulho, Fabiana faleceu e, na partilha, o bem em questão ficou no quinhão de seu filho Fabrício, que, na época, morava fora do Brasil e só veio a tomar conhecimento da invasão e da consequente afetação em janeiro de 2018, quando transferiu o bem para o seu nome, momento em que não tinha condições financeiras nem psicológicas de tomar qualquer providência.

No presente ano (2023), mais precisamente na semana passada, Fabrício procurou você para, na qualidade de advogado(a), adotar a medida judicial cabível em razão da perda de sua propriedade, salientando a sua preocupação com o longo prazo transcorrido desde a invasão do imóvel, bem como destacando o seu especial interesse nos consectários da indenização a que acredita ter direito.

Fabrício frisou que não reúne condições de arcar com os custos do processo, pois além de inúmeras dívidas pessoais, o imóvel em questão é o único bem de sua titularidade.

Redija a peça pertinente para a defesa dos interesses de Fabrício, mediante a alegação de todos os fundamentos jurídicos relevantes. (Valor: 5,00)

Obs.: a peça deve abranger todos os fundamentos de Direito que possam ser utilizados para dar respaldo à pretensão.

A simples menção ou transcrição do dispositivo legal não confere pontuação.

A FGV apresentou o seguinte GABARITO:

A medida cabível é a petição inicial com fundamento na desapropriação indireta.

A peça deve ser endereçada ao Juízo da Vara Cível ou da Fazenda Pública da Comarca do Município Alfa, do Tribunal de Justiça do Estado X.

Na qualificação das partes: Fabrício é o autor e o Município Alfa é o réu.

Inicialmente, a peça deve:

(i) conter o requerimento da concessão do benefício da gratuidade de justiça, diante da impossibilidade de o autor arcar com as custas do processo, sem prejuízo do próprio sustento, na forma do art. 98 do CPC.

(ii) destacar o fato de que a pretensão não está prescrita, considerando que o fundamento da demanda é a desapropriação indireta, que se submete ao prazo de dez anos para a usucapião extraordinária, previsto no art. 1.238, parágrafo único, do CC.

Obs.: para fins de argumentação, pode ser alegado o prazo de quinze anos do art. 1.238, *caput*, do CC.

Na fundamentação, deve ser alegada a caracterização da desapropriação indireta, porque:

a) a construção da via ou a destinação pública conferida ao bem ou a sua afetação importou incorporação à Fazenda Pública (fato consumado), tal como se depreende do art. 35 do Decreto-Lei n. 3.365/41.

b) Ocorreu o sacrifício do direito de propriedade de Fabrício sem a observância do devido processo legal, a violar a necessidade de prévia e justa indenização em dinheiro para fins de desapropriação, na forma do art. 5º, inciso XXIV, da CRFB/88.

Com relação aos pedidos, deve ser requerida a concessão da gratuidade de justiça e a produção de provas, notadamente a pericial (avaliação judicial), para apurar-se o valor da justa indenização.

Deve ser pleiteada a procedência do pedido para que o Município Alfa seja condenado ao pagamento da justa indenização pela perda da propriedade, com correção monetária desde a data da avaliação judicial, consoante o art. 26 do Decreto-Lei n. 3.365/41, acrescida de juros compensatórios, na forma do art. 15-A do Decreto-Lei n. 3.365/41, desde a invasão, consoante a Súmula 69 ou a Súmula 114, ambas do STJ, e de juros moratórios, nos termos do art. 15-B do Decreto-Lei n. 3.365/41 ou da Súmula Vinculante 17.

Devem ser, ainda, requeridas a citação do réu, a condenação em custas e honorários, bem como apontados o valor da causa e a opção do autor pela realização, ou não, de audiência de conciliação ou mediação.

Arremata a peça a indicação de local, data, espaço para assinatura do advogado e número de sua inscrição na OAB.

2.7. Contestação

2.7.1. Apresentação

É a resposta clássica do réu. Será cabível a contestação sempre que o problema trouxer uma questão em que seu cliente fora citado para oferecer resposta no prazo legal de 15 dias, nos termos do art. 335 do Código de Processo Civil:

> Art. 335. O réu poderá oferecer contestação, por petição, no prazo de 15 (quinze) dias, cujo termo inicial será a data:
> I – da audiência de conciliação ou de mediação, ou da última sessão de conciliação, quando qualquer parte não comparecer ou, comparecendo, não houver autocomposição;
> II – do protocolo do pedido de cancelamento da audiência de conciliação ou de mediação apresentado pelo réu, quando ocorrer a hipótese do art. 334, § 4º, inciso I;
> III – prevista no art. 231, de acordo com o modo como foi feita a citação, nos demais casos.
> § 1º No caso de litisconsórcio passivo, ocorrendo a hipótese do art. 334, § 6º, o termo inicial previsto no inciso II será, para cada um dos réus, a data de apresentação de seu respectivo pedido de cancelamento da audiência.
> § 2º Quando ocorrer a hipótese do art. 334, § 4º, inciso II, havendo litisconsórcio passivo e o autor desistir da ação em relação a réu ainda não citado, o prazo para resposta correrá da data de intimação da decisão que homologar a desistência.

2.7.2. Requisitos e características

Para elaborar uma contestação, é indispensável a leitura dos arts. 335 e seguintes do Código de Processo Civil. Vamos visualizar cada uma das etapas dessa peça.

O **endereçamento** da contestação deve ser para o órgão do Judiciário que recebeu a inicial e efetivou a citação.

A **defesa** em si começa com "Dos fatos". Nesta parte, os fatos alegados pelo autor, que constam na questão, devem ser narrados de modo bem claro e objetivo, em ordem cronológica, e em parágrafos curtos. Deve-se mencionar todos os elementos que estão no problema (art. 336 do Código de Processo Civil).

Em seguida, teremos a parte "Do direito". Nesse momento, devemos alegar, primeiro, o rol do art. 337 para, só depois, adentrarmos ao mérito. Assim, **primeiro analisaremos as preliminares da contestação**, que devem ser expostas antes do mérito. Elas constam nos arts. 330 e 337, com suas consequências nos arts. 485 e 487, todos do Código de Processo Civil. Aqui, alega-se também, eventual prescrição da pretensão do autor.

Por fim, discute-se o mérito, momento em que devemos impugnar todas as alegações do autor, de forma objetiva e fundamentada, citando legislação, doutrina e jurisprudência (princípio da impugnação específica).

Após concluirmos o mérito, passaremos para **os pedidos**. Muito cuidado. Se alegarmos alguma preliminar, devemos fazer o pedido correspondente. Exemplo: se alegarmos coisa julgada, devemos pedir a extinção do processo sem resolução do mérito (art. 485, V, do Código de Processo Civil).

Caso aleguemos a prescrição ou decadência, devemos pedir o seu reconhecimento e a extinção do processo com resolução do mérito, na forma do art. 487, II, do Código de Processo Civil.

No pedido, todas as preliminares (ou prejudiciais) devem ser abordadas antes dos pedidos principais. Estas preliminares estão no art. 337 do CPC, além de eventual prescrição!

Após o pedido correspondente às preliminares, **devemos pedir a improcedência do pedido formulado pelo autor**, exemplo: "Caso sejam superadas as preliminares – o que se admite apenas em atenção ao princípio da eventualidade – o réu requer a improcedência do pedido". É o **princípio da eventualidade**, pois, na contestação, todas as matérias devem ser abordadas, quer sejam diretas ou indiretas.

No pedido, também requerer a imposição de todos os ônus de sucumbência ao autor.

Por fim, requerer a **produção de provas**, na forma do art. 336 do Diploma Processual Civil.

Cuidado! Na contestação, não cabe colocar valor da causa e nem pedir a citação de ninguém.

2.7.3. Como identificar a peça

Para identificar uma contestação, não há dificuldades, porque o problema já mencionou que o seu cliente foi citado, intimado ou notificado e, assim, caberá a você apresentar a resposta. Vale lembrar, também, que o problema já lhe apresentou todas as teses e, por isso, você deverá rebater cada uma delas de forma pontual.

Além disso, por se tratar de uma resposta do réu, já existe relação processual, tanto que o Juízo já terminou a citação do seu cliente, tendo em vista uma ação em seu desfavor.

2.7.4. Resumo dos pedidos da contestação

Na contestação teremos de formular cinco pedidos, assim como faríamos se fosse uma inicial. São eles:

a) o acolhimento da(s) preliminar(es), nos termos da fundamentação (art. 337 do Código de Processo Civil);

b) caso sejam superadas as preliminares – o que se admite apenas em atenção ao princípio da eventualidade –, o réu requer a improcedência do pedido a total improcedência da ação, nos termos da fundamentação;

c) a produção de todas as provas em direito admitidas (art. 369 do Código de Processo Civil);

d) a juntada de documentos (art. 336 do Código de Processo Civil);

e) a condenação do autor ao pagamento das custas processuais e honorários advocatícios (arts. 82 e 85, ambos do Código de Processo Civil).

Local/Data

Advogado/OAB

2.7.5. Estrutura da contestação

ENDEREÇAMENTO:
EXCELENTÍSSIMO SENHOR DOUTOR JUIZ DE DIREITO DA... VARA DA FAZENDA PÚBLICA DA COMARCA DE..., ESTADO DE...
OU
EXCELENTÍSSIMO SENHOR DOUTOR JUIZ FEDERAL DA... VARA FEDERAL DA SUBSEÇÃO JUDICIÁRIA, SEÇÃO JUDICIÁRIA DE... (Lembre-se de endereçar para o mesmo órgão do Judiciário que determinou a citação)

QUALIFICAÇÃO DO RÉU: (nome completo, estado civil, profissão, CPF, endereço eletrônico, com endereço na rua, número, bairro, cidade, Estado, CEP...), caso seja uma pessoa jurídica (nome da PJ, CNPJ, nesse ato representada pelo sócio..., com endereço na rua, número, bairro, cidade, Estado, CEP), por seu advogado (procuração em anexo).

NOME DA AÇÃO E FUNDAMENTO: a contestação terá, pelo menos, o fundamento dos arts. 335 e 336, ambos do Código de Processo Civil, sem prejuízo de eventual artigo de legislação vinculada com o caso específico (exemplo: art. 17, § 7º, da Lei n. 8.429/92, a contestação no contexto da improbidade administrativa), bem como deverá ser acompanhada do título: Contestação.

QUALIFICAÇÃO DO AUTOR: qualifique o autor de forma completa (nome completo, estado civil, profissão, CPF, endereço eletrônico, com endereço na rua, número, bairro, cidade, Estado, CEP..), caso seja uma pessoa jurídica (nome da PJ, CNPJ, nesse ato representada pelo sócio..., com endereço na rua, número, bairro, cidade, Estado, CEP).

I – DOS FATOS: os fatos devem ser narrados de modo bem claro e objetivo, em ordem cronológica, e em parágrafos curtos, sem inserir qualquer novo dado, sob pena de nota zero na peça.

II – DO DIREITO: primeiro analisaremos as PRELIMINARES DA CONTESTAÇÃO e, posteriormente, o mérito. Lembre-se de rebater todas as teses apresentadas pelo autor, em respeito ao princípio da impugnação específica.

III – DOS PEDIDOS: é o momento de concluir sua contestação e pontuar cada um dos pedidos, conforme o roteiro estabelecido, sempre lembrando dos cinco pedidos.

Sendo assim, pede:
a) o acolhimento da preliminar, nos termos da fundamentação (art. 337 do Código de Processo Civil);
b) caso sejam superadas as preliminares – o que se admite apenas em atenção ao princípio da eventualidade – o réu requer a improcedência do pedido, nos termos da fundamentação;
c) a produção de todas as provas em direito admitidas (art. 369 do Código de Processo Civil);
d) a juntada de documentos (art. 336 do Código de Processo Civil);
e) a condenação do autor ao pagamento das custas processuais e honorários advocatícios (arts. 82 e 85, ambos do Código de Processo Civil).

Local/Data

Advogado/OAB

2.7.6. Modelo da contestação

(III Exame) Em janeiro de 2006, o Ministério Público abriu inquérito civil para checar atos de improbidade administrativa realizados pelo prefeito de Mar Azul, município situado no interior do Estado X. Esses atos de improbidade consistiriam na auferição de vantagens patrimoniais indevidas em razão do exercício do cargo e envolveriam atuações do próprio prefeito e do chefe do gabinete civil. No curso das investigações procedidas, ficou confirmado que o chefe do gabinete civil recebeu vantagem econômica, em dinheiro, de vários empreiteiros que contratavam com o poder público. Ficou apurado, também, que algumas pessoas chegaram a informar ao prefeito essa conduta de seu chefe do gabinete civil. Entretanto, o prefeito não tomou providências, sempre dizendo às pessoas que realizavam as denúncias que confiava na atuação de seu secretário. Ainda na parte da apuração, para efeitos da justa causa voltada ao ajuizamento da ação civil pública de improbidade, ficou comprovado o aumento patrimonial do chefe do gabinete civil, desproporcional aos seus ganhos, mas não o do prefeito. Com isso, já agora em janeiro de 2011, o Ministério Público ajuíza ação de improbidade em face do prefeito e de seu chefe de gabinete, fazendo menção a todos os atos de improbidade – o último teria se dado em dezembro de 2004, ano em que expirava o mandato do Prefeito –, representativos da afronta ao art. 9º, inciso I, da Lei n. 8.429/92. Em sua peça, bem instruída com o inquérito civil, o Ministério Público menciona conduta comissiva do chefe de gabinete do prefeito e omissiva deste último, caracterizadora de desídia, a se enquadrar na ideia de negligência com o interesse público. Recebendo a peça inicial, o juiz da vara fazendária de Mar Azul determina a citação dos réus no dia 2-2-2011. Os mandados são efetivados no dia 4-2-2011 e juntos no dia 8-2-2011.

Transtornado com a ação proposta e ciente do pedido de suspensão dos direitos políticos por 10 anos e pagamento de multa civil de até 100 vezes de seus subsídios, o prefeito – cujo nome é Caio da Silva Nunes – procura você para apresentar a sua defesa.

Tendo sido aceito o mandado, componha a peça adequada, trazendo todos os fundamentos possíveis para a defesa e datando com o último dia do prazo.

Importante ressaltar que a Lei de Improbidade Administrativa (Lei n. 8.429/92) sofreu alterações (Lei n. 14.230/2021), razão pela qual algumas adaptações são necessárias.

EXCELENTÍSSIMO SENHOR DOUTOR JUIZ DE DIREITO DA VARA DA FAZENDA PÚBLICA DA COMARCA DE MAR AZUL, ESTADO X

(pular 10 linhas)

Caio da Silva Nunes, brasileiro, estado civil, profissão, endereço eletrônico, RG, CPF, residente na rua, número, bairro, cidade, Estado, CEP, vem, por seu advogado (procuração em anexo), com escritório no endereço..., onde receberá as intimações devidas, com fundamento nos arts. 335 e 336, ambos do Código de Processo Civil, apresentar:

Contestação

Em face da ação de improbidade administrativa ajuizada pelo Ministério Público, pelas razões de fato e de direito que passa a expor:

I – Dos Fatos

O Ministério Público ajuizou ação de improbidade administrativa e alegou: que ficou confirmado que o chefe do gabinete civil do réu recebeu vantagem econômica, em dinheiro, de vários empreiteiros que contratavam com o poder público, ficou comprovado o aumento patrimonial do chefe do gabinete civil, desproporcional aos seus ganhos, mas não o do prefeito. Todavia, tal ação está prescrita, pois em janeiro de 2011, o Ministério Público ajuizou ação de improbidade em face do réu e de seu chefe de gabinete, fazendo menção a todos os atos de improbidade – o último teria se dado em dezembro de 2004, ano em que expirava o mandato do Prefeito –, representativos da afronta ao art. 9º, inciso I, da Lei n. 8.429/92. O Ministério Público mencionou conduta comissiva do chefe de gabinete do prefeito e omissiva deste último, caracterizadora de desídia, a se enquadrar na ideia de negligência com o interesse público. Recebendo a peça inicial, o juiz da vara fazendária de Mar Azul determina a citação dos réus no dia 2-2-2011. Os mandados foram efetivados no dia 4-2-2011 e juntos no dia 8-2-2011. Por ser inocente é que o réu apresenta essa contestação.

II – Do Direito

Analise cada preliminar cabível e, posteriormente, o mérito. Lembre-se de desenvolver cada tese conforme estudamos em "Construção das Teses", bem como utilizando-se das lições de direito material.

PRÁTICA ADMINISTRATIVA

II.1 – Das preliminares

Lembre-se de desenvolver cada tese conforme estudamos em "Construção das Teses", bem como utilizando-se das lições de direito material do Capítulo 3. No caso concreto, em sede de preliminar, o "GABARITO." pontuou: a prescrição, e a ausência de notificação que gerou a nulidade do feito.

II.2 – Do Mérito

Lembre-se de desenvolver cada tese conforme estudamos em "Construção das Teses", bem como utilizando-se das lições de direito material do Capítulo 3. No caso concreto, o "GABARITO." pontuou: o pedido de improcedência do pedido, ausência de dolo por parte do réu, impossibilidade da condenação no pagamento da multa, pois totalmente desproporcional.

III – Dos Pedidos

Sendo assim, pede:
a) o acolhimento das preliminares, nos termos da fundamentação (art. 337 do Código de Processo Civil);
b) caso sejam superadas as preliminares – o que se admite apenas em atenção ao princípio da eventualidade – o réu requer a improcedência do pedido, nos termos da fundamentação;
c) a produção de todas as provas em direito admitidas (art. 369 do Código de Processo Civil);
d) a juntada de documentos (art. 336 do Código de Processo Civil);
e) a condenação do autor ao pagamento das custas processuais e honorários advocatícios (arts. 82 e 85, ambos do Código de Processo Civil).

Local/Data

Advogado/OAB

(35º Exame) Brian, cidadão americano não naturalizado, que não é eleitor no Brasil, mas reside regularmente no país há mais de dez anos, ajuizou ação popular em face da concessionária Vadeboa S/A e do Município Alfa, poder concedente, perante a Vara da Fazenda Pública no próprio Município, com vistas a anular o ato de aumento do valor da tarifa de transporte de ônibus intramunicipal. O demandante assevera que as tarifas foram majoradas de forma desproporcional, no montante de vinte por cento, de modo que se tornaram mais onerosas do que as cobradas nos municípios vizinhos, situação violadora da razoabilidade, considerando que o Município Alfa é o mais pobre da respectiva região. Alega, ainda, afronta ao princípio da isonomia, na medida em que Vadeboa S/A também é a concessionária responsável pelo serviço de transporte junto ao Município Beta e lá prática preços muito menores. Devidamente citada, os representantes da concessionária, na última sexta-feira, procuram você, para, na qualidade de advogado(a), apresentar a medida judicial de defesa dos interesses da sociedade empresária Vadeboa S/A, tendo fornecido documentação demonstrativa de que o novo valor decorre do fato de que as tarifas estavam sem aumento havia mais de três anos e foi feito com o fim de amortizar os efeitos da inflação, apesar da previsão contratual de reajuste anual, e que a majoração foi efetuada nos exatos parâmetros estabelecidos no contrato de concessão, consoante estudo técnico fundamentado. Os representantes afirmam, ainda, estarem convictos de que a lide é temerária e de que o demandante agiu de má-fé, na medida em que já tentou causar prejuízos à demandada anteriormente.

Redija a peça adequada, mediante exposição de todos os argumentos jurídicos pertinentes. (Valor: 5,00)

Obs.: o examinando deve abordar todas os fundamentos de Direito que possam ser utilizados para dar respaldo à pretensão. A mera citação do dispositivo legal não confere pontuação.

A FGV apresentou o seguinte GABARITO:

A peça pertinente é a contestação, a ser endereçada ao Juízo da Vara da Fazenda Pública da Comarca do Município Alfa. Devem ser identificados a empresa Vadeboa S/A no polo passivo (contestante) e Brian no polo ativo (autor popular).

O examinando deve indicar a tempestividade da defesa, consoante o art. 7º, inciso IV, da Lei n. 4.717/65.

Preliminarmente, a peça deve destacar a ilegitimidade ativa de Brian, que não é eleitor, de modo que não é cidadão brasileiro e não poderia se utilizar da ação popular, nos termos do art. 5º, inciso LXXIII, da CRFB/88 ou do art. 1º da Lei n. 4.717/65.

Na fundamentação, a contestação deve destacar a legalidade/legitimidade do aumento efetuado nos termos do contrato de concessão ou a inexistência do binômio lesividade/ilegalidade ou a razoabilidade/proporcionalidade do reajuste, considerando:

i. o direito da concessionária ao reajuste das tarifas, que constitui cláusula necessária do contrato de concessão, consoante art. 23, inciso IV, da Lei n. 8.987/95;

ii. a aplicação do princípio da manutenção do equilíbrio econômico e financeiro do contrato, consoante o art. 37, inciso XXI, da CRFB/88, ou o art. 10 da Lei n. 8.987/95 (pode ser aceita também menção ao art. 9º da Lei n. 8.987/95);

iii. quanto ao específico argumento da isonomia, deve ser destacada a impossibilidade de sua aplicação para situações diferentes (Município Alfa e Beta), considerando que cada município corresponde a um poder concedente distinto, que estipula os termos de seus próprios contratos de concessão no âmbito de suas outorgas.

A peça deve conter, ainda, requerimento de juntada de documentos e produção das provas que forem pertinentes, inclusive a pericial, para que, ao final, sejam acolhidas as preliminares ou julgados improcedentes os pedidos constantes da inicial, bem como a condenação do autor ao pagamento das custas e honorários advocatícios, diante de sua má-fé, sendo certo que as custas devem ser fixadas no décuplo em razão de a lide ser temerária.

Arremata a peça a indicação de local, data, assinatura do advogado e inscrição na OAB.

2.8. Teoria geral sobre os recursos

2.8.1. Apresentação

Quando trabalhamos com os recursos, inevitavelmente, a base a ser seguida é da petição inicial, porém com as alterações peculiares.

Primeiro, quando se tratar de recurso teremos sempre a configuração (exceto para o agravo de instrumento, que segue estrutura de petição inicial):

Folha de rosto + folha das razões recursais

Na **folha de rosto**, teremos de cumprir os seguintes requisitos:
a) endereçar para o juiz que deu a decisão (juízo *a quo*);
b) qualificar o recorrente de forma completa;
c) dar a fundamentação e o título do recurso;
d) qualificar o recorrido;
e) realizar o requerimento de recebimento e envio para o Tribunal;
f) realizar o requerimento da juntada do comprovante do preparo.

Feito isso, passamos para a **folha das razões recursais**, momento em que:
a) endereçamos para o Tribunal competente (juízo *ad quem*);
b) colocamos o título "razões recursais";
c) Fatos, Direito e Pedido.

O raciocínio dos **pedidos recursais** é muito mais simples do que na petição inicial, pois teremos apenas dois pedidos (regra):
a) o conhecimento e o provimento do recurso para que nova decisão seja proferida;
b) a condenação da parte contrária ao pagamento das custas processuais e honorários advocatícios.

2.8.2. Requisitos e características

Quando falamos dos recursos, precisamos diferenciar o "conhecimento" e o "provimento". No *conhecimento*, analisamos todos os aspectos formais, ou seja, não apreciamos "quem tem razão", pois desejamos saber se quem recorreu tem procuração para tal, se foi interposto no prazo correto, entre outros. O recurso conhecido é aquele que preencheu todos os requisitos formais e, assim, está pronto para ser julgado. Todavia, caso não seja conhecido, sequer analisaremos o mérito, pois a parte não preencheu, de forma satisfatória, todos os requisitos formais.

Pronto, uma vez que o recurso foi conhecido passaremos para o mérito, análise da segunda fase (provimento). Sendo assim, provido será o recurso que modificou inteiramente a sentença (o recorrente venceu), parcialmente promovido será o recurso que modificou uma parte da sentença e manteve a outra (o recorrente venceu uma parte e perdeu a outra) e, por fim, podemos ter um recurso que não foi provido, ou seja, a sentença foi integralmente mantida (o recorrente perdeu).

Quando falamos de recurso, precisamos sempre lembrar do **preparo**, ou seja, o recorrente deverá, no ato de interposição do recurso, comprovar que recolheu todas as custas, inclusive o porte de remessa e de retorno, sob pena de deserção (art. 1.007 do Código do Processo Civil). Por isso, quando não for realizado o pagamento das custas (preparo), o recurso será deserto.

Pronto, vencidas as questões terminológicas, vamos às espécies recursais. Segundo o Novo Código de Processo Civil, teremos as seguintes possibilidades recursais:

> Art. 994. São cabíveis os seguintes recursos:
> I – apelação;
> II – agravo de instrumento;
> III – agravo interno;
> IV – embargos de declaração;
> V – recurso ordinário;
> VI – recurso especial;
> VII – recurso extraordinário;
> VIII – agravo em recurso especial ou extraordinário;
> IX – embargos de divergência.
> Art. 995. Os recursos não impedem a eficácia da decisão, salvo disposição legal ou decisão judicial em sentido diverso.

Diante disso, temos de lembrar que o recurso, para a nossa 2ª fase, será, por pertinência temática, interposto pela parte vencida ou pelo terceiro prejudicado, nos termos do art. 996 do Código de Processo Civil:

> Art. 996. O recurso pode ser interposto pela parte vencida, pelo terceiro prejudicado e pelo Ministério Público, como parte ou como fiscal da ordem jurídica.
> Parágrafo único. Cumpre ao terceiro demonstrar a possibilidade de a decisão sobre a relação jurídica submetida à apreciação judicial atingir direito de que se afirme titular ou que possa discutir em juízo como substituto processual.

Ainda, não podemos esquecer de pedir, na folha das razões recursais, para que nova decisão seja proferida:

> Art. 1.008. O julgamento proferido pelo tribunal substituirá a decisão impugnada no que tiver sido objeto de recurso.

Quando se menciona a necessidade de um recurso é, simplesmente, a nítida intenção de se modificar uma decisão, a qual chamamos de decisão recorrida.

2.8.3. Como identificar a peça

Para identificar um caso de recurso, teremos, necessariamente, uma decisão judicial que, de alguma forma, prejudicou o nosso cliente. Pode ser uma sentença e, como regra, cabível será a apelação, ou uma decisão interlocutória e, assim, será caso de agravo de instrumento, ou um acórdão em competência originária de um Tribunal em que poderemos atacar com recurso ordinário. Enfim, para que seja hipótese de recurso, precisamos de uma decisão judicial (sentença, decisão interlocutória ou acórdão) que traga prejuízos ao nosso cliente.

2.8.4. Resumo dos pedidos (clássicos) recursais

Nos recursos, de forma geral, teremos sempre os pedidos clássicos:

Na folha de rosto:

a) o recebimento e envio do recurso ao Tribunal *ad quem*;
b) a juntada do comprovante do preparo (pagamento das custas).

Local/Data

Advogado/OAB

(quebra de página – pule apenas uma linha, escreva "quebra de página", pule outra linha, e já comece a escrever a folha das razões recursais)

Na folha das razões recursais:

a) o conhecimento e provimento do recurso para que nova decisão seja proferida..., nos termos da fundamentação;
b) a condenação da parte contrária/recorrido ao pagamento dos honorários advocatícios e custas processuais.

Local/Data

Advogado/OAB

O raciocínio na elaboração de uma razão recursal é sempre para modificar a sentença recorrida, todavia, caso seja para elaborar uma contrarrazão recursal, daí buscaremos manter a decisão recorrida, reforçando todos os seus argumentos.

Na folha das contrarrazões recursais:

a) o não conhecimento do recurso e, se conhecido, seja negado provimento para a integral manutenção da decisão recorrida, nos termos da fundamentação;
b) a condenação da parte contrária/recorrente ao pagamento dos honorários advocatícios e custas processuais.

Local/Data

Advogado/OAB

2.9. **Apelação**

2.9.1. Apresentação

O apelo ou apelação é o recurso cabível contra uma sentença (art. 1.009 do Código de Processo Civil). Sendo assim, quando o juiz, seja estadual ou federal, proferir a sentença e, de alguma forma, não for satisfatória aos interesses do nosso cliente, utilizaremos da apelação.

2.9.2. Requisitos e características

Para que uma decisão seja considerada uma sentença, o juiz precisa, via de regra, extinguir a relação jurídico-processual, quer seja com ou sem resolução do mérito.

Ao utilizar de uma apelação, devemos lembrar que ela segue o modelo clássico dos recursos (folha de rosto + folha das razões recursais) e, assim, deverá conter:

> Art. 1.010. A apelação, interposta por petição dirigida ao juízo de primeiro grau, conterá:
> I – os nomes e a qualificação das partes;
> II – a exposição do fato e do direito;
> III – as razões do pedido de reforma ou de decretação de nulidade;
> IV – o pedido de nova decisão.
> § 1º O apelado será intimado para apresentar contrarrazões no prazo de 15 (quinze) dias.
> § 2º Se o apelado interpuser apelação adesiva, o juiz intimará o apelante para apresentar contrarrazões.
> § 3º Após as formalidades previstas nos §§ 1º e 2º, os autos serão remetidos ao tribunal pelo juiz, independentemente de juízo de admissibilidade.

Protocolizado o recurso de apelação, caberá ao juízo de primeiro grau determinar a intimação da parte contrária/apelado para apresentar contrarrazões e, posteriormente, devolver ao Tribunal à apreciação do caso:

> Art. 1.013. A apelação devolverá ao tribunal o conhecimento da matéria impugnada.
> § 1º Serão, porém, objeto de apreciação e julgamento pelo tribunal todas as questões suscitadas e discutidas no processo, ainda que não tenham sido solucionadas, desde que relativas ao capítulo impugnado.
> § 2º Quando o pedido ou a defesa tiver mais de um fundamento e o juiz acolher apenas um deles, a apelação devolverá ao tribunal o conhecimento dos demais.
> § 3º Se o processo estiver em condições de imediato julgamento, o tribunal deve decidir desde logo o mérito quando:
> I – reformar sentença fundada no art. 485;
> II – decretar a nulidade da sentença por não ser ela congruente com os limites do pedido ou da causa de pedir;
> III – constatar a omissão no exame de um dos pedidos, hipótese em que poderá julgá-lo;
> IV – decretar a nulidade de sentença por falta de fundamentação.
> § 4º Quando reformar sentença que reconheça a decadência ou a prescrição, o tribunal, se possível, julgará o mérito, examinando as demais questões, sem determinar o retorno do processo ao juízo de primeiro grau.
> § 5º O capítulo da sentença que confirma, concede ou revoga a tutela provisória é impugnável na apelação.
> Art. 1.014. As questões de fato não propostas no juízo inferior poderão ser suscitadas na apelação, se a parte provar que deixou de fazê-lo por motivo de força maior.

2.9.3. Como identificar a peça

Para identificar uma apelação é superfácil, pois da sentença cabível será o recurso de apelação, nos termos do art. 1.009 do Código de Processo Civil. Dessa forma, se a sentença foi proferida pelo juiz estadual, faremos o recurso para o Tribunal de Justiça e, se proferida pelo juiz federal, o apelo será para o Tribunal Regional Federal.

Além disso, por se tratar de um recurso com estrutura clássica, teremos a folha de rosto e a folha das razões recursais.

2.9.4. Resumo dos pedidos da apelação

Na apelação, teremos de formular os pedidos clássicos de todos os recursos (menos o agravo de instrumento).

Na **folha de rosto**:
a) requerimento de recebimento e envio para o Tribunal (juízo *ad quem*);
b) requerimento da juntada do comprovante do preparo.

Na **folha das razões recursais**:
a) o conhecimento e provimento do recurso de apelação para que nova decisão seja proferida, nos termos da fundamentação;
b) a condenação da parte contrária/recorrido ao pagamento dos honorários advocatícios e custas processuais.

Local/Data

Advogado/OAB

2.9.5. Estrutura da apelação

2.9.5.1. Na folha de rosto

ENDEREÇAMENTO AO "JUÍZO A QUO":
EXCELENTÍSSIMO SENHOR DOUTOR JUIZ DE DIREITO DA... VARA CÍVEL DA COMARCA DE..., ESTADO DE...
OU
EXCELENTÍSSIMO SENHOR DOUTOR JUIZ FEDERAL DA... VARA FEDERAL DA SUBSEÇÃO JUDICIÁRIA, SEÇÃO JUDICIÁRIA DE...

QUALIFICAÇÃO DO RECORRENTE: (nome completo, estado civil, profissão, RG, CPF, endereço eletrônico, com endereço na rua, número, bairro, cidade, Estado, CEP...), caso seja uma pessoa jurídica (nome da PJ, CNPJ, nesse ato representada pelo sócio..., com endereço na rua, número, bairro, cidade, Estado,

CEP), por seu advogado (procuração em anexo), com escritório no endereço..., onde receberá as intimações devidas.

NOME DO RECURSO E FUNDAMENTO: no recurso de apelação, o fundamento básico será o art. 1.009 do Código de Processo Civil, sem prejuízo de outro artigo específico, tal qual uma apelação no mandado de segurança, ou no "habeas data", ou numa ação de improbidade, dentre outras, acompanhado do título Apelação.

QUALIFICAÇÃO DO RECORRIDO: qualifique o recorrido de forma completa (nome completo, estado civil, profissão, RG, CPF, endereço eletrônico, com endereço na rua, número, bairro, cidade, Estado, CEP..), caso seja uma pessoa jurídica (nome da PJ, CNPJ, nesse ato representada pelo sócio..., com endereço na rua, número, bairro, cidade, Estado, CEP).

REQUERIMENTOS: requerimento de recebimento e envio do recurso para o Tribunal (juízo "ad quem") e o requerimento da juntada do comprovante do preparo.

Local/Data

Advogado/OAB

(quebra de página)

2.9.5.2. Na folha das razões recursais

ENDEREÇAMENTO AO JUÍZO "AD QUEM":
TRIBUNAL DE JUSTIÇA DO ESTADO...
OU
TRIBUNAL REGIONAL FEDERAL DA... REGIÃO

Razões Recursais

I – DOS FATOS: resumir os fatos apresentados pelo problema, sem inserir qualquer novo dado, sob pena de nota zero na peça.

II – DO DIREITO: após identificar as teses, é importante desenvolver cada uma delas naquela nossa estrutura de três parágrafos (conforme estudamos no capítulo da Estrutura das Teses). Assim, você sempre terá uma tese constitucional, outra tese na lei e uma terceira com base em princípios. Isso sem afastar a possibilidade de aplicar jurisprudência e súmulas.

III – DOS PEDIDOS: é o momento de concluir seu recurso de apelação e pontuar cada um dos pedidos, conforme o roteiro estabelecido.

Sendo assim, pede:
a) o conhecimento e provimento do recurso de apelação para que nova decisão seja proferida, nos termos da fundamentação;

b) a condenação da parte contrária/recorrido ao pagamento dos honorários advocatícios e custas processuais.

Local/Data

Advogado/OAB

2.9.6. Modelo de apelação

(XIII Exame) A Lei n. 1.234, do Município X, vedava a ampliação da área construída nos apartamentos do tipo cobertura, localizados na orla da cidade. Com a revogação da lei, diversos moradores formularam pleitos, perante a Secretaria Municipal de Urbanismo, e obtiveram autorização para aumentar a área construída de suas coberturas. Diversos outros moradores sequer formularam qualquer espécie de pleito e, mesmo assim, ampliaram seus apartamentos, dando, após, ciência à Secretaria, que não adotou contra os moradores qualquer medida punitiva.

Fulano de Tal, antes de adquirir uma cobertura nessa situação, ou seja, sem autorização da Secretaria Municipal de Urbanismo para aumento da área construída, formula consulta à Administração Municipal sobre a possibilidade de ampliação da área construída, e recebe, como resposta, a informação de que, na ausência de lei, o Município não pode se opor à ampliação da área.

Fulano de Tal, então, compra uma cobertura, na orla, e inicia as obras de ampliação do apartamento. Entretanto, três meses depois, é surpreendido com uma notificação para desfazer toda a área acrescida, sob pena de multa, em razão de novo entendimento manifestado pela área técnica da Administração Municipal, a ser aplicado apenas aos que adquiriram unidades residenciais naquele ano e acolhido em decisão administrativa do Secretário Municipal de Urbanismo no processo de consulta aberto meses antes. Mesmo tomando ciência de que outros proprietários não receberam a mesma notificação, Fulano de Tal inicia a demolição da área construída, mas, antes de concluir a demolição, é orientado por um amigo a ingressar com demanda na justiça e formular pedido de liminar para afastar a incidência da multa e suspender a determinação de demolir o acrescido até decisão final, de mérito, de anulação do ato administrativo, perdas e danos materiais e morais. Você é contratado como advogado e obtém decisão antecipatória da tutela no sentido almejado. Contudo, a sentença do Juízo da 1ª Vara de Fazenda Pública da Comarca X revoga a liminar anteriormente concedida e julga improcedente o pedido de anulação do ato administrativo, acolhendo argumento contido na contestação, de que o autor não esgotara as instâncias administrativas antes de socorrer-se do Poder Judiciário. Interponha a medida cabível a socorrer os interesses do seu cliente, considerando que, com a revogação da liminar, volta a viger a multa, caso não seja concluída a demolição da área construída por Fulano de Tal.

EXCELENTÍSSIMO SENHOR DOUTOR JUIZ DE DIREITO DA 1ª VARA DA FAZENDA PÚBLICA DA COMARCA X, ESTADO

(pular 10 linhas)

Fulano de Tal, nacionalidade, estado civil, profissão, endereço eletrônico, RG, CPF, residente na rua, número, bairro, cidade, Estado, CEP, por seu advogado (procuração em anexo), com escritório no endereço..., vem, com fundamento no art. 1.009 do Código de Processo Civil, interpor:

Recurso de Apelação

Em face da sentença proferida nestes autos, no processo contra o Município X, pessoa jurídica de direito público interno, devidamente qualificado.
Requer seja recebido e enviado o recurso de apelação ao Tribunal de Justiça.
Requer seja juntado o comprovante do preparo.

Local/Data

Advogado/OAB

(quebra de página)

Tribunal de Justiça

Razões Recursais

I – Dos Fatos

O recorrente ingressou com uma ação judicial para afastar a incidência da autuação municipal, nos termos da Lei n. 1.234 do Município X com a interpretação aplicada pela Secretaria Municipal de Urbanismo. Ocorre que, posteriormente à concessão da antecipação de tutela, na sentença, o Juízo "a quo" deu ganho de causa ao Município X, por entender que o autor não esgotara as instâncias administrativas antes de socorrer-se do Poder Judiciário. Diante da nítida injustiça, outro caminho não restou que não a interposição do recurso de apelação.

II – Do Direito

Lembre-se de desenvolver cada tese conforme estudamos em "Construção das Teses", bem como utilizando-se das lições de direito material do Capítulo 3. No caso concreto, o "GABARITO:" pontuou: nem a Lei e nem a Constituição exigem o esgotamento da via administrativa como condição de acesso ao Poder Judiciário (art. 5º, XXXV, da Constituição Federal), a violação ao princípio do devido processo legal, que deve nortear a conduta da Administração, uma vez que a Administração Pública não pode, com novo entendimento (sequer amparado em lei), empreender à redução no patrimônio do particular sem que lhe seja dada a participação em processo administrativo formal, a violação ao princípio da legalidade, tanto pela ausência de norma que imponha ao particular restrição à sua propriedade quanto pela ausência de norma que autorize o Poder Público Municipal a recusar a reforma procedida pelo particular em sua propriedade, a violação ao princípio da isonomia, tendo em vista que outros proprietários em idêntica situação não foram alvo de notificação por parte da Administração municipal, o que revela tratamento desigual entre os particulares, sem critério legítimo de diferenciação, o novo entendimento da Administração, desfavorável, só será aplicado aos que adquiriram a propriedade naquele ano e, também, deve ser feita referência à violação ao princípio da segurança jurídica ou proteção à confiança, pois a emissão da resposta da Administração gerou, no particular, a legítima confiança na preservação daquele entendimento inicial, razão pela qual praticou determinados atos (realizou investimentos).

PRÁTICA ADMINISTRATIVA 69

Por fim, deve formular pedido de reforma da sentença e reiterar o pedido de anulação do ato administrativo e pagamento dos danos materiais que restarem comprovados (em virtude das obras de demolição empreendidas pelo recorrente), além de danos morais.

III – Dos Pedidos

Sendo assim, pede:
a) o conhecimento e provimento do recurso de apelação para que nova decisão seja proferida, anulando o ato administrativo em tela, bem como condenando o recorrido ao pagamento dos danos materiais e morais, nos termos da fundamentação;
b) a condenação do recorrido ao pagamento dos honorários advocatícios e custas processuais.

Local/Data

Advogado/OAB

2.9.7. Caso prático e gabarito da FGV

(XXI Exame) Diante de fortes chuvas que assolaram o Município Alfa, fez-se editar na localidade legislação que criou o benefício denominado "aluguel social" para pessoas que tiveram suas moradias destruídas por tais eventos climáticos, mediante o preenchimento dos requisitos objetivos estabelecidos na mencionada norma, dentre os quais, a situação de hipossuficiência e a comprovação de comprometimento das residências familiares pelos mencionados fatos da natureza. Maria preenche todos os requisitos determinados na lei e, ao contrário de outras pessoas que se encontravam na mesma situação, teve indeferido o seu pedido pela autoridade competente na via administrativa. Em razão disso, impetrou Mandado de Segurança perante o Juízo de 1º grau competente, sob o fundamento de violação ao seu direito líquido e certo de obter o benefício em questão e diante da existência de prova pré-constituída acerca de suas alegações. A sentença denegou a segurança sob o fundamento de que a concessão de "aluguel social" está no âmbito da discricionariedade da Administração e que o mérito não pode ser invadido pelo Poder Judiciário, sob pena de violação do princípio da separação dos Poderes. Considerando que já foram apresentados embargos de declaração, sem qualquer efeito modificativo, por não ter sido reconhecida nenhuma obscuridade, contradição, omissão ou erro material na sentença, e que existe prazo para a respectiva impugnação, redija a peça cabível para a defesa dos interesses de Maria. (Valor: 5,00)

A FGV apresentou o seguinte GABARITO:

A medida cabível é a Apelação em Mandado de Segurança, na forma do art. 14 da Lei n. 12.016/2009.

A apelação deve ser apresentada ao Juízo que prolatou a sentença (pode ser Vara de Fazenda Pública, Vara Cível ou Vara Única da Comarca do Município Alfa), com as razões recursais dirigidas ao Tribunal que as apreciará.

Na qualificação das partes, deve constar Maria como recorrente e o Município Alfa como recorrido.

Na fundamentação, a peça recursal deve: (i) impugnar o fundamento constante da sentença, no sentido de que a concessão do "aluguel social" se submete à discricionariedade da Administração, pois, se a lei elenca os requisitos que impõem a concessão do benefício, sem qualquer margem de escolha para o Administrador, trata-se de ato vinculado, que confere direito subjetivo a quem atenda aos requisitos constantes da norma; (ii) destacar a inexistência de violação ao princípio da separação de Poderes, em decorrência do controle de legalidade ou juridicidade a ser realizado sobre tal ato, notadamente porque o art. 5º, inciso XXXV, da CRFB/88 consagra o princípio da inafastabilidade de jurisdição; (iii) apontar a existência de violação de direito líquido e certo da apelante à concessão do benefício, diante do preenchimento de todos os requisitos estabelecidos na lei de regência; (iv) indicar, ainda, a violação ao princípio da isonomia, diante do deferimento do benefício a outras pessoas que estão na mesma situação de Maria, bem como a proteção constitucional ao direito de moradia, constante do art. 6º da CRFB/88.

Ao final, a peça deve formular pedido de reforma da sentença, para que seja concedida a segurança, com o fim de determinar à Administração que defira o "aluguel social" para Maria, diante do preenchimento por esta dos requisitos estabelecidos em lei.

Arremata a peça a indicação de local, data, espaço para assinatura do(a) advogado(a) e o número de sua inscrição na OAB.

(XX Exame) João, ao retornar de um doutorado no exterior, é surpreendido com a presença de equipamentos e maquinário do Estado X em imóvel urbano de sua propriedade, e que, segundo informação do engenheiro responsável pela obra, o referido imóvel estaria sem uso há três anos e meio, e, por essa razão, teria sido escolhido para a construção de uma estação de metrô no local. Inconformado com a situação, João ingressa com "ação de desapropriação indireta" perante o Juízo Fazendário do Estado X, tendo obtido sentença de total improcedência em primeiro grau de jurisdição, sob os seguintes fundamentos: i) impossibilidade de reivindicação do bem, assim como da pretensão à reparação financeira, em decorrência da supremacia do interesse público sobre o privado; ii) o transcurso de mais de três anos entre a ocupação do imóvel e a propositura da ação, ensejando a prescrição de eventual pleito indenizatório; e iii) a subutilização do imóvel por parte de João, justificando a referida medida de política urbana estadual estabelecida. Como advogado(a) de João, considerando que a sentença não padece de qualquer omissão, contradição ou obscuridade, elabore a peça adequada à defesa dos interesses de seu cliente, apresentando os fundamentos jurídicos aplicáveis ao caso. (Valor: 5,00).

A FGV apresentou o seguinte GABARITO:

O examinando deve elaborar o recurso de apelação em face da sentença de improcedência da pretensão, dirigido ao Juízo Fazendário do Estado X, com as razões recursais dirigidas ao Tribunal de Justiça do Estado X, que as apreciará.

O apelante é João e, o apelado, o Estado X.

No mérito, o examinando deverá afastar o argumento utilizado pelo Juízo *a quo*, no sentido da impossibilidade de indenização em decorrência da desapropriação indireta, nos termos do art. 35 do Decreto 3.365/41, pois a perda da propriedade por meio da desapropriação pressupõe a prévia e justa indenização em dinheiro, nos termos do art. 5º, inciso XXIV, da CRFB/88, o que não foi observado no caso concreto.

A supremacia do interesse público sobre o privado não autoriza que João perca sua propriedade como uma modalidade de sanção, de modo que ele deve ser reparado financeiramente. Ademais, o examinando deverá apontar que prazo prescricional para a propositura da ação para a reparação dos danos decorrentes da desapropriação indireta é de 10 (dez) anos, nos termos da Súmula 119 do STJ interpretada à luz do disposto do art. 1.238 do CC/02, afastando a incidência do art.

206, § 3º, inciso V, do Código Civil, por sua especificidade. Desse modo, não há de se falar em prescrição sobre o direito de João.

O examinando deverá, ainda no mérito, argumentar que o Estado não detém competência constitucional para desapropriar como medida de política urbana, a qual é do Município (art. 182 da CRFB/88).

Por fim, o examinando deverá formular pedido de reforma da sentença para que seja reconhecido o direito de indenização pelos prejuízos causados.

2.10. Recurso ordinário

2.10.1. Apresentação

O recurso ordinário (RO) é semelhante ao recurso de apelação, contudo, no ordinário teremos o Superior Tribunal de Justiça (STJ) ou o Supremo Tribunal Federal (STF) atuando como órgãos revisores.

Dessa forma, ao imaginar o recurso ordinário, por analogia, imagine ser uma "apelação de uma decisão originária de Tribunal". A estrutura do recurso ordinário segue a estrutura clássica **folha de rosto + folha das razões recursais**.

2.10.2. Requisitos e características

Basicamente, para a 2ª fase, temos a possibilidade de o recurso ordinário ser endereçado ao STJ, quando a competência originária for do TJ ou do TRF e, também, do recurso ordinário ser endereçado ao STF, quando a competência originária for do STJ (nesse caso há quem chame esse recurso de recurso ordinário constitucional. Todavia, nem a Constituição Federal nem o Código de Processo Civil fazem tal distinção).

O art. 1.027 do Código de Processo Civil, assim determina:

> Art. 1.027. Serão julgados em recurso ordinário:
> I – pelo Supremo Tribunal Federal, os mandados de segurança, os *habeas data* e os mandados de injunção decididos em única instância pelos tribunais superiores, quando denegatória a decisão;
> II – pelo Superior Tribunal de Justiça:
> a) os mandados de segurança decididos em única instância pelos tribunais regionais federais ou pelos tribunais de justiça dos Estados e do Distrito Federal e Territórios, quando denegatória a decisão;
> b) os processos em que forem partes, de um lado, Estado estrangeiro ou organismo internacional e, de outro, Município ou pessoa residente ou domiciliada no País.

A estrutura do recurso é a mesma da apelação.

Na **folha de rosto**, teremos de cumprir os seguintes requisitos:
a) endereçar para o Tribunal que deu a decisão;
b) qualificar o recorrente de forma completa;
c) dar a fundamentação no art. 1.027 do Código de Processo Civil, na alínea correspondente ao caso concreto, bem como na Constituição Federal e, por evidente, o título recurso ordinário;

d) qualificar o recorrido;
e) realizar o requerimento de recebimento e envio para o Tribunal (STJ ou STF);
f) realizar o requerimento da juntada do comprovante do preparo.

Feito isso, passamos para a **folha das razões recursais**, momento em que:
a) endereçamos para o Tribunal competente (STJ ou STF);
b) colocamos o título "razões recursais";
c) fatos, direito e pedido.

Importante lembrar que o recurso ordinário segue o mesmo raciocínio da apelação, nos seguintes termos:

- na apelação, vamos recorrer de uma decisão (sentença) proferida por um juiz estadual (recorremos ao TJ) ou por um juiz federal (recorremos ao TRF);
- no recurso ordinário, recorremos de uma decisão originária do TJ ou TRF (recorremos para o STJ, quando o mandado de segurança for denegado) ou de uma decisão originária do STJ (recorremos para o STF, quando o MS, o HD ou MI foram denegados).

Vamos compreender por etapas. Primeiro, quando será cabível o recurso ordinário ao Supremo Tribunal Federal?

Será caso de RO ao STF quando, originariamente, um mandado de segurança, *habeas data* ou o mandado de injunção forem denegados pelo STJ.

Vamos analisar esse exemplo: imagine que um *habeas data* foi impetrado contra um ato de um Ministro de Estado. Nos termos do art. 20, I, *b*, da Lei n. 9.507/97, a competência para julgar esse remédio constitucional será do Superior Tribunal de justiça. Pois bem, agora suponha que o STJ denegou nosso *habeas data*. O que nos restará a fazer? Interpor um recurso ordinário para o Supremo Tribunal Federal (art. 20, II, *a*, da Lei n. 9.507/97).

Agora, vamos ao segundo exemplo: imagine que um mandado de segurança foi impetrado contra um ato de uma autoridade coatora originariamente no Tribunal de Justiça do Estado X. Acontece que o nosso mandado de segurança foi denegado e, assim, será cabível o recurso ordinário para o Superior Tribunal de Justiça (art. 1.027, II, *a*, do Código de Processo Civil).

Muito cuidado na hora de peticionar um recurso ordinário, pois a Constituição Federal também o menciona e, por cautela, sugerimos que você utilize de todos os fundamentos legais para a prova.

Nos termos da Constituição Federal:

Art. 102. Compete ao Supremo Tribunal Federal, precipuamente, a guarda da Constituição, cabendo-lhe:
II – julgar, em recurso ordinário:
a) o "habeas-corpus", o mandado de segurança, o "habeas-data" e o mandado de injunção decididos em única instância pelos Tribunais Superiores, se denegatória a decisão;
[...]

Art. 105. Compete ao Superior Tribunal de Justiça:

I – processar e julgar, originariamente:

b) os mandados de segurança e os "habeas-data" contra ato de Ministro de Estado, dos Comandantes da Marinha, do Exército e da Aeronáutica ou do próprio Tribunal;

II – julgar, em recurso ordinário:

a) os "habeas-corpus" decididos em única ou última instância pelos Tribunais Regionais Federais ou pelos tribunais dos Estados, do Distrito Federal e Territórios, quando a decisão for denegatória;

b) os mandados de segurança decididos em única instância pelos Tribunais Regionais Federais ou pelos tribunais dos Estados, do Distrito Federal e Territórios, quando denegatória a decisão;

Quando você aprendeu o recurso de apelação, automaticamente, você conheceu o recurso ordinário. Mais uma vez, por cautela, utilize todos os fundamentais (legais e constitucionais) quando peticionar esse recurso.

2.10.3. Como identificar a peça

Para identificar um recurso ordinário, basta você verificar se um mandado de segurança foi impetrado originariamente no TJ ou no TRF, sendo denegado, pois será cabível recurso ordinário ao STJ. Também, pode ser caso de impetração de mandado de segurança, *habeas data* ou mandado de injunção no STJ, sendo denegado, porque será cabível o recurso ordinário ao STF. Lembre-se de observar o art. 1.027 do Código de Processo Civil e os arts. 102, II, e 105, II, ambos da Constituição Federal e, também, o art. 20 da Lei do *Habeas Data*.

Deve ficar bem claro que a Constituição Federal exige que a ação constitucional tenha sido julgada em única instância pelo tribunal de origem. Não é cabível recurso ordinário constitucional no caso de ação que tramitou originariamente num juízo de primeira instância e, na sequência, foi objeto de apelação, por exemplo.

2.10.4. Resumo dos pedidos do recurso ordinário

No recurso ordinário, teremos de formular os pedidos clássicos de todos os recursos (menos o agravo de instrumento).

Na **folha de rosto**:

a) requerimento de recebimento e envio para o Tribunal (juízo *ad quem*);

b) requerimento da juntada do comprovante do preparo.

Na **folha das razões recursais**:

a) o conhecimento e o provimento do recurso ordinário para que nova decisão seja proferida, nos termos da fundamentação;

b) a condenação da parte contrária/recorrido ao pagamento dos honorários advocatícios e custas processuais.

Local/Data

Advogado/OAB

2.10.5. Estrutura do recurso ordinário

2.10.5.1. Na folha de rosto

ENDEREÇAMENTO AO TRIBUNAL "A QUO":
TRIBUNAL DE JUSTIÇA DO ESTADO...
OU
TRIBUNAL REGIONAL FEDERAL DA... REGIÃO.

   QUALIFICAÇÃO DO RECORRENTE: (nome completo, estado civil, profissão, RG, CPF, endereço eletrônico, com endereço na rua, número, bairro, cidade, Estado, CEP...), caso seja uma pessoa jurídica (nome da PJ, CNPJ, nesse ato representada pelo sócio..., com endereço na rua, número, bairro, cidade, Estado, CEP), por seu advogado (procuração em anexo), com escritório no endereço..., onde receberá as intimações devidas.

   NOME DO RECURSO E FUNDAMENTO: no recurso ordinário, o fundamento básico será o art. 1.027 do Código de Processo Civil, sem prejuízo dos arts. 102 e 105, ambos da Constituição Federal, conforme o caso concreto, acompanhado do título recurso ordinário.

   QUALIFICAÇÃO DO RECORRIDO: qualifique o recorrido de forma completa (nome completo, estado civil, profissão, CPF, endereço eletrônico, com endereço na rua, número, bairro, cidade, Estado, CEP...), caso seja uma pessoa jurídica (nome da PJ, CNPJ, nesse ato representada pelo sócio..., com endereço na rua, número, bairro, cidade, Estado, CEP).

   REQUERIMENTOS: requerimento de recebimento e envio do recurso para o Tribunal STJ ou STF (juízo "ad quem") e o requerimento da juntada do comprovante do preparo.

Local/Data

Advogado/OAB

(quebra de página)

2.10.5.2. Na folha das razões recursais

ENDEREÇAMENTO AO JUÍZO "AD QUEM":
SUPERIOR TRIBUNAL DE JUSTIÇA
OU
SUPREMO TRIBUNAL FEDERAL

Razões Recursais

   I – DOS FATOS: resumir os fatos apresentados pelo problema, sem inserir qualquer novo dado, sob pena de nota zero na peça.

II – DO DIREITO: após identificar as teses é importante desenvolver cada uma delas naquela nossa estrutura de três parágrafos (conforme estudamos no capítulo da Estrutura das Teses). Assim, você sempre terá uma tese constitucional, outra tese na lei e uma terceira com base em princípios. Isso sem afastar a possibilidade de aplicar jurisprudência e súmulas.

III – DOS PEDIDOS: é o momento de concluir seu recurso ordinário e pontuar cada um dos pedidos, conforme o roteiro estabelecido.

Sendo assim, pede:
a) o conhecimento e provimento do recurso ordinário para que nova decisão seja proferida, nos termos da fundamentação;
b) a condenação da parte contrária/recorrido ao pagamento dos honorários advocatícios e custas processuais.

Local/Data

Advogado/OAB

2.10.6. Modelo de recurso ordinário

(XII Exame) O Governador do Estado Y, premido da necessidade de reduzir a folha de pagamentos do funcionalismo público estadual, determinou que o teto remuneratório dos Defensores Públicos admitidos após a Emenda Constitucional n. 41/2003 fosse limitado ao valor correspondente ao subsídio mensal do Governador, ao entendimento de que aquele órgão integra a estrutura do Poder Executivo estadual. Com a implementação da medida, os Defensores Públicos do Estado, irresignados com a redução do seu teto remuneratório, levam a questão à Associação Nacional dos Defensores Públicos Estaduais, legalmente constituída e em funcionamento há pouco mais de dois anos, e esta contrata os seus serviços advocatícios para impetrar mandado de segurança coletivo em face do ato do Governador. A decisão proferida pelo Tribunal de Justiça local, observando a competência originária constante do seu código de organização e divisão judiciária, diante da autoridade coatora – governador do Estado – deu por extinto o processo, sem resolução do mérito, sob os argumentos de que a associação não preenche o requisito de três anos de constituição, não demonstrou a autorização dos associados em assembleia geral para a propositura da demanda e não poderia representar os associados em demanda que veicule interesse apenas de uma parte da categoria, uma vez que os Defensores atingidos pela medida, isto é, aqueles admitidos após a Emenda Constitucional n. 41/2003, os mais novos na carreira, ainda não foram promovidos e sequer recebem sua remuneração em valores próximos ao subsídio mensal do Governador. Ciente de que este acórdão contendo a unanimidade de votos dos desembargadores que participaram do julgamento, já foi objeto de Embargos de Declaração, que foram conhecidos, mas não providos, e que a publicação dessa última decisão se deu na data de hoje, redija a peça processual adequada com seus fundamentos.

EXCELENTÍSSIMO SENHOR DOUTOR DESEMBARGADOR PRESIDENTE DO TRIBUNAL DE JUSTIÇA DO ESTADO Y

(pular 10 linhas)

Associação Nacional dos Defensores Públicos Estaduais, CNPJ, endereço eletrônico, com sede na rua, número, bairro, cidade, Estado, CEP, residente na rua, n., bairro, cidade, Estado, CEP, por seu advogado (procuração em anexo), com escritório no endereço..., onde receberá as intimações devidas, vem, com fundamento no art. 1.027 do Código de Processo Civil, interpor

Recurso Ordinário

Em face do acórdão proferido nestes autos, no processo contra o Estado Y, devidamente qualificado.
Requer seja recebido e enviado o recurso de apelação ao Superior Tribunal de Justiça.
Requer seja juntado o comprovante do preparo.

Local/Data

Advogado/OAB

(quebra de página)

Superior Tribunal de Justiça

Razões Recursais

I – Dos Fatos

O Governador do Estado Y, premido da necessidade de reduzir a folha de pagamentos do funcionalismo público estadual, determinou que o teto remuneratório dos Defensores Públicos admitidos após a Emenda Constitucional n. 41/2003 fosse limitado ao valor correspondente ao subsídio mensal do Governador, ao entendimento de que aquele órgão integra a estrutura do Poder Executivo estadual. Todavia, à Associação Nacional dos Defensores Públicos Estaduais, legalmente constituída e em funcionamento há pouco mais de dois anos, impetrou mandado de segurança coletivo em face do ato do Governador. A decisão proferida pelo Tribunal de Justiça local, observando a competência originária constante do seu código de organização e divisão judiciária, diante da autoridade coatora deu por extinto o processo, sem resolução do mérito, sob os argumentos de que a associação não preenche o requisito de três anos de constituição, não demonstrou a autorização dos associados em assembleia geral para a propositura da demanda e não poderia representar os associados em demanda que veicule interesse apenas de uma parte da categoria, uma vez que os Defensores atingidos pela medida, isto é, aqueles admitidos após a Emenda Constitucional n. 41/2003, os mais novos na carreira, ainda não foram promovidos e sequer recebem sua remuneração em valores próximos ao subsídio mensal do Governador. Contra o referido acórdão foram interpostos embargos de declaração, não providos, sendo a publicação dessa última na data de hoje.

II – Do Direito

Lembre-se de desenvolver cada tese conforme estudamos em "Construção das Teses", bem como utilizando-se das lições de direito material do Capítulo 3. No caso concreto, o "GABARITO." pontuou: demonstrar que o requisito constitucional para a impetração de mandado de segurança coletivo é a

PRÁTICA ADMINISTRATIVA

constituição e o funcionamento há mais de um ano (e não três, como consta no acórdão recorrido), indicar que não se exige, para impetração de mandado de segurança coletivo, a autorização de todos os associados da entidade, conforme entendimento cristalizado na Súmula 629 do Supremo Tribunal Federal, e afirmar que a entidade de classe tem legitimação para o mandado de segurança ainda quando a pretensão veiculada interesse apenas a uma parte da respectiva categoria, nos termos da Súmula 630 do Supremo Tribunal Federal. Ainda, deve o examinando indicar a violação ao art. 37, XI, da Constituição, que estabelece como teto remuneratório dos Defensores Públicos o subsídio dos Desembargadores do Tribunal de Justiça e, ainda, a violação ao princípio da isonomia, uma vez que, sem qualquer critério legítimo, foi operada uma discriminação no tratamento jurídico conferido aos Defensores, aplicando-se, aos mais novos na carreira, um tratamento diferente, no aspecto remuneratório, daquele conferido aos demais Membros, demonstrando, assim, conhecimento acerca da matéria.

III – Dos Pedidos

Sendo assim, pede:
a) o conhecimento e o provimento do recurso ordinário para que nova decisão seja proferida, aplicando o teto remuneratório correspondente ao subsídio mensal dos desembargadores, nos termos da fundamentação;
b) a condenação do recorrido ao pagamento dos honorários advocatícios e custas processuais.

Local/Data

Advogado/OAB

2.10.7. Caso prático e gabarito da FGV

(XXIV Exame) No dia 05/06/2015, o estado Alfa fez publicar edital de concurso público para o preenchimento de cinco vagas para o cargo de médico do quadro da Secretaria de Saúde, com previsão de remuneração inicial de R$ 5.000,00 (cinco mil reais), para uma jornada de trabalho de 20 horas semanais. O concurso teria prazo de validade de um ano, prorrogável por igual período. Felipe foi aprovado em quinto lugar, conforme resultado devidamente homologado em 23/08/2015. No interregno inicial de validade do concurso, foram convocados apenas os quatro primeiros classificados, e prorrogou-se o prazo de validade do certame. Em 10/03/2017, o estado Alfa fez publicar novo edital, com previsão de preenchimento de dez vagas, para o cargo de médico, para jornada de 40 horas semanais e remuneração inicial de R$ 6.000,00 (seis mil reais), com prazo de validade de um ano prorrogável por igual período, cujo resultado foi homologado em 18/05/2017, certo que os três primeiros colocados deste último certame foram convocados, em 02/06/2017, pelo Secretário de Saúde, que possui atribuição legal para convocação e nomeação, sem que Felipe houvesse sido chamado. Em 11/09/2017, o advogado constituído por Felipe impetrou mandado de segurança, cuja inicial sustentou a violação de seu direito líquido e certo de ser investido no cargo para o qual havia sido aprovado em concurso, nos exatos termos previstos no respectivo instrumento convocatório, com a carga horária de 20 horas semanais e remuneração de R$ 5.000,00 (cinco mil reais), mediante fundamentação nos argumentos jurídicos pertinentes, sendo certo que as normas de organização judiciária estadual apontavam para a competência do Tribunal de Justiça local. Sobreveio acórdão, unânime, que denegou a segurança, sob o fundamento de que o Judiciário não deve se imiscuir em matéria de concurso público, por se tratar de atividade sujeita à discricionariedade administrativa, sob pena de violação do princípio da separação de Poderes. Foram opostos embargos de declaração, rejeitados por não haver omissão, contradição ou obscuridade a ser sanada. Redija a petição da medida pertinente à defesa dos interesses de Felipe contra a decisão prolatada em única instância pelo Tribunal de Justiça estadual, publicada na última sexta-feira, desenvolvendo todos os argumentos jurídicos adequados à análise do mérito da demanda. (Valor: 5,00)

A FGV apresentou o seguinte GABARITO:

A medida cabível é o Recurso Ordinário em Mandado de Segurança, na forma do art. 105, inciso II, alínea *b*, da CRFB/88.

O recurso deve ser dirigido ao Desembargador Presidente do Tribunal de Justiça do Estado, ou ao Vice-Presidente, de acordo com a respectiva organização judiciária, formulando pedido de remessa ao Superior Tribunal de Justiça, que é o competente para a apreciação do recurso.

Na qualificação das partes deve constar Felipe como recorrente e o estado Alfa como recorrido. Também serão admitidos, como recorrido, a autoridade coautora ou ambos: o Estado e a autoridade coautora.

Na fundamentação, a peça recursal deve: a) impugnar as razões de decidir do acórdão, na medida em que o mandado de segurança não versa sobre as regras do concurso ou matéria submetida à discricionariedade da Banca Examinadora, mas sobre violação ao direito líquido e certo do impetrante de ser investido no cargo para o qual fora aprovado em concurso público, dentro do número de vagas previsto no respectivo edital; b) suscitar a inconstitucionalidade/ilegalidade resultante da preterição de Felipe, pela convocação dos aprovados em concurso posterior, dentro do prazo de validade do certame anterior, a violar o disposto no art. 37, inciso IV, da CRFB/88; c) indicar que a aprovação do candidato dentro do número de vagas previsto no edital confere-lhe direito subjetivo à nomeação dentro do prazo de validade do certame, conforme entendimento consolidado pelo STF em sede de repercussão geral (tema 161); d) arguir a obrigatoriedade de a administração fazer cumprir os exatos termos do edital para o qual Felipe foi aprovado, em decorrência da vinculação ao instrumento convocatório.

Ao final, deve ser formulado pedido de conhecimento e provimento do recurso, com a reforma da decisão do Tribunal Estadual, a fim de que seja concedida a segurança e determinada a investidura ou nomeação de Felipe no cargo público em questão.

Deve ser pleiteada, ainda, a condenação em custas e demonstrada a tempestividade do recurso.

Arrematar a peça com indicação de local, data, espaço para assinatura do advogado e número de sua inscrição na OAB.

2.11. **Agravo de instrumento**

2.11.1. Apresentação

Quando trabalhamos com o agravo de instrumento, temos de lembrar que ele é **cabível contra uma decisão interlocutória**, ou seja, aquela que não colocou fim ao processo (mas que trouxe ao nosso cliente um prejuízo).

Outra novidade no agravo de instrumento é que não precisamos da folha de rosto, pois ele **segue um modelo de petição inicial**, sendo endereçado diretamente ao tribunal.

2.11.2. Requisitos e características

No agravo de instrumento, estamos atacando uma decisão interlocutória que trouxe prejuízo ao nosso cliente de tal forma que existe uma situação de urgência, razão pela qual deve ser feito o **pedido de concessão de efeito suspensivo** contra a decisão interlocutória, também chamado de efeito suspensivo ativo. Basicamente, precisamos demonstrar a fumaça do bom direito e o perigo da demora.

Mesmo sendo um recurso, o agravo de instrumento segue a estrutura de petição inicial:

a) endereçamento ao Tribunal (TJ se a decisão interlocutória foi proferida pelo juiz estadual ou TRF se a decisão interlocutória foi proferida pelo juiz federal);
b) qualificação do agravante, fundamentação do agravo de instrumento e o pedido de concessão do efeito suspensivo;
c) qualificação do agravado;
d) fatos;
e) direito;
f) demonstrar a fumaça do bom direito e o perigo da demora para ter a concessão do efeito suspensivo;
g) pedido;
h) formar o instrumento (nome e o endereço completo dos advogados constantes do processo, cópia da petição inicial, da contestação, da petição que ensejou a decisão agravada, da certidão da respectiva intimação que demonstra a tempestividade, das procurações outorgados aos advogados do agravante e do agravado – arts. 1.016, IV, e 1.017, ambos do Código de Processo Civil).

Assim determina o novo Código de Processo Civil:

> Art. 1.015. Cabe agravo de instrumento contra as decisões interlocutórias que versarem sobre:
> I – tutelas provisórias;
> II – mérito do processo;
> III – rejeição da alegação de convenção de arbitragem;
> IV – incidente de desconsideração da personalidade jurídica;
> V – rejeição do pedido de gratuidade da justiça ou acolhimento do pedido de sua revogação;
> VI – exibição ou posse de documento ou coisa;
> VII – exclusão de litisconsorte;
> VIII – rejeição do pedido de limitação do litisconsórcio;
> IX – admissão ou inadmissão de intervenção de terceiros;
> X – concessão, modificação ou revogação do efeito suspensivo aos embargos à execução;

XI – redistribuição do ônus da prova nos termos do art. 373, § 1º;

XII – (VETADO);

XIII – outros casos expressamente referidos em lei.

Parágrafo único. Também caberá agravo de instrumento contra decisões interlocutórias proferidas na fase de liquidação de sentença ou de cumprimento de sentença, no processo de execução e no processo de inventário.

Art. 1.016. O agravo de instrumento será dirigido diretamente ao tribunal competente, por meio de petição com os seguintes requisitos:

I – os nomes das partes;

II – a exposição do fato e do direito;

III – as razões do pedido de reforma ou de invalidação da decisão e o próprio pedido;

IV – o nome e o endereço completo dos advogados constantes do processo.

Art. 1.017. A petição de agravo de instrumento será instruída:

I – obrigatoriamente, com cópias da petição inicial, da contestação, da petição que ensejou a decisão agravada, da própria decisão agravada, da certidão da respectiva intimação ou outro documento oficial que comprove a tempestividade e das procurações outorgadas aos advogados do agravante e do agravado;

II – com declaração de inexistência de qualquer dos documentos referidos no inciso I, feita pelo advogado do agravante, sob pena de sua responsabilidade pessoal;

III – facultativamente, com outras peças que o agravante reputar úteis.

§ 1º Acompanhará a petição o comprovante do pagamento das respectivas custas e do porte de retorno, quando devidos, conforme tabela publicada pelos tribunais.

[...]

Art. 1.019. Recebido o agravo de instrumento no tribunal e distribuído imediatamente, se não for o caso de aplicação do art. 932, incisos III e IV, o relator, no prazo de 5 (cinco) dias:

I – poderá atribuir efeito suspensivo ao recurso ou deferir, em antecipação de tutela, total ou parcialmente, a pretensão recursal, comunicando ao juiz sua decisão;

II – ordenará a intimação do agravado pessoalmente, por carta com aviso de recebimento, quando não tiver procurador constituído, ou pelo Diário da Justiça ou por carta com aviso de recebimento dirigida ao seu advogado, para que responda no prazo de 15 (quinze) dias, facultando-lhe juntar a documentação que entender necessária ao julgamento do recurso;

III – determinará a intimação do Ministério Público, preferencialmente por meio eletrônico, quando for o caso de sua intervenção, para que se manifeste no prazo de 15 (quinze) dias.

Fundamento legal	Art. 1.015 e s. do CPC.
Cabimento	O recurso de agravo é cabível contra decisões interlocutórias (art. 1.015 do CPC).
Tratamento das partes	Agravante/Agravado

PRÁTICA ADMINISTRATIVA

Petição de interposição do agravo de instrumento	• Endereçamento do agravo de instrumento ao Presidente do Tribunal; • Nome e endereço completo dos advogados constantes do processo; • Cópia da petição inicial da contestação, da petição que ensejou a decisão agravada, da própria decisão agravada, da certidão que comprove a tempestividade e das procurações outorgadas aos advogados do agravante e do agravado; • Formular pedido de concessão de efeito suspensivo ao recurso de agravo de instrumento, na forma do art. 1.019, I, do Código de Processo Civil, a fim de suspender os efeitos da decisão agravada.

2.11.3. Como identificar a peça

Para identificar um agravo de instrumento, você precisará identificar uma decisão interlocutória que trouxe prejuízo ao seu cliente e, tão logo, requer sua reforma com urgência. Lembre-se: da sentença cabe apelação e da decisão interlocutória cabe agravo de instrumento. Um exemplo clássico é a decisão que nega o pedido da liminar.

2.11.4. Resumo dos pedidos do agravo de instrumento

No agravo de instrumento, mesmo sendo um recurso, seguimos a estrutura de petição inicial e, tão logo, formularemos os pedidos como se uma inicial fosse:

a) seja conhecido e provido o agravo de instrumento para reformar a decisão recorrida, confirmando o pedido do efeito suspensivo, nos termos da fundamentação (art. 1.019, I, do Código de Processo Civil);

b) a juntada da cópia da petição inicial, da contestação, da petição que ensejou a decisão agravada, da certidão da respectiva intimação que demonstra a tempestividade, das procurações outorgados aos advogados do agravante e do agravado – art. 1.017 do Código de Processo Civil;

c) a juntada do comprovante do pagamento do preparo;

d) citação do agravado para, querendo, responder ao presente agravo de instrumento;

e) apresentação do nome e o endereço completo dos advogados constantes do processo (art. 1.016, IV, do Código de Processo Civil);

f) a condenação do recorrido ao pagamento dos honorários advocatícios e custas processuais.

Local/Data

Advogado/OAB

2.11.5. Estrutura do agravo de instrumento

ENDEREÇAMENTO AO PRESIDENTE DO TRIBUNAL
EXCELENTÍSSIMO SENHOR DOUTOR DESEMBARGADOR PRESIDENTE DO TRIBUNAL DE JUSTIÇA DO ESTADO...

OU

EXCELENTÍSSIMO SENHOR DOUTOR DESEMBARGADOR FEDERAL DO TRIBUNAL REGIONAL FEDERAL DA... REGIÃO.

QUALIFICAÇÃO DO AGRAVANTE: (nome completo, estado civil, profissão, RG, CPF, endereço eletrônico, com endereço na rua, número, bairro, cidade, Estado, CEP...), caso seja uma pessoa jurídica (nome da PJ, CNPJ, nesse ato representada pelo sócio..., com endereço na rua, número, bairro, cidade, Estado, CEP), por seu advogado (procuração em anexo), com escritório no endereço..., onde receberá as intimações devidas.

NOME DO RECURSO E FUNDAMENTO: no recurso de agravo de instrumento, o fundamento básico será o art. 1.015 do Código de Processo Civil, bem como deverá ser acompanhado do título: Agravo de Instrumento com pedido de efeito suspensivo.

QUALIFICAÇÃO DO AGRAVADO: qualifique o recorrido de forma completa (nome completo, estado civil, profissão, RG, CPF, endereço eletrônico, com endereço na rua, número, bairro, cidade, Estado, CEP...), caso seja uma pessoa jurídica (nome da PJ, CNPJ, nesse ato representada pelo sócio..., com endereço na rua, número, bairro, cidade, Estado, CEP).

I – DOS FATOS: resumir os fatos apresentados pelo problema, sem inserir qualquer novo dado, sob pena de nota zero na peça.

II – DO DIREITO: após identificar as teses é importante desenvolver cada uma delas naquela nossa estrutura de três parágrafos (conforme estudamos no capítulo da Estrutura das Teses). Assim, você sempre terá uma tese constitucional, outra tese na lei e uma terceira com base em princípios. Isso sem afastar a possibilidade de aplicar jurisprudência e súmulas.

III – DO EFEITO SUSPENSIVO: deve ser feito o pedido de efeito suspensivo (ou efeito suspensivo ativo), pois existe uma situação de urgência. Basicamente, precisamos demonstrar a fumaça do bom direito e o perigo da demora, conforme já estudado, tudo em respeito ao art. 1.019, I, do Código de Processo Civil.

IV – DOS PEDIDOS: é o momento de concluir seu recurso de agravo de instrumento e pontuar cada um dos pedidos, conforme o roteiro estabelecido.

Sendo assim, pede:
a) seja conhecido e provido o agravo de instrumento para reformar a decisão recorrida, confirmando o pedido do efeito suspensivo, nos termos da fundamentação (art. 1.019, I, do Código de Processo Civil);
b) a juntada da cópia da petição inicial, da contestação, da petição que ensejou a decisão agravada, da certidão da respectiva intimação que demonstra a tempestividade, das procurações outorgadas aos advogados do agravante e do agravado – art. 1.017 do Código de Processo Civil;
c) a juntada do comprovante do pagamento do preparo;

d) citação do agravado para, querendo, responder ao presente agravo de instrumento;
e) apresentação do nome e o endereço completo dos advogados constantes do processo (art. 1.016, IV, do Código de Processo Civil);
f) a condenação do recorrido ao pagamento dos honorários advocatícios e custas processuais.

Local/Data

Advogado/OAB

2.11.6. Modelo do agravo de instrumento

(VIII Exame) Norberto, brasileiro, desempregado e passando por sérias dificuldades econômicas, domiciliado no Estado "X", resolve participar de concurso público para o cargo de médico de hospital estadual. Aprovado na fase inicial do concurso, Norberto foi submetido a exames médicos, através dos quais se constatou a existência de tatuagem em suas costas. Norberto, então, foi eliminado do concurso, com a justificativa de que o cargo de médico não era compatível com indivíduos portadores de tatuagem.

Inconformado, Norberto ajuizou ação ordinária em face do Estado, de competência de vara comum, com pedido liminar, na qual requereu (i) a anulação do ato administrativo que o eliminou do concurso; e (ii) que lhe fosse deferida a possibilidade de realizar as demais etapas do certame, com vaga reservada.

O juízo de 1ª instância indeferiu o pedido liminar, em decisão publicada ontem, pelos seguintes motivos:

1. Os pedidos de anulação do ato de eliminação e de reserva de vaga não seriam possíveis, pois significariam atraso na conclusão do concurso;

2. A Administração Pública possui poder discricionário para decidir quais são as restrições aplicáveis àqueles que pretendem se tornar médicos no âmbito do Estado, de forma que o autor deverá provar que a decisão foi equivocada.

Diante do exposto, e supondo que você seja o advogado de Norberto, elabore a medida judicial cabível contra a decisão publicada ontem, para a defesa dos interesses de seu cliente, abordando as teses, os fundamentos legais e os princípios que poderiam ser usados em favor do autor.

EXCELENTÍSSIMO SENHOR DOUTOR DESEMBARGADOR PRESIDENTE DO TRIBUNAL DE JUSTIÇA DO ESTADO X

(pular 10 linhas)

Norberto, brasileiro, estado civil, desempregado, endereço eletrônico, RG, CPF, residente na rua, número, bairro, cidade, Estado, CEP, por seu advogado (procuração em anexo), com escritório no endereço..., onde receberá as intimações devidas, vem, com fundamento no art. 1.015 do Código de Processo Civil, interpor

Agravo de Instrumento
(com pedido de efeito suspensivo)

Em face da decisão interlocutória proferida pelo juízo "a quo", no processo contra o Estado X, pessoa jurídica de direito público interno, com sede..., pelas razões de fato e de direito:

I – Dos Fatos

O agravante (Norberto) resolveu participar de concurso público para o cargo de médico de hospital estadual. Aprovado na fase inicial do concurso, Norberto foi submetido a exames médicos, através dos quais se constatou a existência de tatuagem em suas costas, então, foi eliminado do concurso, com a justificativa de que o cargo de médico não era compatível com indivíduos portadores de tatuagem. Inconformado, ajuizou ação ordinária em face do Estado, de competência de vara comum, com pedido liminar, na qual requereu (i) a anulação do ato administrativo que o eliminou do concurso; e (ii) que lhe fosse deferida a possibilidade de realizar as demais etapas do certame, com vaga reservada. O juízo de 1ª instância indeferiu o pedido liminar, em decisão publicada ontem, pelos seguintes motivos: 1. Os pedidos de anulação do ato de eliminação e de reserva de vaga não seriam possíveis, pois significariam atraso na conclusão do concurso; 2. A Administração Pública possui poder discricionário para decidir quais são as restrições aplicáveis àqueles que pretendem se tornar médicos no âmbito do Estado, de forma que o autor deverá provar que a decisão foi equivocada. Sendo assim, imprescindível é a interposição do agravo de instrumento.

II – Do Direito

Lembre-se de desenvolver cada tese conforme estudamos em "Construção das Teses", bem como utilizando-se das lições de direito material do Capítulo 3. No caso concreto, o "GABARITO:" pontuou: a violação do princípio da legalidade tendo em vista que as restrições de acesso aos cargos e empregos públicos devem estar previstas em lei, a violação ao princípio do livre acesso aos cargos públicos que determina que só podem ser exigidos requisitos diferenciados de acesso quando a natureza ou complexidade do cargo a ser ocupado o exigirem (art. 37, I e II, da Constituição Federal), os princípios da proporcionalidade/razoabilidade, que delimitam o exercício do poder discricionário, tendo em vista que a referida restrição (tatuagem) não tem qualquer relação com o desempenho do cargo de médico, eis que não é medida adequada, necessária nem proporcional em sentido estrito, para que a Administração atinja os fins que pretende com a restrição ilegítima. Por último, há que se refutar os argumentos de que "Os pedidos de anulação do ato de eliminação e de reserva de vaga não seriam possíveis, pois significariam atraso na conclusão do concurso", haja vista que não foi formulado qualquer pedido de suspensão ou interrupção do mesmo, mas tão somente que fosse garantido ao agravante o direito de prestar as fases seguintes do concurso.

III – Da Concessão do Efeito Suspensivo

No caso concreto, o agravante tem direito à concessão do efeito suspensivo, nos termos do art. 1.019, I, do Código de Processo Civil.

A fumaça do bom direito está demonstrada diante de todas as provas apresentadas, bem como da argumentação. O perigo da demora é evidente, pois o agravante está participando de um concurso público e tem direito a permanecer no certame, sob pena de grave injustiça e afronta ao princípio da isonomia.

PRÁTICA ADMINISTRATIVA

Sendo assim, requer a concessão do efeito suspensivo, para garantir a permanência do agravante no concurso público, nos termos da fundamentação.

IV – Dos Pedidos

Sendo assim, pede:
a) seja conhecido e provido o agravo de instrumento para reformar a decisão recorrida, confirmando o pedido do efeito suspensivo, nos termos da fundamentação (art. 1.019, I, do Código de Processo Civil);
b) a juntada da cópia da petição inicial, da contestação, da petição que ensejou a decisão agravada, da certidão da respectiva intimação que demonstra a tempestividade, das procurações outorgadas aos advogados do agravante e do agravado – art. 1.017 do Código de Processo Civil;
c) a juntada do comprovante do pagamento do preparo;
d) citação do agravado para, querendo, responder ao presente agravo de instrumento;
e) apresentação do nome e o endereço completo dos advogados constantes do processo (art. 1.016, IV, do Código de Processo Civil);
f) a condenação do recorrido ao pagamento dos honorários advocatícios e custas processuais.

Local/Data

Advogado/OAB

2.11.7. Caso prático e gabarito da FGV

(XXIII Exame) Maria ajuizou ação indenizatória em face do Estado Alfa, em decorrência de seu filho Marcos ter sido morto durante uma aula em uma escola estadual (da qual era aluno do sétimo ano) alvejado pelos tiros disparados por Antônio, um ex-aluno que, armado com duas pistolas, ingressou na escola atirando aleatoriamente. Antônio deu causa ao óbito de Marcos, de sua professora e de outros cinco colegas de classe, além de grave ferimento em mais seis alunos. Depois disso, suicidou-se. O Estado promoveu sua defesa no prazo e admitiu a existência dos fatos, amplamente divulgados na mídia e incontroversos nos autos. Na contestação, requereu a denunciação da lide a Agenor, servidor público estadual estável, inspetor da escola, que, na qualidade de responsável por controlar a entrada e a saída de pessoas no estabelecimento de ensino, teria viabilizado o acesso do ex-aluno. Nenhuma das partes requereu a produção de prova que importasse em dilação probatória, e o Juízo de 1º grau admitiu a denunciação da lide. Inconformada com a intervenção de terceiro determinada pelo Juízo, Maria procura você para, na qualidade de advogado(a), impugnar tal determinação jurisdicional. Redija a peça apropriada, expondo todos os argumentos fáticos e jurídicos pertinentes. (Valor: 5,00)

A FGV apresentou o seguinte GABARITO:

A peça pertinente é o Agravo de Instrumento, na forma do art. 1.015, inciso IX, do CPC/15, com formulação de pedido de eficácia suspensiva da decisão agravada.

O recurso deve ser endereçado ao Exmo. Sr. Dr. Desembargador Relator do Tribunal de Justiça do Estado Alfa.

A agravante é Maria e o agravado é o Estado Alfa.

A fundamentação do recurso deve destacar: A) inicialmente, a viabilidade do recurso, diante da previsão expressa no art. 1.015, inciso IX, do CPC/15, bem como a necessidade de concessão de efeito suspensivo, na forma do art. 1.019, inciso I, do CPC/15, diante do relevante fundamento fático e jurídico e pela possibilidade de causar gravame de difícil reparação ao andamento do processo. B) O descabimento da intervenção de terceiro no caso, pois viola os princípios da efetividade e da celeridade processuais, postos no art. 5º, inciso LXXVIII, da CRFB/88, na medida em que: C1. O art. 37, § 6º, da CRFB/88 atribui responsabilidade civil objetiva ao Estado, no caso caracterizada pelo dever de guarda que o Poder Público tem sobre os alunos nos respectivos estabelecimentos de ensino e responsabilidade subjetiva aos servidores que, nessa qualidade, tenham dado causa ao dano mediante culpa ou dolo; C2. Introduzirá na demanda fundamento novo, qual seja a apuração do elemento subjetivo da conduta do servidor (Agenor), desnecessária à solução da lide principal, entre Maria e o Estado, certo que o processo está pronto para julgamento, considerando que os fatos são incontroversos e não há pedido de produção de prova que importe em dilação probatória por qualquer das partes; C3. Impõe-se ação de regresso (ação autônoma) do Estado Alfa em face do servidor causador do dano para a discussão de fundamento que não consta da pretensão veiculada na lide principal; C4. Inexiste prejuízo para eventual ajuizamento futuro de ação de regresso pelo Estado, dirigida a Agenor, considerando que a denunciação da lide não é obrigatória no caso ou, de acordo com a teoria da dupla garantia, até mesmo vedada.

Quanto aos pedidos, deve ser formulado pedido de efeito suspensivo, na forma do art. 1.019, inciso I, do CPC/15, diante do relevante fundamento fático e jurídico e pela possibilidade de causar gravame de difícil reparação ao andamento do processo.

Ao final, deve ser formulado pedido de reforma da decisão que admitiu a denunciação da lide, a fim de que o denunciado seja excluído da demanda, bem como a condenação em custas e honorários advocatícios.

A peça deve ser finalizada com a indicação do local, data, assinatura do advogado e número de inscrição na OAB.

(XXXIII Exame) Aproveitando-se da pandemia do novo coronavírus como uma janela de oportunidade para, a qualquer custo, aumentar seus lucros, a sociedade empresária Gama, do ramo farmacêutico, passou a produzir o medicamento XXX, sem as prévias autorizações legais exigidas pelos órgãos competentes. À revelia de qualquer embasamento científico, o intuito da farmacêutica seria anunciar e vender o medicamento, como se eficaz fosse, para a prevenção e tratamento da Covid-19. Antes que qualquer unidade do medicamento fosse colocada à venda, a indústria farmacêutica foi fiscalizada pela Agência Nacional de Vigilância Sanitária que, agindo com base na legislação de regência e no regular uso de seu poder de polícia, lavrou auto de infração e, após processo administrativo sanitário, aplicou a sanção administrativa cabível à sociedade empresária Gama, diversa da interdição do estabelecimento. Logo após a vistoria, e antes mesmo de concluído o mencionado processo administrativo, levado a cabo pela Anvisa, os sócios administradores da sociedade empresária Gama desistiram de produzir o medicamento XXX, incineraram os produtos irregulares já produzidos e os insumos destinados à produção de novos. O Ministério Público Federal recebeu representação de farmacêutica concorrente que noticiou estar ocorrendo a produção ilegal de medicamentos para prevenção e tratamento do Covid-19 pela sociedade empresária Gama e informou que a Anvisa não adotou qualquer medida para a fiscalização dos fatos. Mesmo sabedora de que a Anvisa já havia atuado no caso e que a sociedade empresária Gama já havia desistido de produzir e vender o medicamento XXX, a noticiante, dolosamente, omitiu tais informações na notícia de fato que apresentou ao MPF.

PRÁTICA ADMINISTRATIVA

Diante da gravidade da situação que lhe foi apresentada, o Ministério Público Federal ajuizou de imediato ação civil pública em face da Anvisa e da sociedade empresária Gama requerendo, em relação a esta última, *inaudita altera pars*, a concessão de tutela provisória de urgência para a interdição de todas as suas atividades, inclusive a produção de outros medicamentos devidamente licenciados, o que foi integralmente deferido pelo juízo da 1ª Vara Federal da Comarca da Capital do Estado Delta.

Imediatamente após receber a citação para responder à ação civil pública e à intimação para cumprimento da tutela provisória deferida, a sociedade empresária Gama procurou você, como advogado(a), para a defender. Redija o recurso cabível, que possa levar o tema ao segundo grau de jurisdição, com intuito de reformar o mais rápido possível a decisão judicial que decretou a interdição narrada. (Valor: 5,00).

A FGV apresentou o seguinte GABARITO:

O(A) examinando(a) deve apresentar recurso de Agravo de Instrumento, com fulcro no art. 1.015, inciso I, do Código de Processo Civil e no art. 12 da Lei n. 7.347/85, no prazo de 15 dias (art. 1.003, § 5º, do CPC).

O agravo de instrumento deve ser endereçado ao Exmo. Sr. Presidente do Tribunal Regional Federal da Região que engloba o Estado Delta (art. 1.016, *caput*, do CPC).

No recurso, deve constar os nomes das partes, sendo recorrente (agravante) a sociedade empresária Gama e recorrido (agravado) o Ministério Público Federal (art. 1.016, inciso I, do CPC).

Deve constar, ainda, o nome e o endereço do advogado da recorrente e do órgão de execução do Ministério Público que atua no processo (art. 1.016, inciso IV, do CPC).

No mérito recursal, deve ser alegada a ausência dos dois requisitos legais necessários ao deferimento e manutenção da tutela de urgência, previstos no art. 300, *caput*, do CPC, quais sejam:

1) A probabilidade do direito, haja vista que a recorrente não está fabricando nem vendendo ilegalmente o medicamento XXX e já foi fiscalizada administrativamente pela Anvisa. O réu já sofreu fiscalização da Anvisa, que detém poder de polícia, o qual já possui o atributo de autoexecutoriedade, via de regra, sendo certo que a Agência instaurou e concluiu processo administrativo sanitário, aplicando-lhe a sanção cabível, diversa da interdição. Ressalta-se que o próprio agravante, voluntariamente (antes mesmo da conclusão do processo administrativo da Anvisa), desistiu de produzir o medicamento XXX e, inclusive, já incinerou aqueles já produzidos e os insumos destinados à produção de novos, sendo certo que nenhuma unidade do medicamento chegou a ser colocada à venda.

2) O perigo de dano ou o risco ao resultado útil do processo, eis que a empresária agravante desistiu de fabricar o medicamento XXX, inclusive já destruiu todo o estoque e a matéria-prima necessária para tal.

Deverá o advogado juntar os documentos probatórios da incineração e da atuação da Anvisa, na forma do art. 1.017, inciso III e § 5º, parte final, do CPC.

Com intuito de reverter o mais rápido possível a decisão judicial que decretou a interdição narrada, o(a) examinando(a) deve requerer ao Desembargador Relator que seja atribuído efeito suspensivo ao Agravo de Instrumento, com base no art. 1.019, inciso I, do CPC, em antecipação da tutela recursal.

Para tanto, deve o(a) examinando(a) alegar, conforme dispõe o art. 995, parágrafo único, do CPC, que:

(i) da imediata produção dos efeitos da decisão recorrida de interdição de todas as atividades da sociedade empresária Gama há risco de dano grave, de difícil ou impossível reparação, eis que causará prejuízos econômicos e trabalhistas para a agravante (e seus empregados) e prejuízos sociais decorrentes da proibição de produção e venda de outros medicamentos devidamente licenciados;

(ii) está demonstrada a probabilidade de provimento do recurso, haja vista que a sociedade empresária Gama não mais produz o medicamento XXX e já foi fiscalizada administrativamente pela Anvisa.

Na conclusão da peça processual, a defesa técnica deve requerer ao Tribunal Regional Federal o conhecimento e o provimento do recurso de Agravo de Instrumento, para fins de, confirmando a antecipação de tutela recursal, reformar a decisão recorrida, de maneira a levantar a interdição e autorizar o retorno de todas as atividades da sociedade empresária Gama, inclusive a produção de outros medicamentos devidamente licenciados.

Ao fim, deve ser feito o fechamento da peça.

2.12. Recurso especial e recurso extraordinário

2.12.1. Apresentação

Quando trabalhamos com o recurso especial estaremos diante de um recurso endereçado ao Superior Tribunal de Justiça, uma vez que o STJ é o defensor da legislação infraconstitucional. Porém, caso seja situação atacável com o recurso extraordinário, este será endereçado ao Supremo Tribunal Federal, uma vez que o STF é o defensor da Constituição Federal.

2.12.2. Requisitos e características

Tanto as estruturas do recurso especial quanto o recurso extraordinário seguem a mesma lógica, com a ressalva de que o recurso extraordinário tem o requisito da repercussão geral. A estrutura desses recursos é:

Folha de rosto + folha das razões recursais

Na **folha de rosto** teremos de cumprir os seguintes requisitos:

a) endereçar para o Presidente ou Vice-Presidente do Tribunal recorrido;
b) qualificar o recorrente de forma completa;
c) dar a fundamentação nos termos do Código de Processo Civil e o artigo correspondente da Constituição Federal e o título do recurso especial ou do recurso extraordinário;
d) qualificar o recorrido;
e) realizar o requerimento de recebimento e envio para o Tribunal (STJ ou STF, conforme o caso);
f) realizar o requerimento da juntada do comprovante do preparo.

Feito isso, passamos para a **folha das razões recursais**, momento em que:
a) endereçamos para o Tribunal *ad quem* (STJ ou STF) competente;
b) colocamos o título "razões recursais";
c) fatos, direito e pedido.

Importante lembrar que o recurso especial (REsp) e o recurso extraordinário (RE) possuem peculiaridades que os demais recursos não possuem:
– no recurso especial temos o requisito do **prequestionamento**, ou seja, é preciso demonstrar que a tese do recurso já foi debatida nas instâncias inferiores;
– além da novidade constitucional, qual seja, art. 105, §§ 2º e 3º, da CF;
– no recurso extraordinário temos o requisito do **prequestionamento**, com a mesma ideia já apresentada, além da **repercussão geral**, pois o recurso extraordinário somente será julgado se o tema abordado for de interesse da coletividade.

O raciocínio dos pedidos do recurso especial ou do recurso extraordinário será o mesmo dos dois pedidos (regra):
a) o conhecimento e o provimento do recurso especial/recurso extraordinário para que nova decisão seja proferida; e
b) a condenação da parte contrária ao pagamento dos honorários advocatícios e custas processuais.

Fundamento legal	RE – art. 102, III, da CF. REsp – art. 105, III, da CF. CPC – art. 1.029 e s.
Cabimento	O recurso extraordinário, a ser julgado pelo STF, cabe nas causas decididas em única ou última instância, nas hipóteses do art. 102, III, da CF. O recurso especial, a ser julgado pelo STJ, cabe nas causas decididas em única ou última instância pelos TRFs ou TJs, conforme as hipóteses do art. 105, III, da CF.
Tratamento das partes	Recorrente/Recorrido
Petição de interposição (folha de rosto)	• Endereçamento ao Presidente do Tribunal recorrido; • A qualificação das partes. Se já houver qualificação nos autos, pode-se usar "já qualificado nos autos"; • Indicação de que se trata de RE ou REsp; • Indicação de que preenche os requisitos de admissibilidade, conforme razões anexas; • Requerimento para que o recurso seja devidamente processado, em virtude de preencher os pressupostos de admissibilidade, remetendo-se os autos ao STF ou STJ para julgamento.
Razões de recurso	I – Breve resumo: expor os detalhes trazidos pelo enunciado da questão; II – Do cabimento do recurso: aqui, deve-se enquadrar o recurso em uma das hipóteses do art. 102, III (RE), ou 105, III (REsp); III – Da existência de repercussão geral: só cabível no RE. Ver art. 1.035 do CPC; IV – Da existência de prequestionamento: alegar que a matéria levada ao Tribunal Superior já foi debatida na esfera judicial inferior; V – Das razões de fato e de direito: apenas discutir questões de direito; VI – Do pedido: dar provimento ao recurso para reformar ou anular a r. decisão recorrida, julgando (im)procedente a demanda.

Nos termos do Código de Processo Civil:

Art. 1.029. O recurso extraordinário e o recurso especial, nos casos previstos na Constituição Federal, serão interpostos perante o presidente ou o vice-presidente do tribunal recorrido, em petições distintas que conterão:

I – a exposição do fato e do direito;

II – a demonstração do cabimento do recurso interposto;

III – as razões do pedido de reforma ou de invalidação da decisão recorrida.

[...]

§ 3º O Supremo Tribunal Federal ou o Superior Tribunal de Justiça poderá desconsiderar vício formal de recurso tempestivo ou determinar sua correção, desde que não o repute grave.

[...]

Art. 1.030. Recebida a petição do recurso pela secretaria do tribunal, o recorrido será intimado para apresentar contrarrazões no prazo de 15 (quinze) dias, findo o qual os autos serão conclusos ao presidente ou ao vice-presidente do tribunal recorrido, que deverá:

I – negar seguimento:

a) a recurso extraordinário que discuta questão constitucional à qual o Supremo Tribunal Federal não tenha reconhecido a existência de repercussão geral ou a recurso extraordinário interposto contra acórdão que esteja em conformidade com entendimento do Supremo Tribunal Federal exarado no regime de repercussão geral;

b) a recurso extraordinário ou a recurso especial interposto contra acórdão que esteja em conformidade com entendimento do Supremo Tribunal Federal ou do Superior Tribunal de Justiça, respectivamente, exarado no regime de julgamento de recursos repetitivos;

II – encaminhar o processo ao órgão julgador para realização do juízo de retratação, se o acórdão recorrido divergir do entendimento do Supremo Tribunal Federal ou do Superior Tribunal de Justiça exarado, conforme o caso, nos regimes de repercussão geral ou de recursos repetitivos;

III – sobrestar o recurso que versar sobre controvérsia de caráter repetitivo ainda não decidida pelo Supremo Tribunal Federal ou pelo Superior Tribunal de Justiça, conforme se trate de matéria constitucional ou infraconstitucional;

IV – selecionar o recurso como representativo de controvérsia constitucional ou infraconstitucional, nos termos do § 6º do art. 1.036;

V – realizar o juízo de admissibilidade e, se positivo, remeter o feito ao Supremo Tribunal Federal ou ao Superior Tribunal de Justiça, desde que:

a) o recurso ainda não tenha sido submetido ao regime de repercussão geral ou de julgamento de recursos repetitivos;

b) o recurso tenha sido selecionado como representativo da controvérsia; ou

c) o tribunal recorrido tenha refutado o juízo de retratação.

§ 1º Da decisão de inadmissibilidade proferida com fundamento no inciso V caberá agravo ao tribunal superior, nos termos do art. 1.042.

Nos termos da Constituição Federal:

> Art. 102. Compete ao Supremo Tribunal Federal, precipuamente, a guarda da Constituição, cabendo-lhe:
> [...]
> III – julgar, mediante recurso extraordinário, as causas decididas em única ou última instância, quando a decisão recorrida:
> a) contrariar dispositivo desta Constituição;
> b) declarar a inconstitucionalidade de tratado ou lei federal;
> c) julgar válida lei ou ato de governo local contestado em face desta Constituição.
> d) julgar válida lei local contestada em face de lei federal.
> § 1º A arguição de descumprimento de preceito fundamental, decorrente desta Constituição, será apreciada pelo Supremo Tribunal Federal, na forma da lei.
> [...]
> § 3º No recurso extraordinário o recorrente deverá demonstrar a repercussão geral das questões constitucionais discutidas no caso, nos termos da lei, a fim de que o Tribunal examine a admissão do recurso, somente podendo recusá-lo pela manifestação de dois terços de seus membros.
> [...]
> Art. 105. Compete ao Superior Tribunal de Justiça:
> III – julgar, em recurso especial, as causas decididas, em única ou última instância, pelos Tribunais Regionais Federais ou pelos tribunais dos Estados, do Distrito Federal e Territórios, quando a decisão recorrida:
> a) contrariar tratado ou lei federal, ou negar-lhes vigência;
> b) julgar válido ato de governo local contestado em face de lei federal;
> c) der a lei federal interpretação divergente da que lhe haja atribuído outro tribunal.

Lembre-se de que tivemos uma novidade constitucional no Recurso Especial (art. 105, §§ 2º e 3º, da CF):

> § 2º No recurso especial, o recorrente deve demonstrar a relevância das questões de direito federal infraconstitucional discutidas no caso, nos termos da lei, a fim de que a admissão do recurso seja examinada pelo Tribunal, o qual somente pode dele não conhecer com base nesse motivo pela manifestação de 2/3 (dois terços) dos membros do órgão competente para o julgamento.
> § 3º Haverá a relevância de que trata o § 2º deste artigo nos seguintes casos:
> I – ações penais;
> II – ações de improbidade administrativa;
> III – ações cujo valor da causa ultrapasse 500 (quinhentos) salários mínimos;
> IV – ações que possam gerar inelegibilidade;
> V – hipóteses em que o acórdão recorrido contrariar jurisprudência dominante o Superior Tribunal de Justiça;
> VI – outras hipóteses previstas em lei.

2.12.3. Como identificar a peça

Para identificar um recurso especial ou um recurso extraordinário, você perceberá que existirá, como regra, uma "história processual", com sentença, recursos e, dessas decisões, ofensas à Constituição Federal (caso em que será cabível o RE) ou ofensas à legislação infraconstitucional (caso em que será cabível o REsp). Esses dois recursos ainda não foram cobrados pela FGV/OAB (até o XX Exame) e, uma vez que um dos dois venham a ser exigidos caberá a exclusão de todas às outras hipóteses recursais.

Até porque, com o estudo que realizamos, fica fácil identificar, até mesmo por exclusão: da sentença caberá apelação, da decisão interlocutória o agravo de instrumento, da decisão originária que denega mandado de segurança no TJ ou no TRF caberá recurso ordinário, se a decisão originária que denegou mandado de segurança, *habeas data* ou mandado de injunção foi no STJ, caberá recurso ordinário ao STF. Ou seja, não sendo tais hipóteses é, diante do contexto processual apresentado, muito provável que estejamos diante de um REsp ou de um RE.

2.12.4. Resumo dos pedidos

Seja no recurso especial, seja no recurso extraordinário, os pedidos serão:

Na **folha de rosto**:
a) requerimento de recebimento e envio para o Tribunal (juízo *ad quem*);
b) requerimento da juntada do comprovante do preparo.

Na **folha das razões recursais**:
a) o conhecimento e provimento do recurso especial (ou recurso extraordinário) para que nova decisão seja proferida, nos termos da fundamentação;
b) a condenação da parte contrária/recorrido ao pagamento dos honorários advocatícios e custas processuais.

Local/Data

Advogado/OAB

2.12.5. Estrutura do recurso especial

2.12.5.1. Na folha de rosto

ENDEREÇAMENTO AO JUÍZO "A QUO"
EXCELENTÍSSIMO SENHOR DOUTOR DESEMBARGADOR PRESIDENTE DO TRIBUNAL DE JUSTIÇA
OU
TRIBUNAL REGIONAL FEDERAL DA... REGIÃO.

QUALIFICAÇÃO DO RECORRENTE: (nome completo, estado civil, profissão, RG, CPF, endereço eletrônico, com endereço na rua, número, bairro, cidade, Estado, CEP...), caso seja uma pessoa jurídica (nome da PJ, CNPJ, nesse ato representada pelo sócio..., com endereço na rua, número, bairro, cidade, Estado,

CEP), por seu advogado (procuração em anexo), com escritório no endereço..., onde receberá as intimações devidas.

NOME DO RECURSO E FUNDAMENTO: no recurso especial, o fundamento básico será o art. 1.029 do Código de Processo Civil, bem como do art. 105, III, da Constituição Federal, acompanhado do título Recurso Especial.

QUALIFICAÇÃO DO RECORRIDO: qualifique o recorrido de forma completa (nome completo, estado civil, profissão, RG, CPF, endereço eletrônico, com endereço na rua, número, bairro, cidade, Estado, CEP...), caso seja uma pessoa jurídica (nome da PJ, CNPJ, nesse ato representada pelo sócio..., com endereço na rua, número, bairro, cidade, Estado, CEP).

REQUERIMENTOS: requerimento de recebimento e envio do recurso para o Superior Tribunal de Justiça (juízo "ad quem") e o requerimento da juntada do comprovante do preparo.

Local/Data

Advogado/OAB

(quebra de página)

2.12.5.2. Na folha das razões recursais

ENDEREÇAMENTO AO JUÍZO "AD QUEM":
SUPERIOR TRIBUNAL DE JUSTIÇA

Razões Recursais

I – DOS FATOS: resumir os fatos apresentados pelo problema, sem inserir qualquer novo dado, sob pena de nota zero na peça.

II – DO DIREITO: após identificar as teses, é importante desenvolver cada uma delas naquela nossa estrutura de três parágrafos (conforme estudamos no capítulo da Estrutura das Teses). Assim, você sempre terá uma tese constitucional, outra tese na lei e uma terceira com base em princípios. Isso sem afastar a possibilidade de aplicar jurisprudência e súmulas.
Lembre-se de cumprir com o requisito do prequestionamento, bem como com o novo requisito constitucional (art. 105, §§ 2º e 3º, da CF).

III – DOS PEDIDOS: é o momento de concluir seu recurso especial e pontuar cada um dos pedidos, conforme o roteiro estabelecido.

Sendo assim, pede:
a) o conhecimento e provimento do recurso especial para que nova decisão seja proferida, nos termos da fundamentação;
b) a condenação da parte contrária/recorrido ao pagamento dos honorários advocatícios e custas processuais.

Local/Data

Advogado/OAB

2.12.6. Estrutura do recurso extraordinário

2.12.6.1. Na folha de rosto

ENDEREÇAMENTO AO JUÍZO "A QUO":
EXCELENTÍSSIMO SENHOR DOUTOR DESEMBARGADOR PRESIDENTE DO TRIBUNAL DE JUSTIÇA
OU
TRIBUNAL REGIONAL FEDERAL DA... REGIÃO
OU
EXCELENTÍSSIMO SENHOR DOUTOR MINISTRO PRESIDENTE DO SUPERIOR TRIBUNAL DE JUSTIÇA.

QUALIFICAÇÃO DO RECORRENTE: (nome completo, estado civil, profissão, RG, CPF, endereço eletrônico, com endereço na rua, número, bairro, cidade, Estado, CEP...), caso seja uma pessoa jurídica (nome da PJ, CNPJ, nesse ato representada pelo sócio..., com endereço na rua, número, bairro, cidade, Estado, CEP), por seu advogado (procuração em anexo), com escritório no endereço..., onde receberá as intimações devidas.

NOME DO RECURSO E FUNDAMENTO: no recurso extraordinário o fundamento básico será o art. 1.029 do Código de Processo Civil, bem como o art. 102, III, da Constituição Federal, acompanhado do título Recurso Extraordinário.

QUALIFICAÇÃO DO RECORRIDO: qualifique o recorrido de forma completa (nome completo, estado civil, profissão, CPF, endereço eletrônico, com endereço na rua, número, bairro, cidade, Estado, CEP...), caso seja uma pessoa jurídica (nome da PJ, CNPJ, nesse ato representada pelo sócio..., com endereço na rua, número, bairro, cidade, Estado, CEP).

REQUERIMENTOS: requerimento de recebimento e envio do recurso para o Supremo Tribunal Federal (juízo "ad quem") e o requerimento da juntada do comprovante do preparo.

Local/Data

Advogado/OAB

(quebra de página)

2.12.6.2. Na folha das razões recursais

ENDEREÇAMENTO AO JUÍZO "AD QUEM":
SUPREMO TRIBUNAL FEDERAL

Razões Recursais

I – DOS FATOS: resumir os fatos apresentados pelo problema, sem inserir qualquer novo dado, sob pena de nota zero na peça.

II – DO DIREITO: após identificar as teses, é importante desenvolver cada uma delas naquela nossa estrutura de três parágrafos (conforme estudamos no capítulo da Estrutura das Teses). Assim, você sempre terá uma tese constitucional, outra tese na lei e uma terceira com base em princípios. Isso sem afastar a possibilidade de aplicar jurisprudência e súmulas. Não esqueça do prequestionamento e da repercussão geral.

III – DOS PEDIDOS: é o momento de concluir seu recurso de apelação e pontuar cada um dos pedidos, conforme o roteiro estabelecido.

Sendo assim, pede:
a) o conhecimento e provimento do recurso extraordinário para que nova decisão seja proferida, nos termos da fundamentação;
b) a condenação da parte contrária/recorrido ao pagamento dos honorários advocatícios e custas processuais.

Local/Data

Advogado/OAB

2.12.7. Modelo de petição do recurso especial

(Questão Simulada) Tício, servidor público federal, solicitou a incorporação da Gratificação 1234, conforme prevista em Lei Federal, firme na ideia do preenchimento das condições para sua percepção. A sentença foi desfavorável a Tício. Não conformado, recorreu ao Tribunal que reconheceu, por unanimidade, a improcedência do pedido. Tício, consciente de seu direito, procura você para interpor a medida judicial cabível na hipótese, considerando que na peça de apelação houve o devido prequestionamento da matéria.

EXCELENTÍSSIMO SENHOR DOUTOR DESEMBARGADOR PRESIDENTE DO TRIBUNAL

(pular 10 linhas)

Tício, devidamente qualificado nos autos da Apelação Cível, por seu advogado (procuração em anexo), com escritório no endereço..., onde receberá as intimações devidas, vem, com o devido respeito, com fundamento no art. 105, inciso III, "a" e "c", da Constituição Federal e art. 1.029 do Código de Processo Civil, interpor:

Recurso Especial

Ao Superior Tribunal de Justiça.
Requer seja recebido e enviado o presente recurso ao Superior Tribunal de Justiça.
Requer seja juntado o comprovante do preparo.

Local/Data

Advogado/OAB

(quebra de página)

Superior Tribunal de Justiça

Razões Recursais

I – Dos Fatos

O recorrente solicitou junto ao seu órgão de origem a incorporação da Gratificação 1234, com base expressa na Lei, e teve negado o pedido. Apesar de o argumento contrariar a regra de aplicação da lei específica, o colegiado do Tribunal de Justiça acolheu os argumentos e manteve a sentença desfavorável.

Desta forma, o recorrente se socorre desta alta corte, apontando a contrariedade a Lei Federal, consubstanciado no art. 105, III, "a" e "c", da Constituição Federal.

II – Do Prequestionamento

Para a admissibilidade do recurso especial, é necessária a demonstração do prequestionamento da matéria que se pretende impugnar, a exemplo do que ocorre com o recurso extraordinário mediante a aplicação das Súmulas 282 e 356 do Supremo Tribunal Federal. Ocorreu o devido questionamento no que toca à correta aplicação da lei, na apelação, onde se consignou que a letra da lei deve prevalecer.

Portanto, presentes estão os requisitos de admissibilidade do recurso especial, devendo ser recebido, conhecido e no mérito provido, conforme será demonstrado nas linhas a seguir.

III – Da relevância das questões de direito federal infraconstitucional debatidas no caso

Conforme art. 105, §§ 2º e 3º, da CF, cumpre ao recorrente demonstrar a relevância das questões de direito federal infraconstitucional discutidas no caso, nos termos da lei, para que a admissão do recurso seja examinada pelo Tribunal, o qual somente pode negar conhecimento com base nesse motivo pela manifestação de 2/3 (dois terços) dos membros do órgão competente para o julgamento.

No caso em tela a demonstração da relevância das questões de direito federal infraconstitucional é evidente.

Portanto, presentes estão os requisitos de admissibilidade do recurso especial, devendo ser recebido, conhecido e no mérito provido, conforme será demonstrado nas linhas a seguir.

IV – Do Direito

Lembre-se de desenvolver cada tese conforme estudamos em "Construção das Teses", bem como utilizando-se das lições de direito material do Capítulo 3.

V – Do Pedido

Sendo assim, pede:
a) o conhecimento e provimento do recurso especial para que nova decisão seja proferida, nos termos da fundamentação, reformando a decisão do Tribunal para reconhecer o direito do recorrente à incorporação da Gratificação 1234, nos termos da fundamentação;
b) a condenação do recorrido ao pagamento dos honorários advocatícios e custas processuais.

Local/Data

Advogado/OAB

2.13. Reclamação constitucional

2.13.1. Apresentação

A reclamação constitucional busca, basicamente, defender e preservar a competência e autoridade do STJ e do STF, logo, garantindo a autoridade de seus julgados. Inicialmente, a reclamação está presente nos arts. 102, I, *l*, e 105, I, *f*, ambos da Constituição Federal. Para o nosso estudo e pertinência temática, sem sombra de dúvidas, muito mais razoável será a cobrança de uma reclamação no contexto em que a Administração Pública desrespeitou o enunciado de súmula vinculante, conforme o art. 103-A, § 3º, da Constituição Federal:

> Art. 103-A. O Supremo Tribunal Federal poderá, de ofício ou por provocação, mediante decisão de dois terços dos seus membros, após reiteradas decisões sobre matéria constitucional, aprovar súmula que, a partir de sua publicação na imprensa oficial, terá efeito vinculante em relação aos demais órgãos do Poder Judiciário e à administração pública direta e indireta, nas esferas federal, estadual e municipal, bem como proceder à sua revisão ou cancelamento, na forma estabelecida em lei.
> § 1º A súmula terá por objetivo a validade, a interpretação e a eficácia de normas determinadas, acerca das quais haja controvérsia atual entre órgãos judiciários ou entre esses e a administração pública que acarrete grave insegurança jurídica e relevante multiplicação de processos sobre questão idêntica.

§ 2º Sem prejuízo do que vier a ser estabelecido em lei, a aprovação, revisão ou cancelamento de súmula poderá ser provocada por aqueles que podem propor a ação direta de inconstitucionalidade.

§ 3º Do ato administrativo ou decisão judicial que contrariar a súmula aplicável ou que indevidamente a aplicar, caberá reclamação ao Supremo Tribunal Federal que, julgando-a procedente, anulará o ato administrativo ou cassará a decisão judicial reclamada, e determinará que outra seja proferida com ou sem a aplicação da súmula, conforme o caso. (grifo nosso)

2.13.2. Requisitos e características

No passado, a reclamação constitucional tinha seu inteiro disciplinamento na Lei n. 8.038/90. Todavia, com o novo Código de Processo Civil, temos o novo regramento nos arts. 988 a 993.

A reclamação constitucional segue o modelo de petição inicial, logo, deverá ser endereçada ao Presidente do Tribunal, nos termos do art. 988, §§ 2º e 3º, do Código de Processo Civil.

Ao despachar, o relator poderá requisitar informações da autoridade a quem for imputada a prática do ato impugnado (prazo de 10 dias), conforme o art. 989, I. Vale lembrar que, diante de risco de dano irreparável, o relator ordenará a suspensão do processo ou do ato impugnado, nos moldes do mesmo art. 989, II, também do CPC.

Posteriormente, o Ministério Público terá vista do processo (prazo de 5 dias).

Por fim, julgando procedente a reclamação, o Tribunal cassará a decisão exorbitante de seu julgado ou determinará medida adequada à solução da controvérsia (art. 992 do CPC).

2.13.3. Como identificar a peça

Para identificar uma reclamação não teremos dificuldades, pois a questão mencionará a existência de afronta ao julgamento do STJ ou do STF e, tão logo, a necessidade do imediato restabelecimento de sua autoridade. Ainda, podemos verificar a ofensa ao enunciado de uma súmula vinculante, razão pela qual teremos a reclamação constitucional endereçada ao STF.

É muito importante lembrar do art. 7º, § 1º, da Lei n. 11.417/2006, pois quando a própria Administração Pública ofender uma súmula vinculante, somente poderemos utilizar da reclamação após o esgotamento das vias administrativas. Nesses termos, tal qual o *habeas data*, aqui também precisaremos primeiro cumprir o requisito administrativo para, depois, pleitear ao Poder Judiciário:

> Art. 7º Da decisão judicial ou do ato administrativo que contrariar enunciado de súmula vinculante, negar-lhe vigência ou aplicá-lo indevidamente caberá reclamação ao Supremo Tribunal Federal, sem prejuízo dos recursos ou outros meios admissíveis de impugnação.
> **§ 1º Contra omissão ou ato da administração pública, o uso da reclamação só será admitido após esgotamento das vias administrativas.** (grifo nosso)

2.13.4. Competência

Lembre-se de que a reclamação pode ser de competência do STJ, quando for necessário restabelecer o exato cumprimento de sua decisão, como, também, pode ser de competência do STF, principalmente na ofensa ao texto de uma súmula vinculante. Em síntese, a reclamação será utilizada para pedir, ao próprio Tribunal que proferiu a decisão atacada, o seu integral respeito.

2.13.5. Resumo dos pedidos da reclamação constitucional

Na reclamação constitucional teremos que formular quatro pedidos, quais são eles:
a) sejam requisitadas informações da autoridade que contrariou ou que indevidamente aplicou a súmula vinculante (art. 989, I, do Código de Processo Civil);
b) a procedência da ação, confirmando o pedido da liminar (art. 989, II, do Código de Processo Civil), nos termos da fundamentação;
c) a juntada dos documentos (art. 988, § 2º, do Código de Processo Civil);
d) oitiva do Ministério Público (art. 991 do Código de Processo Civil).

Local/Data

Advogado/OAB

2.13.6. Estrutura da reclamação na ofensa de súmula vinculante

ENDEREÇAMENTO:
EXCELENTÍSSIMO SENHOR MINISTRO PRESIDENTE DO SUPREMO TRIBUNAL FEDERAL.

QUALIFICAÇÃO DO AUTOR: (nome completo, estado civil, profissão, RG, CPF, título de eleitor, endereço eletrônico, com endereço na rua, número, bairro, cidade, Estado, CEP...), por seu advogado (procuração em anexo), com escritório no endereço..., onde receberá as intimações devidas.

NOME DA AÇÃO E FUNDAMENTAÇÃO: a reclamação constitucional terá, pelo menos, dois fundamentos clássicos, quais sejam art. 103-A, § 3º, da Constituição Federal e art. 988 do Código de Processo Civil, sem prejuízo do art. 7º da Lei n. 11.417/2006, bem como deverá ser acompanhada do título: Reclamação Constitucional com pedido de liminar.

QUALIFICAÇÃO DO RÉU: poderá qualificar a parte contrária ou, simplesmente, atacar a decisão que ofendeu a súmula vinculante.

I – DOS FATOS: resumir os fatos apresentados pelo problema, sem inserir qualquer novo dado, sob pena de nota zero na peça.

II – DO DIREITO: após identificar as teses, é importante desenvolver cada uma delas na estrutura de três parágrafos (conforme estudamos no capítulo da Estrutura das Teses). Assim, você sempre terá uma tese constitucional, outra tese na lei e uma terceira com base em princípios. Isso sem afastar a possibilidade de aplicar jurisprudência e súmulas. Vale ressalvar a necessidade de observância do art. 7º, § 1º, da Lei n. 11.417/2006, quando a questão mencionar o desrespeito ao texto da súmula vinculante por parte da Administração Pública.

III – DA LIMINAR: o pedido de liminar deve ser feito, conforme já estudado, sempre mencionando o perigo da demora ("periculum in mora") e a fumaça do bom direito ("fumus boni juris"), tudo em respeito ao art. 989, II, do Código de Processo Civil.

IV – DOS PEDIDOS: é o momento de concluir seu recurso de agravo de instrumento e pontuar cada um dos pedidos, conforme o roteiro estabelecido pelo CPC:

Sendo assim, pede:
a) sejam requisitadas informações da autoridade que contrariou ou que indevidamente aplicou a súmula vinculante (art. 989, I, do Código de Processo Civil);
b) a procedência da ação, confirmando o pedido da liminar (art. 989, II, do Código de Processo Civil), nos termos da fundamentação;
c) a juntada dos documentos (art. 988, § 2º, do Código de Processo Civil);
d) a oitiva do Ministério Público (art. 991 do Código de Processo Civil).

Local/Data

Advogado/OAB

2.13.7. Modelo de reclamação constitucional

Silvia Viana, após peticionar para a Administração Pública, obteve a resposta de que somente seria seu recurso administrativo conhecido após o depósito prévio de R$ 500,00.

Todavia, mesmo após peticionar para a autoridade competente, esta confirmou que sem a realização do depósito não haveria possibilidade de ser o recurso conhecido.

Diante do caso concreto, ingresse com a medida judicial cabível e de urgência, sabendo que todas as esferas administrativas foram cumpridas.

EXCELENTÍSSIMO SENHOR DOUTOR MINISTRO PRESIDENTE DO SUPREMO TRIBUNAL FEDERAL

(pular 10 linhas)

Silvia Viana, nacionalidade, estado civil, profissão, RG, CPF, e-mail (endereço eletrônico), residente na rua, número, bairro, cidade, Estado, CEP, por seu advogado (procuração em anexo), com escritório profissional..., vem, com fundamento no art. 103-A, § 3º, da Constituição Federal, art. 988 do Código de Processo Civil e art. 7º da Lei n. 11.417/2006, propor

Reclamação Constitucional
(com pedido liminar)

Em face da decisão administrativa que ofendeu a Súmula Vinculante 21, do Supremo Tribunal Federal, pelas razões de fato e de direito:

I – Dos Fatos

Silvia Viana, após peticionar para a Administração Pública, obteve a resposta de que somente seria seu recurso administrativo conhecido com o depósito prévio de R$ 500,00. Todavia, mesmo após peticionar para a autoridade competente, esta confirmou que sem a realização do depósito não haveria possibilidade de ser o recurso dela conhecido, mantendo tal posicionamento em todas as esferas administrativas. Diante disso, outro caminho não restou que não fosse a utilização dessa medida judicial.

II – Do Direito

No caso concreto, a Administração Pública violou a aplicação da Súmula Vinculante 21, do Supremo Tribunal Federal, uma vez que exigiu o pagamento prévio de custas para o conhecimento do recurso administrativo.
A Súmula Vinculante 21 assim determina:
"É inconstitucional a exigência de depósito ou arrolamento prévios de dinheiro ou bens para admissibilidade de recurso administrativo."
No caso concreto, existiu nítida ofensa ao texto constitucional, pois mesmo esgotando todas as vias administrativas, nos termos do art. 7º, § 1º, da Lei n. 11.417/2006, a autora não obteve êxito no âmbito da Administração Pública.
Sendo assim, deve o ato administrativo impugnado ser anulado, afastando a exigência de qualquer depósito prévio de bens ou valores para o conhecimento do recurso administrativo da autora, restabelecendo a autoridade da citada súmula vinculante.

III – Da Liminar

No caso concreto, a autora tem direito à concessão da liminar, nos termos do art. 989, II, do Código de Processo Civil.
A fumaça do bom direito está comprovada por tudo o que foi alegado, bem como pela documentação juntada. O perigo da demora é evidente, uma vez que o recurso administrativo da autora, se mantida a decisão recorrida, não será conhecido, causando grave dano.
Sendo assim, requer o deferimento da liminar para suspender o ato impugnado, nos termos da fundamentação.

IV – Dos Pedidos

Sendo assim, pede:
a) sejam requisitadas informações da autoridade que contrariou ou que indevidamente aplicou a súmula vinculante (art. 989, I, do Código de Processo Civil);
b) a procedência da ação, confirmando o pedido da liminar (art. 989, II, do Código de Processo Civil), nos termos da fundamentação;

c) a juntada dos documentos (art. 988, § 2º, do Código de Processo Civil);
d) a oitiva do Ministério Público (art. 991 do Código de Processo Civil).

Local/Data

Advogado/OAB

3. RESUMO TEÓRICO DOS TEMAS MAIS COBRADOS

3.1. Licitação

3.1.1. Introdução e âmbito de aplicação

O processo de licitação atende ao determinado pelo Princípio da Indisponibilidade do Interesse Público ao exigir do Estado a realização de um procedimento prévio às contratações públicas, garantindo assim imparcialidade e transparência no uso dos recursos públicos. Em nosso ordenamento, existem duas grandes leis que regulamentam esse procedimento, sendo elas a Lei n. 14.133/2021 e Lei n. 13.303/2016. A principal diferença entre essas leis é o seu âmbito de aplicação, sendo a primeira aplicável a todos os entes que compõem a Administração Pública Direta e alguns da Administração Pública Indireta, quais sejam as Autarquias e Fundações, além de outros órgãos e entidades definidos na lei como iremos verificar a seguir.

> Art. 1º Esta Lei estabelece normas gerais de licitação e contratação para as Administrações Públicas diretas, autárquicas e fundacionais da União, dos Estados, do Distrito Federal e dos Municípios, e abrange:
>
> I – os órgãos dos Poderes Legislativo e Judiciário da União, dos Estados e do Distrito Federal e os órgãos do Poder Legislativo dos Municípios, quando no desempenho de função administrativa;
>
> II – os fundos especiais e as demais entidades controladas direta ou indiretamente pela Administração Pública.

Já em relação à Lei n. 13.303/2016, conforme citado na própria Lei n. 14.133/2021, será aplicada quando diante de licitações realizadas pelas empresas públicas e sociedades de economia mista, além de suas subsidiárias.

> Art. 1º. § 1º Não são abrangidas por esta Lei as empresas públicas, as sociedades de economia mista e as suas subsidiárias, regidas pela Lei n. 13.303, de 30 de junho de 2016, ressalvado o disposto no art. 178 desta Lei.

CUIDADO! Atente para o fato de termos duas exceções quanto à aplicação da Lei n. 13.303/2016 como única lei aplicáveis às sociedades de economia mista e empresas públicas: quando a matéria se tratar de **crimes licitatórios** (aplicação do art. 178 da Lei 14.133/21) e quando ocorrer **omissão ou ausência de previsão específica na própria lei**, que resultará na aplicação subsidiária das regras previstas na Lei n. 14.133/2021.

3.1.2. Aplicabilidade material

Quanto ao conteúdo de aplicação da Lei de Licitações, vale destacar que não se aplica a lei em todas as contratações ou realizações financeiras dos entes públicos, visto que a própria legislação apresenta situações em que será aplicada e situações em que não será aplicada a lei. Observe:

> Art. 1º. § 2º As contratações realizadas no âmbito das repartições públicas sediadas no exterior obedecerão às peculiaridades locais e aos princípios básicos estabelecidos nesta Lei, na forma de regulamentação específica a ser editada por ministro de Estado.
>
> § 3º Nas licitações e contratações que envolvam recursos provenientes de empréstimo ou doação oriundos de agência oficial de cooperação estrangeira ou de organismo financeiro de que o Brasil seja parte, podem ser admitidas:
>
> I – condições decorrentes de acordos internacionais aprovados pelo Congresso Nacional e ratificados pelo Presidente da República;
>
> II – condições peculiares à seleção e à contratação constantes de normas e procedimentos das agências ou dos organismos, desde que:
>
> a) sejam exigidas para a obtenção do empréstimo ou doação;
>
> b) não conflitem com os princípios constitucionais em vigor;
>
> c) sejam indicadas no respectivo contrato de empréstimo ou doação e tenham sido objeto de parecer favorável do órgão jurídico do contratante do financiamento previamente à celebração do referido contrato;
>
> § 5º As contratações relativas à gestão, direta e indireta, das reservas internacionais do País, inclusive as de serviços conexos ou acessórios a essa atividade, serão disciplinadas em ato normativo próprio do Banco Central do Brasil, assegurada a observância dos princípios estabelecidos no *caput* do art. 37 da Constituição Federal.
>
> Art. 2º Esta Lei aplica-se a:
>
> I – alienação e concessão de direito real de uso de bens;
>
> II – compra, inclusive por encomenda;
>
> III – locação;
>
> IV – concessão e permissão de uso de bens públicos;
>
> V – prestação de serviços, inclusive os técnico-profissionais especializados;
>
> VI – obras e serviços de arquitetura e engenharia;
>
> VII – contratações de tecnologia da informação e de comunicação.
>
> Art. 3º Não se subordinam ao regime desta Lei:
>
> I – contratos que tenham por objeto operação de crédito, interno ou externo, e gestão de dívida pública, incluídas as contratações de agente financeiro e a concessão de garantia relacionadas a esses contratos;
>
> II – contratações sujeitas a normas previstas em legislação própria.

Mais um destaque importante é o fato de se aplicarem regras previstas na Lei Complementar n. 123, de 2006, norma que cria algumas situações excepcionais aplicáveis às microempresas e às empresas de pequeno porte, com exceções:

Art. 4º Aplicam-se às licitações e contratos disciplinados por esta Lei as disposições constantes dos arts. 42 a 49 da Lei Complementar nº 123, de 14 de dezembro de 2006.

§ 1º As disposições a que se refere o *caput* deste artigo não são aplicadas:

I – no caso de licitação para aquisição de bens ou contratação de serviços em geral, ao item cujo valor estimado for superior à receita bruta máxima admitida para fins de enquadramento como empresa de pequeno porte;

II – no caso de contratação de obras e serviços de engenharia, às licitações cujo valor estimado for superior à receita bruta máxima admitida para fins de enquadramento como empresa de pequeno porte.

§ 2º A obtenção de benefícios a que se refere o *caput* deste artigo fica limitada às microempresas e às empresas de pequeno porte que, no ano-calendário de realização da licitação, ainda não tenham celebrado contratos com a Administração Pública cujos valores somados extrapolem a receita bruta máxima admitida para fins de enquadramento como empresa de pequeno porte, devendo o órgão ou entidade exigir do licitante declaração de observância desse limite na licitação.

§ 3º Nas contratações com prazo de vigência superior a 1 (um) ano, será considerado o valor anual do contrato na aplicação dos limites previstos nos §§ 1º e 2º deste artigo.

> **CUIDADO!** Destacam-se outras hipóteses que não se submeterão ao regime instituído pela Lei n. 14.133/2021: concessão e permissão federal de serviços públicos (Lei n. 8.987/1995), parcerias público-privadas (Lei n. 11.079/2004), contratos de publicidade com agências de propaganda (Lei n. 12.232/2010) e consórcios públicos (Lei n. 11.107/2005).

3.1.3. Pressupostos e finalidade da licitação

A realização do procedimento licitatório prevê alguns pressupostos essenciais para a manutenção da essência do procedimento. Logo, caso algum dos pressupostos listados a seguir esteja ausente, estaremos diante de uma situação que impossibilita a realização do procedimento, resultando na possibilidade de contratação direta que estudaremos mais adiante.

Pressuposto jurídico: a licitação configura um meio para se atingir o interesse público, não sendo um "fim em si mesmo". É o meio pelo qual se atingem as finalidades do procedimento licitatório.

Pressuposto lógico: exige a existência de uma pluralidade de fornecedores ou prestadores de serviço e objetos a serem licitados. Licitação demanda competição.

Pressuposto fático: significa a pluralidade de interessados aptos a participar da disputa pública.

Quanto às finalidades do procedimento licitatório, existem alguns objetivos listados na lei que devem ser considerados:

Art. 11. O processo licitatório tem por objetivos:

I – assegurar a seleção da proposta apta a gerar o resultado de contratação mais vantajoso para a Administração Pública, inclusive no que se refere ao ciclo de vida do objeto;

II – assegurar tratamento isonômico entre os licitantes, bem como a justa competição;

III – evitar contratações com sobrepreço ou com preços manifestamente inexequíveis e superfaturamento na execução dos contratos;

IV – incentivar a inovação e o desenvolvimento nacional sustentável.

3.1.4. Princípios da licitação

Art. 5º Na aplicação desta Lei, serão observados os princípios da legalidade, da impessoalidade, da moralidade, da publicidade, da eficiência, do interesse público, da probidade administrativa, da igualdade, do planejamento, da transparência, da eficácia, da segregação de funções, da motivação, da vinculação ao edital, do julgamento objetivo, da segurança jurídica, da razoabilidade, da competitividade, da proporcionalidade, da celeridade, da economicidade e do desenvolvimento nacional sustentável, assim como as disposições do Decreto-lei nº 4.657, de 4 de setembro de 1942 (Lei de Introdução às Normas do Direito Brasileiro).

3.1.4.1. Julgamento objetivo

Estabelece que a licitação pública sempre deverá ser julgada por meio dos critérios estabelecidos no edital de convocação do certame.

3.1.4.2. Vinculação ao edital

O edital de licitação será tratado como a "lei" do procedimento licitatório, sendo tal procedimento vinculado ao previsto no edital. São as "regras do jogo" adotadas em determinado procedimento. Tal princípio visa afastar a possibilidade de licitantes serem surpreendidos por exigências não anteriormente expostas pela Administração Pública durante todas as fases do processo.

3.1.4.3. Motivação

Todos os atos relacionados ao procedimento licitatório deverão ser devidamente motivados, apresentando-se sempre a motivação fática e a previsão legal permissiva de tal ação.

3.1.4.4. Segregação de funções

As atribuições inerentes ao procedimento licitatório não poderão ser cometidas a apenas um agente público, que seria responsável por todas as etapas necessárias no certame. Tal ação configuraria afastamento do controle dos atos, o que resultaria na anulação do procedimento.

3.1.4.5. Economicidade

É a redução dos custos do procedimento sem que, com isso, se comprometa a qualidade dos padrões necessários.

3.1.4.6. Celeridade

Visa tornar mais dinâmico o trâmite dos procedimentos licitatórios e das contratações públicas, exigindo dos agentes responsáveis pelo certame maior velocidade na tomada de decisões e providências.

3.1.4.7. Transparência

Intimamente relacionado ao princípio da publicidade, exige que a divulgação da informação ocorra da forma mais acessível possível, com linguagem de fácil acesso e compreensão.

3.1.4.8. Competitividade

A licitação deverá favorecer a máxima participação de interessados.

3.1.4.9. Eficiência

A atuação da Administração Pública deverá atingir determinada meta, visando ao resultado mais satisfatório possível.

3.1.4.10. Planejamento

A licitação pública não poderá ser conduzida de forma desorganizada, sem previsão de etapas, orçamento, regras etc.

3.1.4.11. Desenvolvimento nacional sustentável

Relacionado tanto com as questões ambientais quanto com as questões econômicas e sociais das contratações públicas. A consideração de tais questões poderá, inclusive, resultar na flexibilização da aplicação de outros princípios, como o da economicidade, desde que seja possível justificar tal ação.

3.1.4.12. Publicidade

Todos os atos da licitação deverão ser públicos, acessíveis a toda a população. Porém, deve-se observar que tal publicidade será afastada temporariamente em relação ao conteúdo das propostas (sigilo que será mantido até a abertura das propostas, quando se tornarão públicas) e também em relação ao orçamento que acompanha o edital da licitação (o sigilo do orçamento é discricionário e deverá ser devidamente fundamentado quando adotado pela Administração Pública). O sigilo do orçamento não prevalecerá sobre os órgãos de controle.

3.1.5. Critérios de julgamento, desclassificação e desempate

Como forma de garantir a escolha do vencedor do certame licitatório por meio de observações objetivas, sem que a pretensão subjetiva dos agentes públicos possa influenciar a decisão, exige-se da Administração Pública a divulgação do critério de julgamento que será adotado na realização do procedimento.

Art. 33. O julgamento das propostas será realizado de acordo com os seguintes critérios:

I – menor preço;

II – maior desconto;

III – melhor técnica ou conteúdo artístico;

IV – técnica e preço;

V – maior lance, no caso de leilão;

VI – maior retorno econômico.

3.1.5.1. Menor preço e maior desconto

Art. 34. O julgamento por menor preço ou maior desconto e, quando couber, por técnica e preço considerará o menor dispêndio para a Administração, atendidos os parâmetros mínimos de qualidade definidos no edital de licitação.

§ 1º Os custos indiretos, relacionados com as despesas de manutenção, utilização, reposição, depreciação e impacto ambiental do objeto licitado, entre outros fatores vinculados ao seu ciclo de vida, poderão ser considerados para a definição do menor dispêndio, sempre que objetivamente mensuráveis, conforme disposto em regulamento.

§ 2º O julgamento por maior desconto terá como referência o preço global fixado no edital de licitação, e o desconto será estendido aos eventuais termos aditivos.

3.1.5.2. Melhor técnica ou conteúdo artístico

Art. 35. O julgamento por melhor técnica ou conteúdo artístico considerará exclusivamente as propostas técnicas ou artísticas apresentadas pelos licitantes, e o edital deverá definir o prêmio ou a remuneração que será atribuída aos vencedores.

Parágrafo único. O critério de julgamento de que trata o *caput* deste artigo poderá ser utilizado para a contratação de projetos e trabalhos de natureza técnica, científica ou artística.

Art. 37. O julgamento por melhor técnica ou por técnica e preço deverá ser realizado por:

I – verificação da capacitação e da experiência do licitante, comprovadas por meio da apresentação de atestados de obras, produtos ou serviços previamente realizados;

II – atribuição de notas a quesitos de natureza qualitativa por banca designada para esse fim, de acordo com orientações e limites definidos em edital, considerados a demonstração de conhecimento do objeto, a metodologia e o programa de trabalho, a qualificação das equipes técnicas e a relação dos produtos que serão entregues;

III – atribuição de notas por desempenho do licitante em contratações anteriores aferida nos documentos comprobatórios de que trata o § 3º do art. 88 desta Lei e em registro cadastral unificado disponível no Portal Nacional de Contratações Públicas (PNCP).

§ 1º A banca referida no inciso II do *caput* deste artigo terá no mínimo 3 (três) membros e poderá ser composta de:

I – servidores efetivos ou empregados públicos pertencentes aos quadros permanentes da Administração Pública;

II – profissionais contratados por conhecimento técnico, experiência ou renome na avaliação dos quesitos especificados em edital, desde que seus trabalhos sejam supervisionados por profissionais designados conforme o disposto no art. 7º desta Lei.

Art. 38. No julgamento por melhor técnica ou por técnica e preço, a obtenção de pontuação devido à capacitação técnico-profissional exigirá que a execução do respectivo contrato tenha participação direta e pessoal do profissional correspondente.

3.1.5.3. Técnica e preço

Art. 36. O julgamento por técnica e preço considerará a maior pontuação obtida a partir da ponderação, segundo fatores objetivos previstos no edital, das notas atribuídas aos aspectos de técnica e de preço da proposta.

§ 2º No julgamento por técnica e preço, deverão ser avaliadas e ponderadas as propostas técnicas e, em seguida, as propostas de preço apresentadas pelos licitantes, na proporção máxima de 70% (setenta por cento) de valoração para a proposta técnica.

§ 3º O desempenho pretérito na execução de contratos com a Administração Pública deverá ser considerado na pontuação técnica, observado o disposto nos §§ 3º e 4º do art. 88 desta Lei e em regulamento.

Art. 36. § 1º O critério de julgamento de que trata o *caput* deste artigo será escolhido quando estudo técnico preliminar demonstrar que a avaliação e a ponderação da qualidade técnica das propostas que superarem os requisitos mínimos estabelecidos no edital forem relevantes aos fins pretendidos pela Administração nas licitações para contratação de:

I – serviços técnicos especializados de natureza predominantemente intelectual, caso em que o critério de julgamento de técnica e preço deverá ser preferencialmente empregado;

II – serviços majoritariamente dependentes de tecnologia sofisticada e de domínio restrito, conforme atestado por autoridades técnicas de reconhecida qualificação;

III – bens e serviços especiais de tecnologia da informação e de comunicação;

IV – obras e serviços especiais de engenharia;

V – objetos que admitam soluções específicas e alternativas e variações de execução, com repercussões significativas e concretamente mensuráveis sobre sua qualidade, produtividade, rendimento e durabilidade, quando essas soluções e variações puderem ser adotadas à livre escolha dos licitantes, conforme critérios objetivamente definidos no edital de licitação.

3.1.5.4. Maior lance e maior retorno econômico

Art. 39. O julgamento por maior retorno econômico, utilizado exclusivamente para a celebração de contrato de eficiência, considerará a maior economia para a Administração, e a remuneração deverá ser fixada em percentual que incidirá de forma proporcional à economia efetivamente obtida na execução do contrato.

§ 1º Nas licitações que adotarem o critério de julgamento de que trata o *caput* deste artigo, os licitantes apresentarão:

I – proposta de trabalho, que deverá contemplar:

a) as obras, os serviços ou os bens, com os respectivos prazos de realização ou fornecimento;

b) a economia que se estima gerar, expressa em unidade de medida associada à obra, ao bem ou ao serviço e em unidade monetária;

II – proposta de preço, que corresponderá a percentual sobre a economia que se estima gerar durante determinado período, expressa em unidade monetária.

§ 2º O edital de licitação deverá prever parâmetros objetivos de mensuração da economia gerada com a execução do contrato, que servirá de base de cálculo para a remuneração devida ao contratado.

§ 3º Para efeito de julgamento da proposta, o retorno econômico será o resultado da economia que se estima gerar com a execução da proposta de trabalho, deduzida a proposta de preço.

§ 4º Nos casos em que não for gerada a economia prevista no contrato de eficiência:

I – a diferença entre a economia contratada e a efetivamente obtida será descontada da remuneração do contratado;

II – se a diferença entre a economia contratada e a efetivamente obtida for superior ao limite máximo estabelecido no contrato, o contratado sujeitar-se-á, ainda, a outras sanções cabíveis.

3.1.6. Fases do procedimento licitatório

Art. 17. O processo de licitação observará as seguintes fases, em sequência:

I – preparatória;

II – de divulgação do edital de licitação;

III – de apresentação de propostas e lances, quando for o caso;

IV – de julgamento;

V – de habilitação;

VI – recursal;

VII – de homologação.

§ 1º A fase referida no inciso V do *caput* deste artigo poderá, mediante ato motivado com explicitação dos benefícios decorrentes, anteceder as fases referidas nos incisos III e IV do *caput* deste artigo, desde que expressamente previsto no edital de licitação.

§ 2º As licitações serão realizadas preferencialmente sob a forma eletrônica, admitida a utilização da forma presencial, desde que motivada, devendo a sessão pública ser registrada em ata e gravada em áudio e vídeo.

§ 3º Desde que previsto no edital, na fase a que se refere o inciso IV do *caput* deste artigo, o órgão ou entidade licitante poderá, em relação ao licitante provisoriamente vencedor, realizar análise e avaliação da conformidade da proposta, mediante homologação de amostras, exame de conformidade e prova de conceito, entre outros testes de interesse da Administração, de modo a comprovar sua aderência às especificações definidas no termo de referência ou no projeto básico.

§ 4º Nos procedimentos realizados por meio eletrônico, a Administração poderá determinar, como condição de validade e eficácia, que os licitantes pratiquem seus atos em formato eletrônico.

§ 5º Na hipótese excepcional de licitação sob a forma presencial a que refere o § 2º deste artigo, a sessão pública de apresentação de propostas deverá ser gravada em áudio e vídeo, e a gravação será juntada aos autos do processo licitatório depois de seu encerramento.

3.1.7. Modalidades da licitação

Dependendo do objeto a ser contratado ou adquirido no procedimento licitatório, uma determinada sequência de ações deve ser respeitada, criando assim **ritos procedimentais** ligados ao objeto licitado. Esses ritos têm o nome de **modalidades**.

Art. 28. São modalidades de licitação:

I – pregão;

II – concorrência;

III – concurso;

IV – leilão;

V – diálogo competitivo.

§ 2º É vedada a criação de outras modalidades de licitação ou, ainda, a combinação daquelas referidas no *caput* deste artigo.

Art. 6º. XXXVIII – concorrência: modalidade de licitação para contratação de bens e serviços especiais e de obras e serviços comuns e especiais de engenharia, cujo critério de julgamento poderá ser:

a) menor preço;

b) melhor técnica ou conteúdo artístico;

c) técnica e preço;

d) maior retorno econômico;

e) maior desconto;

XXXIX – concurso: modalidade de licitação para escolha de trabalho técnico, científico ou artístico, cujo critério de julgamento será o de melhor técnica ou conteúdo artístico, e para concessão de prêmio ou remuneração ao vencedor;

XL – leilão: modalidade de licitação para alienação de bens imóveis ou de bens móveis inservíveis ou legalmente apreendidos a quem oferecer o maior lance;

XLI – pregão: modalidade de licitação obrigatória para aquisição de bens e serviços comuns, cujo critério de julgamento poderá ser o de menor preço ou o de maior desconto;

XLII – diálogo competitivo: modalidade de licitação para contratação de obras, serviços e compras em que a Administração Pública realiza diálogos com licitantes previamente selecionados mediante critérios objetivos, com o intuito de desenvolver uma ou mais alternativas capazes de atender às suas necessidades, devendo os licitantes apresentar proposta final após o encerramento dos diálogos;

> **ATENÇÃO!** Destaco aqui algumas regras que não podemos esquecer no momento da construção das respostas das questões discursivas de nosso exame:
>
> Art. 6º. XIII – bens e serviços comuns: aqueles cujos padrões de desempenho e qualidade podem ser objetivamente definidos pelo edital, por meio de especificações usuais de mercado;
>
> XIV – bens e serviços especiais: aqueles que, por sua alta heterogeneidade ou complexidade, não podem ser descritos na forma do inciso XIII do *caput* deste artigo, exigida justificativa prévia do contratante;
>
> XXI – serviço de engenharia: toda atividade ou conjunto de atividades destinadas a obter determinada utilidade, intelectual ou material, de interesse para a Administração e que, não enquadradas no conceito de obra a que se refere o inciso XII do *caput* deste artigo, são estabelecidas, por força de lei, como privativas das profissões de arquiteto e engenheiro ou de técnicos especializados, que compreendem:
>
> a) serviço comum de engenharia: todo serviço de engenharia que tem por objeto ações, objetivamente padronizáveis em termos de desempenho e qualidade, de manutenção, de adequação e de adaptação de bens móveis e imóveis, com preservação das características originais dos bens;
>
> b) serviço especial de engenharia: aquele que, por sua alta heterogeneidade ou complexidade, não pode se enquadrar na definição constante da alínea *a* deste inciso.

3.1.8. Procedimentos auxiliares

Consideram-se procedimento auxiliares todos os mecanismos previstos na lei possíveis de serem adotados pela autoridade administrativa para tornar o procedimento licitatório mais eficiente e célere. Na realidade, os procedimentos auxiliares são tão importantes que podem, inclusive, substituir a própria licitação em alguns casos, sem perder a qualidade natural das licitações, fazendo que a seleção seja mais econômica e rápida.

Art. 78. São procedimentos auxiliares das licitações e das contratações regidas por esta Lei:

I – credenciamento;

II – pré-qualificação;

III – procedimento de manifestação de interesse;

IV – sistema de registro de preços;

V – registro cadastral.

§ 1º Os procedimentos auxiliares de que trata o *caput* deste artigo obedecerão a critérios claros e objetivos definidos em regulamento.

§ 2º O julgamento que decorrer dos procedimentos auxiliares das licitações previstos nos incisos II e III do *caput* deste artigo seguirá o mesmo procedimento das licitações.

3.1.8.1. Credenciamento

Procedimento que visa contratar licitantes previamente credenciados pela Administração Pública em um evento de chamamento público, que estabelece condições padronizadas de contratação. O edital de credenciamento já determina valores e requisitos para atendimento ao objeto, e tais condições já estão aceitas pelo interessado credenciado. Por isso, por não ocorrer nenhuma disputa nem apresentação de propostas pelos interessados, o credenciamento é um procedimento auxiliar que substitui a realização da licitação, configurando assim um caso de inexigibilidade de licitação.

> Art. 79. O credenciamento poderá ser usado nas seguintes hipóteses de contratação:
>
> I – paralela e não excludente: caso em que é viável e vantajosa para a Administração a realização de contratações simultâneas em condições padronizadas;

Aqui, será possível contratar de forma simultânea e imediata todos os credenciados.

> II – com seleção a critério de terceiros: caso em que a seleção do contratado está a cargo do beneficiário direto da prestação;

Nessa situação, a demanda será entregue para o credenciado escolhido pelo usuário do serviço, tendo a Administração a função de apenas processar o credenciamento.

> III – em mercados fluidos: caso em que a flutuação constante do valor da prestação e das condições de contratação inviabiliza a seleção de agente por meio de processo de licitação.

Esse procedimento será adotado sempre que estivermos diante de uma contratação de objeto com valores flutuantes, como no exemplo de um setor que realiza a aquisição de passagens aéreas.

> Parágrafo único. Os procedimentos de credenciamento serão definidos em regulamento, observadas as seguintes regras:
>
> I – a Administração deverá divulgar e manter à disposição do público, em sítio eletrônico oficial, edital de chamamento de interessados, de modo a permitir o cadastramento permanente de novos interessados;
>
> II – na hipótese do inciso I do *caput* deste artigo, quando o objeto não permitir a contratação imediata e simultânea de todos os credenciados, deverão ser adotados critérios objetivos de distribuição da demanda;
>
> III – o edital de chamamento de interessados deverá prever as condições padronizadas de contratação e, nas hipóteses dos incisos I e II do *caput* deste artigo, deverá definir o valor da contratação;
>
> IV – na hipótese do inciso III do *caput* deste artigo, a Administração deverá registrar as cotações de mercado vigentes no momento da contratação;
>
> V – não será permitido o cometimento a terceiros do objeto contratado sem autorização expressa da Administração;

VI – será admitida a denúncia por qualquer das partes nos prazos fixados no edital.

3.1.8.2. Sistema de registro de preços

Procedimento que adota a utilização de uma ata de registro de preços que conterá a melhor proposta de cada interessado para cada item individual. A contratação aqui visa ao fornecimento sob demanda, garantindo assim que, sempre que necessário, a Administração possa adquirir um item importante por valores previamente estabelecidos.

> Art. 82. O edital de licitação para registro de preços observará as regras gerais desta Lei e deverá dispor sobre:
>
> I – as especificidades da licitação e de seu objeto, inclusive a quantidade máxima de cada item que poderá ser adquirida;
>
> II – a quantidade mínima a ser cotada de unidades de bens ou, no caso de serviços, de unidades de medida;
>
> III – a possibilidade de prever preços diferentes:
>
> a) quando o objeto for realizado ou entregue em locais diferentes;
>
> b) em razão da forma e do local de acondicionamento;
>
> c) quando admitida cotação variável em razão do tamanho do lote;
>
> d) por outros motivos justificados no processo;
>
> IV – a possibilidade de o licitante oferecer ou não proposta em quantitativo inferior ao máximo previsto no edital, obrigando-se nos limites dela;
>
> V – o critério de julgamento da licitação, que será o de menor preço ou o de maior desconto sobre tabela de preços praticada no mercado;
>
> VI – as condições para alteração de preços registrados;
>
> VII – o registro de mais de um fornecedor ou prestador de serviço, desde que aceitem cotar o objeto em preço igual ao do licitante vencedor, assegurada a preferência de contratação de acordo com a ordem de classificação;
>
> VIII – a vedação à participação do órgão ou entidade em mais de uma ata de registro de preços com o mesmo objeto no prazo de validade daquela de que já tiver participado, salvo na ocorrência de ata que tenha registrado quantitativo inferior ao máximo previsto no edital;
>
> IX – as hipóteses de cancelamento da ata de registro de preços e suas consequências.
>
> § 1º O critério de julgamento de menor preço por grupo de itens somente poderá ser adotado quando for demonstrada a inviabilidade de se promover a adjudicação por item e for evidenciada a sua vantagem técnica e econômica, e o critério de aceitabilidade de preços unitários máximos deverá ser indicado no edital.
>
> § 2º Na hipótese de que trata o § 1º deste artigo, observados os parâmetros estabelecidos nos §§ 1º, 2º e 3º do art. 23 desta Lei, a contratação posterior de item específico constante de grupo de itens exigirá prévia pesquisa de mercado e demonstração de sua vantagem para o órgão ou entidade.

§ 3º É permitido registro de preços com indicação limitada a unidades de contratação, sem indicação do total a ser adquirido, apenas nas seguintes situações:

I – quando for a primeira licitação para o objeto e o órgão ou entidade não tiver registro de demandas anteriores;

II – no caso de alimento perecível;

III – no caso em que o serviço estiver integrado ao fornecimento de bens.

§ 4º Nas situações referidas no § 3º deste artigo, é obrigatória a indicação do valor máximo da despesa e é vedada a participação de outro órgão ou entidade na ata.

§ 5º O sistema de registro de preços poderá ser usado para a contratação de bens e serviços, inclusive de obras e serviços de engenharia, observadas as seguintes condições:

I – realização prévia de ampla pesquisa de mercado;

II – seleção de acordo com os procedimentos previstos em regulamento;

III – desenvolvimento obrigatório de rotina de controle;

IV – atualização periódica dos preços registrados;

V – definição do período de validade do registro de preços;

VI – inclusão, em ata de registro de preços, do licitante que aceitar cotar os bens ou serviços em preços iguais aos do licitante vencedor na sequência de classificação da licitação e inclusão do licitante que mantiver sua proposta original.

§ 6º O sistema de registro de preços poderá, na forma de regulamento, ser utilizado nas hipóteses de inexigibilidade e de dispensa de licitação para a aquisição de bens ou para a contratação de serviços por mais de um órgão ou entidade.

Art. 83. A existência de preços registrados implicará compromisso de fornecimento nas condições estabelecidas, mas não obrigará a Administração a contratar, facultada a realização de licitação específica para a aquisição pretendida, desde que devidamente motivada.

Art. 84. O prazo de vigência da ata de registro de preços será de 1 (um) ano e poderá ser prorrogado, por igual período, desde que comprovado o preço vantajoso.

Parágrafo único. O contrato decorrente da ata de registro de preços terá sua vigência estabelecida em conformidade com as disposições nela contidas.

Art. 85. A Administração poderá contratar a execução de obras e serviços de engenharia pelo sistema de registro de preços, desde que atendidos os seguintes requisitos:

I – existência de projeto padronizado, sem complexidade técnica e operacional;

II – necessidade permanente ou frequente de obra ou serviço a ser contratado.

Art. 86. O órgão ou entidade gerenciadora deverá, na fase preparatória do processo licitatório, para fins de registro de preços, realizar procedimento público de intenção de registro de preços para, nos termos de regulamento, possibilitar, pelo prazo mínimo de 8 (oito) dias úteis, a participação de outros órgãos ou entidades na respectiva ata e determinar a estimativa total de quantidades da contratação.

§ 1º O procedimento previsto no *caput* deste artigo será dispensável quando o órgão ou entidade gerenciadora for o único contratante.

§ 2º Se não participarem do procedimento previsto no *caput* deste artigo, os órgãos e entidades poderão aderir à ata de registro de preços na condição de não participantes, observados os seguintes requisitos:

I – apresentação de justificativa da vantagem da adesão, inclusive em situações de provável desabastecimento ou descontinuidade de serviço público;

II – demonstração de que os valores registrados estão compatíveis com os valores praticados pelo mercado na forma do art. 23 desta Lei;

III – prévias consulta e aceitação do órgão ou entidade gerenciadora e do fornecedor.

§ 3º A faculdade conferida pelo § 2º deste artigo estará limitada a órgãos e entidades da Administração Pública federal, estadual, distrital e municipal que, na condição de não participantes, desejarem aderir à ata de registro de preços de órgão ou entidade gerenciadora federal, estadual ou distrital.

§ 4º As aquisições ou as contratações adicionais a que se refere o § 2º deste artigo não poderão exceder, por órgão ou entidade, a 50% (cinquenta por cento) dos quantitativos dos itens do instrumento convocatório registrados na ata de registro de preços para o órgão gerenciador e para os órgãos participantes.

§ 5º O quantitativo decorrente das adesões à ata de registro de preços a que se refere o § 2º deste artigo não poderá exceder, na totalidade, ao dobro do quantitativo de cada item registrado na ata de registro de preços para o órgão gerenciador e órgãos participantes, independentemente do número de órgãos não participantes que aderirem.

§ 6º A adesão à ata de registro de preços de órgão ou entidade gerenciadora do Poder Executivo federal por órgãos e entidades da Administração Pública estadual, distrital e municipal poderá ser exigida para fins de transferências voluntárias, não ficando sujeita ao limite de que trata o § 5º deste artigo se destinada à execução descentralizada de programa ou projeto federal e comprovada a compatibilidade dos preços registrados com os valores praticados no mercado na forma do art. 23 desta Lei.

§ 7º Para aquisição emergencial de medicamentos e material de consumo médico-hospitalar por órgãos e entidades da Administração Pública federal, estadual, distrital e municipal, a adesão à ata de registro de preços gerenciada pelo Ministério da Saúde não estará sujeita ao limite de que trata o § 5º deste artigo.

§ 8º Será vedada aos órgãos e entidades da Administração Pública federal a adesão à ata de registro de preços gerenciada por órgão ou entidade estadual, distrital ou municipal.

3.1.8.3. Pré-qualificação

Procedimento auxiliar que não visa substituir a licitação, mas gerar celeridade no processo ao permitir a participação de licitantes pré-qualificados com condições de habilitação. Inclusive, existe a previsão legal que permite a realização da licitação restrita apenas aos licitantes pré-qualificados.

Art. 80. A pré-qualificação é o procedimento técnico-administrativo para selecionar previamente:

I – licitantes que reúnam condições de habilitação para participar de futura licitação ou de licitação vinculada a programas de obras ou de serviços objetivamente definidos;

II – bens que atendam às exigências técnicas ou de qualidade estabelecidas pela Administração.

§ 1º Na pré-qualificação observar-se-á o seguinte:

I – quando aberta a licitantes, poderão ser dispensados os documentos que já constarem do registro cadastral;

II – quando aberta a bens, poderá ser exigida a comprovação de qualidade.

§ 2º O procedimento de pré-qualificação ficará permanentemente aberto para a inscrição de interessados.

§ 3º Quanto ao procedimento de pré-qualificação, constarão do edital:

I – as informações mínimas necessárias para definição do objeto;

II – a modalidade, a forma da futura licitação e os critérios de julgamento.

§ 4º A apresentação de documentos far-se-á perante órgão ou comissão indicada pela Administração, que deverá examiná-los no prazo máximo de 10 (dez) dias úteis e determinar correção ou reapresentação de documentos, quando for o caso, com vistas à ampliação da competição.

§ 5º Os bens e os serviços pré-qualificados deverão integrar o catálogo de bens e serviços da Administração.

§ 6º A pré-qualificação poderá ser realizada em grupos ou segmentos, segundo as especialidades dos fornecedores.

§ 7º A pré-qualificação poderá ser parcial ou total, com alguns ou todos os requisitos técnicos ou de habilitação necessários à contratação, assegurada, em qualquer hipótese, a igualdade de condições entre os concorrentes.

§ 8º Quanto ao prazo, a pré-qualificação terá validade:

I – de 1 (um) ano, no máximo, e poderá ser atualizada a qualquer tempo;

II – não superior ao prazo de validade dos documentos apresentados pelos interessados.

§ 9º Os licitantes e os bens pré-qualificados serão obrigatoriamente divulgados e mantidos à disposição do público.

§ 10. A licitação que se seguir ao procedimento da pré-qualificação poderá ser restrita a licitantes ou bens pré-qualificados.

3.1.8.4. Procedimento de Manifestação de Interesse (PMI)

Procedimento que se confunde muito com a modalidade de licitação chamada Diálogo Competitivo, pois possui a mesma estrutura de funcionamento. No PMI, interessados privados são convocados pela Administração Pública para apresentar estudos, levantamentos, projetos e soluções que contribuam com a ação administrativa do Estado. Importante destacar que, ao contrário da modalidade citada anteriormente, o procedimento de manifestação de interesse não se trata de uma licitação; logo, não gera para o Estado a obrigação de licitar caso o resultado da convocação não traga o resultado esperado pela Administração Pública. Em suma, poderá ocorrer PMI sem que isso gere automaticamente obrigação de realização de licitação (essa é a principal diferença entre o PMI e a modalidade Diálogo Competitivo, inclusive).

> Art. 81. A Administração poderá solicitar à iniciativa privada, mediante procedimento aberto de manifestação de interesse a ser iniciado com a publicação de edital de chamamento público, a propositura e a realização de estudos, investigações, levantamentos e projetos de soluções inovadoras que contribuam com questões de relevância pública, na forma de regulamento.
>
> § 1º Os estudos, as investigações, os levantamentos e os projetos vinculados à contratação e de utilidade para a licitação, realizados pela Administração ou com a sua autorização, estarão à disposição dos interessados, e o vencedor da licitação deverá ressarcir os dispêndios correspondentes, conforme especificado no edital.
>
> § 2º A realização, pela iniciativa privada, de estudos, investigações, levantamentos e projetos em decorrência do procedimento de manifestação de interesse previsto no *caput* deste artigo:
>
> I – não atribuirá ao realizador direito de preferência no processo licitatório;
>
> II – não obrigará o poder público a realizar licitação;
>
> III – não implicará, por si só, direito a ressarcimento de valores envolvidos em sua elaboração;
>
> IV – será remunerada somente pelo vencedor da licitação, vedada, em qualquer hipótese, a cobrança de valores do poder público.
>
> § 3º Para aceitação dos produtos e serviços de que trata o *caput* deste artigo, a Administração deverá elaborar parecer fundamentado com a demonstração de que o produto ou serviço entregue é adequado e suficiente à compreensão do objeto, de que as premissas adotadas são compatíveis com as reais necessidades do órgão e de que a metodologia proposta é a que propicia maior economia e vantagem entre as demais possíveis.
>
> § 4º O procedimento previsto no *caput* deste artigo poderá ser restrito a startups, assim considerados os microempreendedores individuais, as microempresas e as empresas de pequeno porte, de natureza emergente e com grande potencial, que se dediquem à pesquisa, ao desenvolvimento e à implementação de novos produtos ou serviços baseados em soluções tecnológicas inovadoras que possam causar alto impacto, exigida, na seleção definitiva da inovação, validação prévia fundamentada em métricas objetivas, de modo a demonstrar o atendimento das necessidades da Administração.

3.1.8.5. Registro cadastral

Tem por objetivo unificar as informações de todos os licitantes, sendo assim possível realizar uma classificação conforme a área de atuação, sendo fornecido um certificado para cada licitante poder participar de licitações futuras, inclusive no caso de licitação restrita apenas a licitantes cadastrados.

> Art. 87. Para os fins desta Lei, os órgãos e entidades da Administração Pública deverão utilizar o sistema de registro cadastral unificado disponível no Portal Nacional de Contratações Públicas (PNCP), para efeito de cadastro unificado de licitantes, na forma disposta em regulamento.

§ 1º O sistema de registro cadastral unificado será público e deverá ser amplamente divulgado e estar permanentemente aberto aos interessados, e será obrigatória a realização de chamamento público pela internet, no mínimo anualmente, para atualização dos registros existentes e para ingresso de novos interessados.

§ 2º É proibida a exigência, pelo órgão ou entidade licitante, de registro cadastral complementar para acesso a edital e anexos.

§ 3º A Administração poderá realizar licitação restrita a fornecedores cadastrados, atendidos os critérios, as condições e os limites estabelecidos em regulamento, bem como a ampla publicidade dos procedimentos para o cadastramento.

§ 4º Na hipótese a que se refere o § 3º deste artigo, será admitido fornecedor que realize seu cadastro dentro do prazo previsto no edital para apresentação de propostas.

Art. 88. Ao requerer, a qualquer tempo, inscrição no cadastro ou a sua atualização, o interessado fornecerá os elementos necessários exigidos para habilitação previstos nesta Lei.

§ 1º O inscrito, considerada sua área de atuação, será classificado por categorias, subdivididas em grupos, segundo a qualificação técnica e econômico-financeira avaliada, de acordo com regras objetivas divulgadas em sítio eletrônico oficial.

§ 2º Ao inscrito será fornecido certificado, renovável sempre que atualizar o registro.

§ 3º A atuação do contratado no cumprimento de obrigações assumidas será avaliada pelo contratante, que emitirá documento comprobatório da avaliação realizada, com menção ao seu desempenho na execução contratual, baseado em indicadores objetivamente definidos e aferidos, e a eventuais penalidades aplicadas, o que constará do registro cadastral em que a inscrição for realizada.

§ 4º A anotação do cumprimento de obrigações pelo contratado, de que trata o § 3º deste artigo, será condicionada à implantação e à regulamentação do cadastro de atesto de cumprimento de obrigações, apto à realização do registro de forma objetiva, em atendimento aos princípios da impessoalidade, da igualdade, da isonomia, da publicidade e da transparência, de modo a possibilitar a implementação de medidas de incentivo aos licitantes que possuírem ótimo desempenho anotado em seu registro cadastral.

§ 5º A qualquer tempo poderá ser alterado, suspenso ou cancelado o registro de inscrito que deixar de satisfazer exigências determinadas por esta Lei ou por regulamento.

§ 6º O interessado que requerer o cadastro na forma do *caput* deste artigo poderá participar de processo licitatório até a decisão da Administração, e a celebração do contrato ficará condicionada à emissão do certificado referido no § 2º deste artigo.

3.1.9. Contratação direta

Nos casos previstos como dispensa de licitação, a principal característica é o fato de, apesar de ser possível fazer a licitação em circunstâncias normais, o Poder Público estará liberado de licitar porque a situação em análise se enquadra em uma condição de excepcionalidade ditada pela lei, consequentemente não atendendo aos pressupostos jurídicos e fáticos da licitação. Nos casos de inexigibilidade, temos como importante detalhe o fato da impossibilidade da realização da licitação, por não atender ao pressuposto lógico da licitação.

A dispensa de licitação se vincula a dois aspectos preliminares: excepcionalidade, por se tratar de uma condição que afasta a regra, e taxatividade, uma vez que o legislador definiu de forma categórica, sem permitir ampliação de condições resultantes de interpretação do administrador, as exatas situações em que ocorrerá tal dispensa. A espécie de contratação direta dispensa de licitação é identificada em duas variações: por ser caso de licitação dispensada ou caso de licitação dispensável.

3.1.9.1. Licitação dispensada

Art. 76. A alienação de bens da Administração Pública, subordinada à existência de interesse público devidamente justificado, será precedida de avaliação e obedecerá às seguintes normas:

I – tratando-se de bens imóveis, inclusive os pertencentes às autarquias e às fundações, exigirá autorização legislativa e dependerá de licitação na modalidade leilão, dispensada a realização de licitação nos casos de:

a) dação em pagamento;

b) doação, permitida exclusivamente para outro órgão ou entidade da Administração Pública, de qualquer esfera de governo, ressalvado o disposto nas alíneas f, g e h deste inciso;

c) permuta por outros imóveis que atendam aos requisitos relacionados às finalidades precípuas da Administração, desde que a diferença apurada não ultrapasse a metade do valor do imóvel que será ofertado pela União, segundo avaliação prévia, e ocorra a torna de valores, sempre que for o caso;

d) investidura;

e) venda a outro órgão ou entidade da Administração Pública de qualquer esfera de governo;

f) alienação gratuita ou onerosa, aforamento, concessão de direito real de uso, locação e permissão de uso de bens imóveis residenciais construídos, destinados ou efetivamente usados em programas de habitação ou de regularização fundiária de interesse social desenvolvidos por órgão ou entidade da Administração Pública;

g) alienação gratuita ou onerosa, aforamento, concessão de direito real de uso, locação e permissão de uso de bens imóveis comerciais de âmbito local, com área de até 250 m² (duzentos e cinquenta metros quadrados) e destinados a programas de regularização fundiária de interesse social desenvolvidos por órgão ou entidade da Administração Pública;

h) alienação e concessão de direito real de uso, gratuita ou onerosa, de terras públicas rurais da União e do Instituto Nacional de Colonização e Reforma Agrária (Incra) onde incidam ocupações até o limite de que trata o § 1º do art. 6º da Lei nº 11.952, de 25 de junho de 2009, para fins de regularização fundiária, atendidos os requisitos legais;

i) legitimação de posse de que trata o art. 29 da Lei nº 6.383, de 7 de dezembro de 1976, mediante iniciativa e deliberação dos órgãos da Administração Pública competentes;

j) legitimação fundiária e legitimação de posse de que trata a Lei nº 13.465, de 11 de julho de 2017;

II – tratando-se de bens móveis, dependerá de licitação na modalidade leilão, dispensada a realização de licitação nos casos de:

a) doação, permitida exclusivamente para fins e uso de interesse social, após avaliação de oportunidade e conveniência socioeconômica em relação à escolha de outra forma de alienação;

b) permuta, permitida exclusivamente entre órgãos ou entidades da Administração Pública;

c) venda de ações, que poderão ser negociadas em bolsa, observada a legislação específica;

d) venda de títulos, observada a legislação pertinente;

e) venda de bens produzidos ou comercializados por entidades da Administração Pública, em virtude de suas finalidades;

f) venda de materiais e equipamentos sem utilização previsível por quem deles dispõe para outros órgãos ou entidades da Administração Pública.

§ 1º A alienação de bens imóveis da Administração Pública cuja aquisição tenha sido derivada de procedimentos judiciais ou de dação em pagamento dispensará autorização legislativa e exigirá apenas avaliação prévia e licitação na modalidade leilão.

§ 2º Os imóveis doados com base na alínea *b* do inciso I do *caput* deste artigo, cessadas as razões que justificaram sua doação, serão revertidos ao patrimônio da pessoa jurídica doadora, vedada sua alienação pelo beneficiário.

3.1.9.2. Licitação dispensável

Art. 75. É dispensável a licitação:

I – para contratação que envolva valores inferiores a R$ 100.000,00 (cem mil reais), no caso de obras e serviços de engenharia ou de serviços de manutenção de veículos automotores;

> **CUIDADO!** Valor atualizado pelo Decreto n. 11.871/2023: R$ 119.812,02 (cento e dezenove mil oitocentos e doze reais e dois centavos).

II – para contratação que envolva valores inferiores R$ 50.000,00 (cinquenta mil reais), no caso de outros serviços e compras;

> **CUIDADO!** Valor atualizado pelo Decreto n. 11.871/2023: R$ 59.906,02 (cinquenta e nove mil novecentos e seis reais e dois centavos).

§ 1º Para fins de aferição dos valores que atendam aos limites referidos nos incisos I e II do *caput* deste artigo, deverão ser observados:

I – o somatório do que for despendido no exercício financeiro pela respectiva unidade gestora;

II – o somatório da despesa realizada com objetos de mesma natureza, entendidos como tais aqueles relativos a contratações no mesmo ramo de atividade.

§ 2º Os valores referidos nos incisos I e II do *caput* deste artigo serão duplicados para compras, obras e serviços contratados por consórcio público ou por autarquia ou fundação qualificadas como agências executivas na forma da lei.

§ 3º As contratações de que tratam os incisos I e II do *caput* deste artigo serão preferencialmente precedidas de divulgação de aviso em sítio eletrônico oficial, pelo prazo mínimo de 3 (três) dias úteis, com a especificação do objeto pretendido e com a manifestação de interesse da Administração em obter propostas adicionais de eventuais interessados, devendo ser selecionada a proposta mais vantajosa.

§ 4º As contratações de que tratam os incisos I e II do *caput* deste artigo serão preferencialmente pagas por meio de cartão de pagamento, cujo extrato deverá ser divulgado e mantido à disposição do público no Portal Nacional de Contratações Públicas (PNCP).

[...]

§ 7º Não se aplica o disposto no § 1º deste artigo às contratações de R$ 8.000,00 (oito mil reais) de serviços de manutenção de veículos automotores de propriedade do órgão ou entidade contratante, incluído o fornecimento de peças.

> **CUIDADO!** Valor atualizado pelo Decreto n. 11.871/2023: R$ 9.584,97 (nove mil quinhentos e oitenta e quatro reais e noventa e sete centavos).

III – para contratação que mantenha todas as condições definidas em edital de licitação realizada há menos de 1 (um) ano, quando se verificar que naquela licitação:

a) não surgiram licitantes interessados ou não foram apresentadas propostas válidas;

b) as propostas apresentadas consignaram preços manifestamente superiores aos praticados no mercado ou incompatíveis com os fixados pelos órgãos oficiais competentes;

IV – para contratação que tenha por objeto:

a) bens, componentes ou peças de origem nacional ou estrangeira necessários à manutenção de equipamentos, a serem adquiridos do fornecedor original desses equipamentos durante o período de garantia técnica, quando essa condição de exclusividade for indispensável para a vigência da garantia;

b) bens, serviços, alienações ou obras, nos termos de acordo internacional específico aprovado pelo Congresso Nacional, quando as condições ofertadas forem manifestamente vantajosas para a Administração;

c) produtos para pesquisa e desenvolvimento, limitada a contratação, no caso de obras e serviços de engenharia, ao valor de R$ 300.000,00 (trezentos mil reais);

> **CUIDADO!** Valor atualizado pelo Decreto n. 11.871/202310.922/2021: R$ 359.436,08 (trezentos e cinquenta e nove mil quatrocentos e trinta e seis reais e oito centavos).

§ 5º A dispensa prevista na alínea c do inciso IV do caput deste artigo, quando aplicada a obras e serviços de engenharia, seguirá procedimentos especiais instituídos em regulamentação específica.

d) transferência de tecnologia ou licenciamento de direito de uso ou de exploração de criação protegida, nas contratações realizadas por instituição científica, tecnológica e de inovação (ICT) pública ou por agência de fomento, desde que demonstrada vantagem para a Administração;

e) hortifrutigranjeiros, pães e outros gêneros perecíveis, no período necessário para a realização dos processos licitatórios correspondentes, hipótese em que a contratação será realizada diretamente com base no preço do dia;

f) bens ou serviços produzidos ou prestados no País que envolvam, cumulativamente, alta complexidade tecnológica e defesa nacional;

g) materiais de uso das Forças Armadas, com exceção de materiais de uso pessoal e administrativo, quando houver necessidade de manter a padronização requerida pela estrutura de apoio logístico dos meios navais, aéreos e terrestres, mediante autorização por ato do comandante da força militar;

h) bens e serviços para atendimento dos contingentes militares das forças singulares brasileiras empregadas em operações de paz no exterior, hipótese em que a contratação deverá ser justificada quanto ao preço e à escolha do fornecedor ou executante e ratificada pelo comandante da força militar;

i) abastecimento ou suprimento de efetivos militares em estada eventual de curta duração em portos, aeroportos ou localidades diferentes de suas sedes, por motivo de movimentação operacional ou de adestramento;

j) coleta, processamento e comercialização de resíduos sólidos urbanos recicláveis ou reutilizáveis, em áreas com sistema de coleta seletiva de lixo, realizados por associações ou cooperativas formadas exclusivamente de pessoas físicas de baixa renda reconhecidas pelo poder público como catadores de materiais recicláveis, com o uso de equipamentos compatíveis com as normas técnicas, ambientais e de saúde pública;

k) aquisição ou restauração de obras de arte e objetos históricos, de autenticidade certificada, desde que inerente às finalidades do órgão ou com elas compatível;

l) serviços especializados ou aquisição ou locação de equipamentos destinados ao rastreamento e à obtenção de provas previstas nos incisos II e V do caput do art. 3º da Lei nº 12.850, de 2 de agosto de 2013, quando houver necessidade justificada de manutenção de sigilo sobre a investigação;

m) aquisição de medicamentos destinados exclusivamente ao tratamento de doenças raras definidas pelo Ministério da Saúde;

V – para contratação com vistas ao cumprimento do disposto nos arts. 3º, 3º-A, 4º, 5º e 20 da Lei nº 10.973, de 2 de dezembro de 2004, observados os princípios gerais de contratação constantes da referida Lei;

VI – para contratação que possa acarretar comprometimento da segurança nacional, nos casos estabelecidos pelo Ministro de Estado da Defesa, mediante demanda dos comandos das Forças Armadas ou dos demais ministérios;

VII – nos casos de guerra, estado de defesa, estado de sítio, intervenção federal ou de grave perturbação da ordem;

VIII – nos casos de emergência ou de calamidade pública, quando caracterizada urgência de atendimento de situação que possa ocasionar prejuízo ou comprometer a continuidade dos serviços públicos ou a segurança de pessoas, obras, serviços, equipamentos e outros bens, públicos ou particulares, e somente para aquisição dos bens necessários ao atendimento da situação emergencial ou calamitosa e para as parcelas de obras e serviços que possam ser concluídas no prazo máximo de 1 (um) ano, contado da data de ocorrência da emergência ou da calamidade, vedadas a prorrogação dos respectivos contratos e a recontratação de empresa já contratada com base no disposto neste inciso;

IX – para a aquisição, por pessoa jurídica de direito público interno, de bens produzidos ou serviços prestados por órgão ou entidade que integrem a Administração Pública e que tenham sido criados para esse fim específico, desde que o preço contratado seja compatível com o praticado no mercado;

X – quando a União tiver que intervir no domínio econômico para regular preços ou normalizar o abastecimento;

XI – para celebração de contrato de programa com ente federativo ou com entidade de sua Administração Pública indireta que envolva prestação de serviços públicos de forma associada nos termos autorizados em contrato de consórcio público ou em convênio de cooperação;

XII – para contratação em que houver transferência de tecnologia de produtos estratégicos para o Sistema Único de Saúde (SUS), conforme elencados em ato da direção nacional do SUS, inclusive por ocasião da aquisição desses produtos durante as etapas de absorção tecnológica, e em valores compatíveis com aqueles definidos no instrumento firmado para a transferência de tecnologia;

XIII – para contratação de profissionais para compor a comissão de avaliação de critérios de técnica, quando se tratar de profissional técnico de notória especialização;

XIV – para contratação de associação de pessoas com deficiência, sem fins lucrativos e de comprovada idoneidade, por órgão ou entidade da Administração Pública, para a prestação de serviços, desde que o preço contratado seja compatível com o praticado no mercado e os serviços contratados sejam prestados exclusivamente por pessoas com deficiência;

XV – para contratação de instituição brasileira que tenha por finalidade estatutária apoiar, captar e executar atividades de ensino, pesquisa, extensão, desenvolvimento institucional, científico e tecnológico e estímulo à inovação, inclusive para gerir administrativa e financeiramente essas atividades, ou para contratação de instituição dedicada à recuperação social da pessoa presa, desde que o contratado tenha inquestionável reputação ética e profissional e não tenha fins lucrativos;

XVI – para aquisição, por pessoa jurídica de direito público interno, de insumos estratégicos para a saúde produzidos por fundação que, regimental ou estatutariamente, tenha por finalidade apoiar órgão da Administração Pública direta, sua autarquia ou fundação em projetos de ensino, pesquisa, extensão, desenvolvimento institucional, científico e tecnológico e de estímulo à inovação, inclusive na gestão administrativa e financeira necessária à execução desses projetos, ou em parcerias que envolvam transferência de tecnologia de produtos estratégicos para o SUS, nos termos do inciso XII deste *caput*, e que tenha sido criada para esse fim específico em data anterior à entrada em vigor desta Lei, desde que o preço contratado seja compatível com o praticado no mercado;

XVII – para contratação de entidades privadas sem fins lucrativos para a implementação de cisternas ou outras tecnologias sociais de acesso à água para consumo humano e produção de alimentos, a fim de beneficiar as famílias rurais de baixa renda atingidas pela seca ou pela falta regular de água; e

XVIII – para contratação de entidades privadas sem fins lucrativos, para a implementação do Programa Cozinha Solidária, que tem como finalidade fornecer alimentação gratuita preferencialmente à população em situação de vulnerabilidade e risco social, incluída a população em situação de rua, com vistas à promoção de políticas de segurança alimentar e nutricional e de assistência social e à efetivação de direitos sociais, dignidade humana, resgate social e melhoria da qualidade de vida.

3.1.9.3. Inexigibilidade da licitação

Art. 74. É inexigível a licitação quando inviável a competição, em especial nos casos de:

I – aquisição de materiais, de equipamentos ou de gêneros ou contratação de serviços que só possam ser fornecidos por produtor, empresa ou representante comercial exclusivos;

§ 1º Para fins do disposto no inciso I do *caput* deste artigo, a Administração deverá demonstrar a inviabilidade de competição mediante atestado de exclusividade, contrato de exclusividade, declaração do fabricante ou outro documento idôneo capaz de comprovar que o objeto é fornecido ou prestado por produtor, empresa ou representante comercial exclusivos, vedada a preferência por marca específica.

IMPORTANTE! Súmula 255 do TCU. Nas contratações em que o objeto só possa ser fornecido por produtor, empresa ou representante comercial exclusivo, é dever do agente público responsável pela contratação a adoção das providências necessárias para confirmar a veracidade da documentação comprobatória da condição de exclusividade.

II – contratação de profissional do setor artístico, diretamente ou por meio de empresário exclusivo, desde que consagrado pela crítica especializada ou pela opinião pública;

§ 2º Para fins do disposto no inciso II do *caput* deste artigo, considera-se empresário exclusivo a pessoa física ou jurídica que possua contrato, declaração, carta ou outro documento que ateste a exclusividade permanente e contínua de representação, no País ou em Estado específico, do profissional do setor artístico, afastada a possibilidade de contratação direta por inexigibilidade por meio de empresário com representação restrita a evento ou local específico.

IMPORTANTE! A contratação direta por inexigibilidade de licitação exige uma série de providências formais, de modo a justificar a regularidade da qualificação jurídica do contratante, a necessidade do bem ou serviço pretendido, a inviabilidade de competição e a razoabilidade dos preços (STJ, 2ª Turma, RMS n. 28.552/MA, Rel. Min. Castro Meira. j. 17-3-2011).

III – contratação dos seguintes serviços técnicos especializados de natureza predominantemente intelectual com profissionais ou empresas de notória especialização, vedada a inexigibilidade para serviços de publicidade e divulgação:

a) estudos técnicos, planejamentos, projetos básicos ou projetos executivos;

b) pareceres, perícias e avaliações em geral;

c) assessorias ou consultorias técnicas e auditorias financeiras ou tributárias;

d) fiscalização, supervisão ou gerenciamento de obras ou serviços;

e) patrocínio ou defesa de causas judiciais ou administrativas;

f) treinamento e aperfeiçoamento de pessoal;

g) restauração de obras de arte e de bens de valor histórico;

h) controles de qualidade e tecnológico, análises, testes e ensaios de campo e laboratoriais, instrumentação e monitoramento de parâmetros específicos de obras e do meio ambiente e demais serviços de engenharia que se enquadrem no disposto neste inciso;

§ 3º Para fins do disposto no inciso III do *caput* deste artigo, considera-se de notória especialização o profissional ou a empresa cujo conceito no campo de sua especialidade, decorrente de desempenho anterior, estudos, experiência, publicações, organização, aparelhamento, equipe técnica ou outros requisitos relacionados com suas atividades, permita inferir que o seu trabalho é essencial e reconhecidamente adequado à plena satisfação do objeto do contrato.

IV – objetos que devam ou possam ser contratados por meio de credenciamento;

V – aquisição ou locação de imóvel cujas características de instalações e de localização tornem necessária sua escolha.

§ 5º Nas contratações com fundamento no inciso V do *caput* deste artigo, devem ser observados os seguintes requisitos:

I – avaliação prévia do bem, do seu estado de conservação, dos custos de adaptações, quando imprescindíveis às necessidades de utilização, e do prazo de amortização dos investimentos;

II – certificação da inexistência de imóveis públicos vagos e disponíveis que atendam ao objeto;

III – justificativas que demonstrem a singularidade do imóvel a ser comprado ou locado pela Administração e que evidenciem vantagem para ela.

3.2. Intervenção do Estado na propriedade privada

Resultado da evolução histórica do conceito de Estado e sua relação com a sociedade, a intervenção do Estado na propriedade privada se mostra como um dos principais mecanismos de condução da sociedade moderna quando se trata de conferir ao interesse público maior importância diante do interesse privado.

Como uma breve forma de exemplificar o conceito anteriormente apresentado, podemos observar o Estado e sua atuação no século XIX. Regido pela ideia de liberalismo econômico amplo (*laissez-faire*), o Estado permitia aos particulares total liberdade sobre seus direitos. Apesar de, em um primeiro momento, se apresentar como uma forma justa de condução da sociedade, tal filosofia apresentou diversos problemas, sendo o mais acentuado deles a falta de atuação estatal em prol dos menores, o que permitia o aumento descontrolado das desigualdades sociais.

Surgiu, então, o Estado de Bem-Estar Social (*Welfare State*), um tipo de organização política, econômica e sociocultural que coloca o Estado como agente da promoção social e organizador da economia. Ocorria assim a substituição total do Estado "observador" por um Estado "interventor", protegendo de forma mais acentuada os mais afetados pelas desigualdades.

Tornou-se, desse modo, essencial a criação de mecanismos que permitissem ao Estado afastar o interesse individual para atender às exigências coletivas. O Direito de Propriedade foi um desses direitos afetados por tais mecanismos, como veremos a partir de agora.

A Intervenção do Estado na Propriedade Privada se apresenta através de duas atuações: uma intervenção **supressiva** de propriedade e uma intervenção **restritiva** de propriedade. Como a própria nomenclatura já entrega, intervenção supressiva tem o poder de **retirar a totalidade da propriedade da mão do indivíduo**. Por sua vez, a intervenção restritiva **mantém a propriedade sob controle do indivíduo, mas com restrições a sua utilização**. Para melhor revisarmos esse assunto, vamos estruturar nossos tópicos:

3.2.1. Intervenção supressiva

O Estado retira a propriedade do âmbito individual e a adiciona ao seu domínio, passando tal propriedade a compor o patrimônio público. Tal modalidade pode ser utilizada como forma de realizar uma ação de cunho social ou até mesmo como forma de punir determinado indivíduo que não ofereça o devido tratamento dessa propriedade, qual seja, a sua função social, conforme definido na legislação vigente.

Como forma de concretização da intervenção supressiva, conforme nossa Constituição Federal, temos a ação de **desapropriação**. Tal instrumento gera uma situação excepcional de perda total da propriedade e, por isso, demanda uma maior complexidade na sua realização. A desapropriação é um procedimento administrativo, exigindo, assim, uma sequência de atos e atividades do Estado e do proprietário, que se desenrolam na esfera administrativa e, quando necessário, também na esfera judicial. Resulta em uma **aquisição de propriedade originária** pelo Estado, pois a propriedade passará a compor o patrimônio público livre e desembaraçada de qualquer ônus de natureza real, como se a propriedade fosse nova e nunca tivesse sido utilizada ou possuída por ninguém.

3.2.1.1. Desapropriação comum

Configura desapropriação com fundamento em utilidade pública, necessidade pública ou interesse social, na forma do art. 5º, XXIV, da Constituição Federal. Observe que, nessa forma de desapropriação, não há nenhuma irregularidade ou ilegalidade identificada por parte do proprietário, mas pura e simplesmente uma necessidade de atendimento a um interesse coletivo que se torna impossível sem a utilização da propriedade objeto da desapropriação. Tome como exemplo a construção de hospital em uma região do município que possui algumas casas construídas. Para que se possa construir um hospital com atendimento mais completo, a área de construção será muito grande, em muitos casos será necessário desapropriar algumas casas para que se possa utilizar o terreno em que elas estavam construídas.

Como citado, essa forma de desapropriação não identifica nenhuma irregularidade. Logo, nada mais justo do que a indenização por parte do Estado ao particular que sofrerá a perda de sua propriedade por uma ação do Estado. Tal condição também se extrai do texto constitucional.

> Art. 5º. XXIV – a lei estabelecerá o procedimento para desapropriação por necessidade ou utilidade pública, ou por interesse social, mediante justa e prévia indenização em dinheiro, ressalvados os casos previstos nesta Constituição;

3.2.1.2. Desapropriação especial

Aqui estamos diante de uma situação em que a desapropriação decorrerá diretamente de uma infração cometida pelo particular, por não atendimento à função social exigida pela Constituição Federal. Apesar de ser uma infração, não é uma infração que se considere como grave ou até mesmo criminal. Por isso, apesar de o procedimento imputar ao proprietário um erro, ainda assim haverá pagamento de indenização pela desapropriação.

> Art. 5º. XXII – é garantido o direito de propriedade;
>
> XXIII – a propriedade atenderá a sua função social;

A desapropriação especial pode ser:

- **Urbana:** Art. 182. A política de desenvolvimento urbano, executada pelo Poder Público municipal, conforme diretrizes gerais fixadas em lei, tem por objetivo ordenar o pleno desenvolvimento das funções sociais da cidade e garantir o bem-estar de seus habitantes.

  § 2º A propriedade urbana cumpre sua função social quando atende às exigências fundamentais de ordenação da cidade expressas no plano diretor.

  § 4º É facultado ao Poder Público municipal, mediante lei específica para área incluída no plano diretor, exigir, nos termos da lei federal, do proprietário do solo urbano não edificado, subutilizado ou não utilizado, que promova seu adequado aproveitamento, sob pena, sucessivamente, de:

  III – desapropriação com pagamento mediante títulos da dívida pública de emissão previamente aprovada pelo Senado Federal, com prazo de resgate de até dez anos, em parcelas anuais, iguais e sucessivas, assegurados o valor real da indenização e os juros legais.

- **Rural:** Art. 186. A função social é cumprida quando a propriedade rural atende, simultaneamente, segundo critérios e graus de exigência estabelecidos em lei, aos seguintes requisitos:

  I – aproveitamento racional e adequado;

  II – utilização adequada dos recursos naturais disponíveis e preservação do meio ambiente;

III – observância das disposições que regulam as relações de trabalho;

IV – exploração que favoreça o bem-estar dos proprietários e dos trabalhadores.

Art. 184. Compete à União desapropriar por interesse social, para fins de reforma agrária, o imóvel rural que não esteja cumprindo sua função social, mediante prévia e justa indenização em títulos da dívida agrária, com cláusula de preservação do valor real, resgatáveis no prazo de até vinte anos, a partir do segundo ano de sua emissão, e cuja utilização será definida em lei.

§ 1º As benfeitorias úteis e necessárias serão indenizadas em dinheiro.

Art. 185. São insuscetíveis de desapropriação para fins de reforma agrária:

I – a pequena e média propriedade rural, assim definida em lei, desde que seu proprietário não possua outra;

II – a propriedade produtiva.

3.2.1.3. Desapropriação confiscatória

A desapropriação nesse caso se dará pelo reconhecimento de uma ilicitude cometida pelo proprietário. Por se tratar de uma punição, não falaremos aqui de indenização.

Art. 243. As propriedades rurais e urbanas de qualquer região do País onde forem localizadas culturas ilegais de plantas psicotrópicas ou a exploração de trabalho escravo na forma da lei serão expropriadas e destinadas à reforma agrária e a programas de habitação popular, sem qualquer indenização ao proprietário e sem prejuízo de outras sanções previstas em lei, observado, no que couber, o disposto no art. 5º.

Parágrafo único. Todo e qualquer bem de valor econômico apreendido em decorrência do tráfico ilícito de entorpecentes e drogas afins e da exploração de trabalho escravo será confiscado e reverterá a fundo especial com destinação específica, na forma da lei.

3.2.1.4. Outras formas de desapropriação

Decreto-lei n. 3.365/41

Art. 1º. § 1º A desapropriação do espaço aéreo ou do subsolo só se tornará necessária, quando de sua utilização resultar prejuízo patrimonial do proprietário do solo.

Art. 2º. § 2º Os bens do domínio dos Estados, Municípios, Distrito Federal e Territórios poderão ser desapropriados pela União, e os dos Municípios pelos Estados, mas, em qualquer caso, ao ato deverá preceder autorização legislativa.

§ 3º É vedada a desapropriação, pelos Estados, Distrito Federal, Territórios e Municípios de ações, cotas e direitos representativos do capital de instituições e empresas cujo funcionamento dependa de autorização do Governo Federal e se subordine à sua fiscalização, salvo mediante prévia autorização, por decreto do Presidente da República.

3.2.1.5. Procedimento da desapropriação

Por estarmos diante de um procedimento que resultará em uma perda definitiva de propriedade, a sua complexidade é essencial para a garantia de uma correta ação por parte do Estado. Por isso, vamos destacar juntos os principais detalhes quanto ao procedimento de desapropriação.

- **Competência para desapropriação:** o estudo da competência para procedimento de desapropriação divide-se em competência legislativa, competência declaratória e competência executória.
    - ◦ **Competência legislativa:** Art. 22. Compete privativamente à União legislar sobre:

        II – desapropriação;

        Parágrafo único. Lei complementar poderá autorizar os Estados a legislar sobre questões específicas das matérias relacionadas neste artigo.

    - ◦ **Competência declaratória:** necessária para a declaração da utilidade ou do interesse social do bem a ser desapropriado. A competência para declarar procedimento expropriatório é, em regra, concorrente entre todos os entes federativos do Estado. Por isso, somente os entes políticos (União, Estados, Distrito Federal e Municípios) poderão editar o ato declaratório, não podendo ser feito por nenhum ente administrativo (autarquia, fundação pública, sociedade de economia mista e empresa pública). Por ser uma regra, claro, temos exceções, que seriam nos casos de declaração feita pelos seguintes entes, dentro de suas competências: Departamento Nacional de Infraestrutura de Transportes (DNIT), Agência Nacional de Energia Elétrica (ANEEL) e Agência Nacional de Transportes Terrestres (ANTT).
    - ◦ **Quando tratamos de competência para declaração da desapropriação especial, temos que a desapropriação especial urbana é de competência exclusiva dos Municípios, enquanto a desapropriação especial rural e a desapropriação especial confisco são de competência da União.**
    - ◦ **Competência executória:** por uma questão de interpretação lógica, em um primeiro momento, será competente para executar a desapropriação aquele que deu início ao procedimento, editando o ato declaratório. As pessoas apontadas pela lei atuam no caso derivado, ou seja, quando o ente de declaração não for o mesmo ente de execução. Ex.: o Estado X declara a desapropriação de propriedades construídas às margens de uma rodovia que sofreu concessão. A concessionária promoverá (executará) a desapropriação como etapa de execução do contrato.

3.2.2. Intervenção restritiva

O Estado passará a impor restrições e limitações ao uso da propriedade, mas manterá a propriedade em poder do particular. Tal modalidade afeta diretamente as características da propriedade, dentre elas a **exclusividade** e seu **caráter absoluto**. São formas de intervenção restritiva:

- **Limitação administrativa:** restrição de caráter geral, criando regras e limitações de uso de propriedade para todos aqueles que se encontrem na situação descrita na norma, e não apenas proprietários específicos. A imposição de obri-

gações recairá sempre sobre proprietários indeterminados, podendo essas obrigações ser positivas, negativas ou permissivas.
- **Servidão administrativa:** é o direito real público que permite a utilização de propriedade imóvel pelo Poder Público como forma de auxiliar a execução de obras e serviços de interesse público. Trata-se de direito real público por ser um instituto disponível ao Estado que encontra núcleo semelhante ao da servidão privada, instituída no Código Civil, tendo por diferença as partes da relação jurídica, que na servidão administrativa serão pessoas privadas. Além disso, a servidão administrativa tem como objetivo o atendimento ao interesse público, tendo a servidão privada o condão de atender a interesses particulares.
- **Requisição administrativa:** modalidade de intervenção estatal que recai sobre bens móveis, imóveis ou serviços, quando diante de uma situação de iminente perigo público. Requisição é temporária (transitória), extinguindo-se a partir do desaparecimento da situação de perigo público iminente.
- **Ocupação temporária:** intervenção de caráter temporário que recai sobre bem imóvel particular necessário para atendimento de interesse público, de forma gratuita ou remunerada. Não se deve confundir com a servidão, que possui um caráter permanente, nem com a requisição, que demanda situação de urgência.
- **Tombamento:** forma de intervenção do Estado que tem por objetivo proteger o meio ambiente em seu aspecto de patrimônio histórico, cultural, artístico, arqueológico, turístico ou paisagístico. O instituto pretende conservar história, arte e cultura de determinado povo. Esta modalidade de intervenção atinge o caráter absoluto da propriedade, uma vez que reduzirá a liberdade de utilização do bem pelo proprietário.

3.3. Responsabilidade civil do Estado

3.3.1. Conceito e elementos

Conforme determina a **teoria do órgão**, o agente público sempre atuará por **imputação**, sendo suas ações entendidas como ações do próprio Estado. Por força desse entendimento, tornou-se necessário estruturar uma forma de responsabilização do Estado quando, por conta de uma atuação de um agente público, um terceiro sofrer algum dano resultado dessa atuação. É a previsão apresentada na Constituição Federal, que traz algumas características que iremos destacar agora:

> Art. 37. § 6º As pessoas jurídicas de direito público e as de direito privado prestadoras de serviços públicos responderão pelos danos que seus agentes, nessa qualidade, causarem a terceiros, assegurado o direito de regresso contra o responsável nos casos de dolo ou culpa.

Extraímos do texto constitucional as seguintes informações:
- Só haverá responsabilidade do Estado quando estivermos diante de um dano sofrido por uma pessoa em decorrência da atuação de um agente público.
- O agente público responsável pela atuação danosa deverá estar agindo **como agente público**, ou seja, com a intenção de exteriorizar a vontade do Estado.

- O agente público deve necessariamente representar a **prestação de um serviço público**, visto que, se estivermos diante de uma entidade que explore atividade econômica, a aplicação da responsabilidade seguirá os ditames do Direito Civil, e não as regras que serão aqui estudadas.
- Não importa se a vítima está em utilização, utilizou, utilizaria ou utilizará o serviço público, basta ocorrer o evento danoso, já que a Constituição utiliza o termo "terceiro", e não "usuário" (entendimento consagrado pelo STF).
- Caso a responsabilidade seja reconhecida, a vítima terá direito a uma indenização. Em decorrência dessa indenização, passará a correr o direito de o Estado propor uma **ação regressiva** contra o agente responsável pelo evento danoso. Nesse caso, dolo ou culpa deverão ser apresentados.

3.3.2. Evolução histórica

- **Teoria da irresponsabilidade do Estado:** também chamada de teoria feudal, regaliana ou regalista, prevalecia na metade do século XIX, principalmente nos Estados absolutistas. Esta teoria estabelecia que o Estado não tinha qualquer responsabilidade pelos prejuízos causados por seus agentes, exatamente por ser o Estado limitado em suas atuações por conta da prevalência do Estado Liberal.
- **Teoria da responsabilidade com culpa:** substituindo a ideia de que o Estado não era responsável por nada, surgiu o conceito de Estado responsável no caso de ação culposa do seu agente. Esta teoria pretendia distinguir duas formas de ação do Estado: os atos de império e os atos de gestão. Os atos de império se aproximando da atuação soberana do Estado, e os atos de gestão mais próximos do direito privado. Assim, para o dano sofrido decorrente da produção de um ato de gestão pelo Estado, existiria a possibilidade da responsabilização civil do Estado. Já nos casos ligados a atos de império, por serem baseados no direito público (regras protetivas ao Estado), mantinha-se a interpretação da irresponsabilidade do Estado.
- **Teoria da culpa administrativa (culpa anônima ou falta do serviço):** com a adoção no Brasil da culpa administrativa, a distinção, antes essencial na aplicação da doutrina civilista da culpa quanto ao tipo de ato produzido pelo Estado, já não cabia mais. Assim, a necessidade de apontar o tipo de ato, a culpa e o exato agente causador do dano ficou para trás, bastando ao particular comprovar o mau funcionamento do serviço público, mesmo que a apresentação do agente estatal responsável pelo problema fosse impossível de se fazer. Essa teoria se consumava mediante três situações: inexistência, mau funcionamento ou retardamento do serviço.
- **Teoria da responsabilidade objetiva ou risco administrativo:** mais adequada ao sistema do Direito Administrativo, configura uma enorme evolução no mundo das responsabilidades, apesar de não ter substituído por completo a teoria da responsabilidade subjetiva (culpa administrativa), que se aplica no Brasil de forma excepcional. A teoria da responsabilidade sem culpa ou responsabilidade objetiva afasta completamente a necessidade do apontamento do ele-

mento culpa ou dolo do Estado na propositura de uma ação de indenização em face do Estado. A fundamentação do dever de indenizar do Estado se encontra na noção de risco administrativo, especificada no texto do Código Civil. Quem presta o serviço público deve assumir o risco de eventuais prejuízos.

3.3.3. Pressupostos de configuração

- **Conduta do agente público (fato administrativo):** comporta qualquer conduta do agente público, seja comissiva ou omissiva, seja individual ou coletiva, seja, até mesmo lícita ou ilícita. Mesmo que o agente esteja atuando fora de sua função administrativa, mas a pretexto de exercê-la, será o fato considerado administrativo, por meio das modalidades *culpa in eligendo* (erro na escolha) ou *culpa in vigilando* (erro na fiscalização).
- **Nexo Causal:** demonstração do relacionamento direto entre a conduta e o dano, formando o vínculo necessário para configuração do poder de ação. Logo, inexistindo o fato administrativo, não há como imputar a responsabilidade civil ao Estado.

3.3.4. Outras teorias importantes

- **Responsabilidade por omissão:** não existe uma definição sobre tal configuração de responsabilidade prevista diretamente no texto constitucional, muito menos no Código Civil. Por isso, devemos buscar o entendimento dos Tribunais Superiores: Para o Supremo Tribunal Federal, antes de tudo, havendo nexo de causalidade direta entre a omissão e o dano, devemos entender se o caso se trata de omissão genérica ou omissão específica. Trata-se de **omissão genérica** sempre que o Estado se encontrar em posição de "desobrigação" de agir perante a atividade que resultou no dano. Já a **omissão específica** entende que o Estado, na posição de garante, criou a situação propícia para ocorrência do evento danoso ao se omitir da obrigação de impedir o ocorrido.
- **Teoria do risco criado (ou risco suscitado):** por trás da omissão específica, a doutrina majoritária adota uma teoria para classificá-la melhor, chamada de teoria do risco criado ou risco suscitado. Essa teoria comporta a ideia de que, tendo o Estado a custódia sobre pessoa ou bem e tal custodiado venha a sofrer algum dano, deverá o Estado indenizá-lo sem que seja possível considerar uma excludente de responsabilidade.
- **Teoria do risco integral:** a teoria do risco administrativo, principal teoria adotada no nosso ordenamento jurídico, conforme já visto anteriormente, comporta atenuantes e até mesmo excludentes de responsabilização. A teoria do risco integral se apresenta como uma evolução desse entendimento por destacar a importância do Estado em evitar danos específicos que são de sua inteira responsabilidade. O Estado passa a ser tratado como o Garantidor Universal. Por isso, essa teoria não aceita qualquer excludente, ou seja, sempre

que houver um dano, haverá uma indenização feita pelo Estado. Essa teoria se aplica nos casos de:

- **Dano ambiental:** Art. 225 da CF/88 – Todos têm direito ao meio ambiente ecologicamente equilibrado, bem de uso comum do povo e essencial à sadia qualidade de vida, impondo-se ao Poder Público e à coletividade o dever de defendê-lo e preservá-lo para as presentes e futuras gerações.

   § 2º Aquele que explorar recursos minerais fica obrigado a recuperar o meio ambiente degradado, de acordo com solução técnica exigida pelo órgão público competente, na forma da lei.

   § 3º As condutas e atividades consideradas lesivas ao meio ambiente sujeitarão os infratores, pessoas físicas ou jurídicas, a sanções penais e administrativas, independentemente da obrigação de reparar os danos causados.

- **Acidentes de trabalho.**
- **Atentados terroristas em aeronaves:** previsão da Lei n. 10.744/2003.

   Art. 1º Fica a União autorizada, na forma e critérios estabelecidos pelo Poder Executivo, a assumir despesas de responsabilidades civis perante terceiros na hipótese da ocorrência de danos a bens e pessoas, passageiros ou não, provocados por atentados terroristas, atos de guerra ou eventos correlatos, ocorridos no Brasil ou no exterior, contra aeronaves de matrícula brasileira operadas por empresas brasileiras de transporte aéreo público, excluídas as empresas de táxi aéreo.

3.3.5 Responsabilidades específicas

- **Danos de obra pública:** em situação de dano decorrente da realização de obra pública, devemos destacar a existência de duas possibilidades para análise: dano pelo simples fato da obra e dano por má execução da obra. Responsabilidade pelo simples fato da obra ocorre sempre que, independentemente do responsável pela execução da obra, um particular sofre um dano decorrente de tal obra, mesmo não havendo culpa de alguém. O dano ocorreu pela simples existência da obra. Nesse caso haverá a aplicação da responsabilidade objetiva do Estado. Ex.: a construção de um cemitério em determinada região da cidade acaba afetando a atividade comercial do dono de uma rede hoteleira. A responsabilidade pela má execução da obra requer necessariamente que se identifique quem foi a pessoa responsável por sua execução, uma vez que o dano decorre exatamente do fato de ela ter sido executada com erros.
- **Atividade legislativa:** em regra, não se pode falar em responsabilidade do Estado por algum prejuízo sofrido pelo particular resultante da edição de uma lei, visto a ação legislativa ser um poder essencial e estruturante do Estado. Porém, esse entendimento abarca exceção. Temos aqui a necessidade de identificação de duas ocorrências distintas: em um primeiro momento, o Estado deverá atingir um direito individual ou coletivo com a nova lei. Essa simples descoberta não abriga, ainda, a ação de indenização contra o Estado. Em um segundo mo-

mento, sendo a nova lei declarada inconstitucional, aí, sim, teremos concretizada a figura da responsabilidade civil do Estado por ato legislativo.

- **Atividade judiciária:** sempre que o Poder Judiciário estiver agindo por meio de sua função atípica administrativa, poderá ocorrer a aplicação da responsabilidade civil do Estado na forma comum, com base na teoria do risco administrativo. Aqui, estamos tratando do Poder Judiciário agindo por meio de sua função judicial, o que comporta mais uma situação de responsabilização excepcional do Estado. Tal exceção está expressa no texto constitucional:

> Art. 5º. LXXV – o Estado indenizará o condenado por erro judiciário, assim como o que ficar preso além do tempo fixado na sentença.

3.4. Improbidade administrativa

3.4.1. Conceito e base legal

Em muitas situações é possível verificar o cometimento de infrações por parte dos agentes públicos. Dessa infração, podem resultar ações em diversas esferas, dependendo do dano ou do resultado causado pelo ato infracional. Além das tradicionais esferas civil, criminal e administrativa, a partir de agora estudaremos uma quarta esfera de responsabilização introduzida pelo que hoje ficou conhecido como **Direito Anticorruptivo ou Direito Anticorrupção: esfera judicial com o condão de investigar e punir agentes por cometimento de atos de improbidade administrativa**. Tal possibilidade se encontra estampada em nossa Constituição Federal, que reconhece diversas possibilidades de aplicação dessa punição.

> Art. 37. § 4º Os atos de improbidade administrativa importarão a suspensão dos direitos políticos, a perda da função pública, a indisponibilidade dos bens e o ressarcimento ao erário, na forma e gradação previstas em lei, sem prejuízo da ação penal cabível.
>
> Art. 14. § 9º Lei complementar estabelecerá outros casos de inelegibilidade e os prazos de sua cessação, a fim de proteger a probidade administrativa, a moralidade para exercício de mandato considerada vida pregressa do candidato, e a normalidade e legitimidade das eleições contra a influência do poder econômico ou o abuso do exercício de função, cargo ou emprego na administração direta ou indireta.
>
> Art. 15. É vedada a cassação de direitos políticos, cuja perda ou suspensão só se dará nos casos de:
>
> I – improbidade administrativa, nos termos do art. 37, § 4º.
>
> Art. 85. São crimes de responsabilidade os atos do Presidente da República que atentem contra a Constituição Federal e, especialmente, contra:
>
> V – a probidade na administração.

Com base em toda essa imposição legal, surge a Lei 8.429/92 (LIA ou Lei de Improbidade Administrativa), com a tarefa de regulamentar as punições previstas no art. 37, § 4º, reproduzido anteriormente, além de estabelecer condutas reprováveis como ato de improbidade e introduzir novas punições ao agente ímprobo.

3.4.2. Abrangência da lei

A LIA adota em seu texto o conceito mais amplo de agentes públicos, abarcando tanto aqueles que possuem um vínculo com a Administração e são remunerados por isso quanto aqueles que podem firmar um vínculo temporário, mesmo que sem remuneração, mas que em algum momento represente a possibilidade de ação em nome do Estado. É o que extraímos do texto legal:

> Art. 2º Para os efeitos desta Lei, consideram-se agente público o agente político, o servidor público e todo aquele que exerce, ainda que transitoriamente ou sem remuneração, por eleição, nomeação, designação, contratação ou qualquer outra forma de investidura ou vínculo, mandato, cargo, emprego ou função nas entidades referidas no art. 1º desta Lei.
>
> Parágrafo único. No que se refere a recursos de origem pública, sujeita-se às sanções previstas nesta Lei o particular, pessoa física ou jurídica, que celebra com a administração pública convênio, contrato de repasse, contrato de gestão, termo de parceria, termo de cooperação ou ajuste administrativo equivalente.

Cabe destacar também duas jurisprudências importantes do STJ nessa direção:

> Por exercerem atividade delegada do Poder Público, mantendo com ele vínculo contratual, os notários e registradores são sujeitos ativos em potencial dos atos de improbidade administrativa (STJ, 2ª Turma, REsp n. 118.417/DF, Rel Min. Felix Fischer, j. 10-11-1997).
>
> As pessoas jurídicas também poderão figurar como sujeito ativo dos atos de improbidade na condição de terceira beneficiária (STJ, 2ª Turma, REsp n. 1.127.143/RS, Rel. Min. Castro Meira, j. 22-6-2010).

Além disso, o entendimento atual da aplicabilidade da lei de improbidade administrativa aos agentes públicos, consolidado nos Tribunais Superiores, nos apresenta duas características marcantes:

O agente político responderá por um duplo regime sancionatório, ou seja, o agente político poderá responder ao mesmo tempo pela Lei de Crime de Responsabilidade e pela Lei de Improbidade Administrativa. Desse entendimento, viu-se livre somente o presidente da República (no caso do presidente da República, haverá apenas aplicação das regras da Lei de Crimes de Responsabilidade).

Não haverá foro por prerrogativa de função nas ações de improbidade contra agentes políticos, ou seja, o agente político será julgado pela mesma instância competente a julgar qualquer outro agente político.

Por fim, vale observar a possibilidade de propositura de ação de improbidade administrativa inclusive contra particulares, quando estes tiverem atuação direta ou indireta no cometimento da infração.

> Art. 3º As disposições desta Lei são aplicáveis, no que couber, àquele que, mesmo não sendo agente público, induza ou concorra dolosamente para a prática do ato de improbidade.
>
> § 1º Os sócios, os cotistas, os diretores e os colaboradores de pessoa jurídica de direito privado não respondem pelo ato de improbidade que venha a ser imputado à

pessoa jurídica, salvo se, comprovadamente, houver participação e benefícios diretos, caso em que responderão nos limites da sua participação.

§ 2º As sanções desta Lei não se aplicarão à pessoa jurídica, caso o ato de improbidade administrativa seja também sancionado como ato lesivo à administração pública de que trata a Lei nº 12.846, de 1º de agosto de 2013.

Art. 8º O sucessor ou o herdeiro daquele que causar dano ao erário ou que se enriquecer ilicitamente estão sujeitos apenas à obrigação de repará-lo até o limite do valor da herança ou do patrimônio transferido.

Art. 8º-A. A responsabilidade sucessória de que trata o art. 8º desta Lei aplica-se também na hipótese de alteração contratual, de transformação, de incorporação, de fusão ou de cisão societária.

Parágrafo único. Nas hipóteses de fusão e de incorporação, a responsabilidade da sucessora será restrita à obrigação de reparação integral do dano causado, até o limite do patrimônio transferido, não lhe sendo aplicáveis as demais sanções previstas nesta Lei decorrentes de atos e de fatos ocorridos antes da data da fusão ou da incorporação, exceto no caso de simulação ou de evidente intuito de fraude, devidamente comprovados.

Já com relação ao sujeito passivo, aquele que sofre o ato de improbidade cometido pelo sujeito ativo – que será o sujeito ativo da ação de improbidade –, a LIA apresenta um rol específico em seu texto:

Art. 1º. § 5º Os atos de improbidade violam a probidade na organização do Estado e no exercício de suas funções e a integridade do patrimônio público e social dos Poderes Executivo, Legislativo e Judiciário, bem como da administração direta e indireta, no âmbito da União, dos Estados, dos Municípios e do Distrito Federal.

§ 6º Estão sujeitos às sanções desta Lei os atos de improbidade praticados contra o patrimônio de entidade privada que receba subvenção, benefício ou incentivo, fiscal ou creditício, de entes públicos ou governamentais, previstos no § 5º deste artigo.

§ 7º Independentemente de integrar a administração indireta, estão sujeitos às sanções desta Lei os atos de improbidade praticados contra o patrimônio de entidade privada para cuja criação ou custeio o erário haja concorrido ou concorra no seu patrimônio ou receita atual, limitado o ressarcimento de prejuízos, nesse caso, à repercussão do ilícito sobre a contribuição dos cofres públicos.

3.4.3. Espécies de atos de improbidade administrativos

Em 2021, com a promulgação da Lei 14.230, a LIA sofreu profundas alterações em seu texto legal, levando muitas pessoas inclusive a tratá-la como "Nova Lei de Improbidade Administrativa". Uma das alterações mais impactantes que podemos identificar está relacionada com os requisitos essenciais para identificação do ato de improbidade administrativa. Dessa forma, não só será importante apontar a conduta do agente que se pretende punir por ato de improbidade, mas também deve-se demonstrar o dolo do agente e a vontade específica em atingir o resultado expresso no texto legal.

Art. 1º. § 2º Considera-se dolo a vontade livre e consciente de alcançar o resultado ilícito tipificado nos arts. 9º, 10 e 11 desta Lei, não bastando a voluntariedade do agente.

§ 3º O mero exercício da função ou desempenho de competências públicas, sem comprovação de ato doloso com fim ilícito, afasta a responsabilidade por ato de improbidade administrativa.

§ 8º Não configura improbidade a ação ou omissão decorrente de divergência interpretativa da lei, baseada em jurisprudência, ainda que não pacificada, mesmo que não venha a ser posteriormente prevalecente nas decisões dos órgãos de controle ou dos tribunais do Poder Judiciário.

> **IMPORTANTE!** Apesar do expresso no art. 1º, § 1º acima reproduzido, o entendimento prevalente nos Tribunais é de que, por força da escrita dos arts. 9º e 10, deve-se entender que somente os atos previstos no art. 11 da LIA (atos que atentam contra Princípios da Administração Pública) são apontados em um **rol taxativo**, sendo os outros atos representados em um **rol exemplificativo**.

[...] de acordo com a nova redação do *caput* do artigo, o rol das aludidas hipóteses passou a ser taxativo (TJ-SP, 8ª Câmara de Direito Público, Apelação/Remessa Necessária n. 1000751-52.2017.8.26.0655, Rel. Bandeira Lins, j. 18-2-2022).

[...] a partir da vigência da Lei 14.230/2021, o ato de improbidade previsto no art. 11 deve se enquadrar em uma das condutas previstas nos seus incisos, não sendo mais possível a condenação por meio de tipos abertos de violação aos princípios da administração (TRF-5, 2ª Turma, Ap n. 00012068620154058103, Rel. Des. Federal Thiago Batista de Ataíde, j. 23-11-2021).

Vamos agora estudar detalhadamente cada espécie de ato de improbidade:

- **Atos que resultam em enriquecimento ilícito:** consideradas condutas de maior gravidade previstas pela LIA, as condutas do sujeito ativo sempre possuem como objetivo o acréscimo doloso do próprio patrimônio, seja mediante a adição de recursos, seja mediante a reserva de recursos.

Art. 9º Constitui ato de improbidade administrativa importando em enriquecimento ilícito auferir, mediante a prática de ato doloso, qualquer tipo de vantagem patrimonial indevida em razão do exercício de cargo, de mandato, de função, de emprego ou de atividade nas entidades referidas no art. 1º desta Lei, e notadamente:

I – receber, para si ou para outrem, dinheiro, bem móvel ou imóvel, ou qualquer outra vantagem econômica, direta ou indireta, a título de comissão, percentagem, gratificação ou presente de quem tenha interesse, direto ou indireto, que possa ser atingido ou amparado por ação ou omissão decorrente das atribuições do agente público;

II – perceber vantagem econômica, direta ou indireta, para facilitar a aquisição, permuta ou locação de bem móvel ou imóvel, ou a contratação de serviços pelas entidades referidas no art. 1º por preço superior ao valor de mercado;

III – perceber vantagem econômica, direta ou indireta, para facilitar a alienação, permuta ou locação de bem público ou o fornecimento de serviço por ente estatal por preço inferior ao valor de mercado;

IV – utilizar, em obra ou serviço particular, qualquer bem móvel, de propriedade ou à disposição de qualquer das entidades referidas no art. 1º desta Lei, bem como o trabalho de servidores, de empregados ou de terceiros contratados por essas entidades;

V – receber vantagem econômica de qualquer natureza, direta ou indireta, para tolerar a exploração ou a prática de jogos de azar, de lenocínio, de narcotráfico, de contrabando, de usura ou de qualquer outra atividade ilícita, ou aceitar promessa de tal vantagem;

VI – receber vantagem econômica de qualquer natureza, direta ou indireta, para fazer declaração falsa sobre qualquer dado técnico que envolva obras públicas ou qualquer outro serviço ou sobre quantidade, peso, medida, qualidade ou característica de mercadorias ou bens fornecidos a qualquer das entidades referidas no art. 1º desta Lei;

VII – adquirir, para si ou para outrem, no exercício de mandato, de cargo, de emprego ou de função pública, e em razão deles, bens de qualquer natureza, decorrentes dos atos descritos no *caput* deste artigo, cujo valor seja desproporcional à evolução do patrimônio ou à renda do agente público, assegurada a demonstração pelo agente da licitude da origem dessa evolução;

VIII – aceitar emprego, comissão ou exercer atividade de consultoria ou assessoramento para pessoa física ou jurídica que tenha interesse suscetível de ser atingido ou amparado por ação ou omissão decorrente das atribuições do agente público, durante a atividade;

IX – perceber vantagem econômica para intermediar a liberação ou aplicação de verba pública de qualquer natureza;

X – receber vantagem econômica de qualquer natureza, direta ou indiretamente, para omitir ato de ofício, providência ou declaração a que esteja obrigado;

XI – incorporar, por qualquer forma, ao seu patrimônio bens, rendas, verbas ou valores integrantes do acervo patrimonial das entidades mencionadas no art. 1º desta lei;

XII – usar, em proveito próprio, bens, rendas, verbas ou valores integrantes do acervo patrimonial das entidades mencionadas no art. 1º desta lei.

- **Atos que configuram prejuízo ao erário**: condutas de gravidade mediana, o sujeito ativo pratica uma ação que resulta em um benefício específico a terceiros, causando prejuízo aos cofres públicos.

    Art. 10. Constitui ato de improbidade administrativa que causa lesão ao erário qualquer ação ou omissão dolosa, que enseje, efetiva e comprovadamente, perda patrimonial, desvio, apropriação, malbaratamento ou dilapidação dos bens ou haveres das entidades referidas no art. 1º desta Lei, e notadamente:

    I – facilitar ou concorrer, por qualquer forma, para a indevida incorporação ao patrimônio particular, de pessoa física ou jurídica, de bens, de rendas, de verbas ou de valores integrantes do acervo patrimonial das entidades referidas no art. 1º desta Lei;

    II – permitir ou concorrer para que pessoa física ou jurídica privada utilize bens, rendas, verbas ou valores integrantes do acervo patrimonial das entidades mencionadas no art. 1º desta lei, sem a observância das formalidades legais ou regulamentares aplicáveis à espécie;

III – doar à pessoa física ou jurídica bem como ao ente despersonalizado, ainda que de fins educativos ou assistências, bens, rendas, verbas ou valores do patrimônio de qualquer das entidades mencionadas no art. 1º desta lei, sem observância das formalidades legais e regulamentares aplicáveis à espécie;

IV – permitir ou facilitar a alienação, permuta ou locação de bem integrante do patrimônio de qualquer das entidades referidas no art. 1º desta lei, ou ainda a prestação de serviço por parte delas, por preço inferior ao de mercado;

V – permitir ou facilitar a aquisição, permuta ou locação de bem ou serviço por preço superior ao de mercado;

VI – realizar operação financeira sem observância das normas legais e regulamentares ou aceitar garantia insuficiente ou inidônea;

VII – conceder benefício administrativo ou fiscal sem a observância das formalidades legais ou regulamentares aplicáveis à espécie;

VIII – frustrar a licitude de processo licitatório ou de processo seletivo para celebração de parcerias com entidades sem fins lucrativos, ou dispensá-los indevidamente, acarretando perda patrimonial efetiva;

IX – ordenar ou permitir a realização de despesas não autorizadas em lei ou regulamento;

X – agir ilicitamente na arrecadação de tributo ou de renda, bem como no que diz respeito à conservação do patrimônio público;

XI – liberar verba pública sem a estrita observância das normas pertinentes ou influir de qualquer forma para a sua aplicação irregular;

XII – permitir, facilitar ou concorrer para que terceiro se enriqueça ilicitamente;

XIII – permitir que se utilize, em obra ou serviço particular, veículos, máquinas, equipamentos ou material de qualquer natureza, de propriedade ou à disposição de qualquer das entidades mencionadas no art. 1º desta lei, bem como o trabalho de servidor público, empregados ou terceiros contratados por essas entidades;

XIV – celebrar contrato ou outro instrumento que tenha por objeto a prestação de serviços públicos por meio da gestão associada sem observar as formalidades previstas na lei;

XV – celebrar contrato de rateio de consórcio público sem suficiente e prévia dotação orçamentária, ou sem observar as formalidades previstas na lei;

XVI – facilitar ou concorrer, por qualquer forma, para a incorporação, ao patrimônio particular de pessoa física ou jurídica, de bens, rendas, verbas ou valores públicos transferidos pela administração pública a entidades privadas mediante celebração de parcerias, sem a observância das formalidades legais ou regulamentares aplicáveis à espécie;

XVII – permitir ou concorrer para que pessoa física ou jurídica privada utilize bens, rendas, verbas ou valores públicos transferidos pela administração pública a entidade privada mediante celebração de parcerias, sem a observância das formalidades legais ou regulamentares aplicáveis à espécie;

XVIII – celebrar parcerias da administração pública com entidades privadas sem a observância das formalidades legais ou regulamentares aplicáveis à espécie;

XIX – agir para a configuração de ilícito na celebração, na fiscalização e na análise das prestações de contas de parcerias firmadas pela administração pública com entidades privadas;

XX – liberar recursos de parcerias firmadas pela administração pública com entidades privadas sem a estrita observância das normas pertinentes ou influir de qualquer forma para a sua aplicação irregular;

XXII – conceder, aplicar ou manter benefício financeiro ou tributário contrário ao que dispõem o *caput* e o § 1º do art. 8º-A da Lei Complementar nº 116, de 31 de julho de 2003.

§ 1º Nos casos em que a inobservância de formalidades legais ou regulamentares não implicar perda patrimonial efetiva, não ocorrerá imposição de ressarcimento, vedado o enriquecimento sem causa das entidades referidas no art. 1º desta Lei.

§ 2º A mera perda patrimonial decorrente da atividade econômica não acarretará improbidade administrativa, salvo se comprovado ato doloso praticado com essa finalidade.

- **Atos que atentam contra princípios da Administração Pública:** condutas de menor lesividade que não acarretam nem acréscimo patrimonial ao sujeito ativo, nem lesão financeira ao erário.

Art. 11. Constitui ato de improbidade administrativa que atenta contra os princípios da administração pública a ação ou omissão dolosa que viole os deveres de honestidade, de imparcialidade e de legalidade, caracterizada por uma das seguintes condutas:

III – revelar fato ou circunstância de que tem ciência em razão das atribuições e que deva permanecer em segredo, propiciando beneficiamento por informação privilegiada ou colocando em risco a segurança da sociedade e do Estado;

IV – negar publicidade aos atos oficiais, exceto em razão de sua imprescindibilidade para a segurança da sociedade e do Estado ou de outras hipóteses instituídas em lei;

V – frustrar, em ofensa à imparcialidade, o caráter concorrencial de concurso público, de chamamento ou de procedimento licitatório, com vistas à obtenção de benefício próprio, direto ou indireto, ou de terceiros;

VI – deixar de prestar contas quando esteja obrigado a fazê-lo, desde que disponha das condições para isso, com vistas a ocultar irregularidades;

VII – revelar ou permitir que chegue ao conhecimento de terceiro, antes da respectiva divulgação oficial, teor de medida política ou econômica capaz de afetar o preço de mercadoria, bem ou serviço;

VIII – descumprir as normas relativas à celebração, fiscalização e aprovação de contas de parcerias firmadas pela administração pública com entidades privadas;

XI – nomear cônjuge, companheiro ou parente em linha reta, colateral ou por afinidade, até o terceiro grau, inclusive, da autoridade nomeante ou de servidor da mesma pessoa jurídica investido em cargo de direção, chefia ou assessoramento, para o exercício de cargo em comissão ou de confiança ou, ainda, de função gratificada na administração pública direta e indireta em qualquer dos Poderes da União, dos Estados, do Distrito Federal e dos Municípios, compreendido o ajuste mediante designações recíprocas;

XII – praticar, no âmbito da administração pública e com recursos do erário, ato de publicidade que contrarie o disposto no § 1º do art. 37 da Constituição Federal, de forma a promover inequívoco enaltecimento do agente público e personalização de atos, de programas, de obras, de serviços ou de campanhas dos órgãos públicos.

§ 1º Nos termos da Convenção das Nações Unidas contra a Corrupção, promulgada pelo Decreto nº 5.687, de 31 de janeiro de 2006, somente haverá improbidade administrativa, na aplicação deste artigo, quando for comprovado na conduta funcional do agente público o fim de obter proveito ou benefício indevido para si ou para outra pessoa ou entidade.

§ 2º Aplica-se o disposto no § 1º deste artigo a quaisquer atos de improbidade administrativa tipificados nesta Lei e em leis especiais e a quaisquer outros tipos especiais de improbidade administrativa instituídos por lei.

§ 3º O enquadramento de conduta funcional na categoria de que trata este artigo pressupõe a demonstração objetiva da prática de ilegalidade no exercício da função pública, com a indicação das normas constitucionais, legais ou infralegais violadas.

§ 4º Os atos de improbidade de que trata este artigo exigem lesividade relevante ao bem jurídico tutelado para serem passíveis de sancionamento e independem do reconhecimento da produção de danos ao erário e de enriquecimento ilícito dos agentes públicos.

§ 5º Não se configurará improbidade a mera nomeação ou indicação política por parte dos detentores de mandatos eletivos, sendo necessária a aferição de dolo com finalidade ilícita por parte do agente.

3.4.4. Legitimidade da ação e procedimentos

Outro ponto que gerou uma relevante discussão quanto à nova redação da Lei de Improbidade Administrativa foi o apontamento da legitimidade para a propositura da ação decorrente de ato de improbidade administrativa. Ocorre que, por força do novo texto, a propositura da ação se tornou de competência **exclusiva** do Ministério Público, sendo garantido a outros interessados apenas o direito de **representação** para surgimento da ação.

Art. 7º Se houver indícios de ato de improbidade, a autoridade que conhecer dos fatos representará ao Ministério Público competente, para as providências necessárias.

Esse ponto da lei gerou resistência e propositura de duas ADIs (7.042 e 7.043), que resultaram na seguinte decisão:

ADIs 7.042 e 7.043: O Tribunal, por maioria, julgou parcialmente procedentes os pedidos formulados na ação direta para: (a) declarar a inconstitucionalidade parcial, sem redução de texto, do *caput* e dos §§ 6º-A e 10-C do art. 17, assim como do *caput* e dos §§ 5º e 7º do art. 17-B, da Lei 8.429/1992, na redação dada pela Lei 14.230/2021, de modo a restabelecer a existência de legitimidade ativa concorrente e disjuntiva entre o Ministério Público e as pessoas jurídicas interessadas para a propositura da ação por ato de improbidade administrativa e para a celebração de acordos de não persecução civil; (b) declarar a inconstitucionalidade parcial, com redução de texto, do § 20 do art. 17 da Lei 8.429/1992, incluído pela Lei 14.230/2021, no sentido de que não existe "obrigatoriedade de defesa judicial"; havendo, porém, a possibilidade de os órgãos da Advocacia Pública autorizarem a realização dessa representação judicial, por parte da assessoria jurídica que emitiu o parecer atestando a legalidade prévia dos atos administrativos praticados pelo administrador público, nos termos autorizados por lei específica; (c) declarar a inconstitucionalidade do art. 3º da Lei 14.230/2021; e, em consequência, declarar a constitucionalidade: (a) do § 14 do art. 17 da Lei 8.429/1992, incluído pela Lei 14.230/2021; e (b) do art. 4º, X, da Lei 14.230/2021.

Art. 17. A ação para a aplicação das sanções de que trata esta Lei será proposta pelo Ministério Público e seguirá o procedimento comum previsto na Lei nº 13.105, de 16 de março de 2015 (Código de Processo Civil), salvo o disposto nesta Lei.

§ 6º-A O Ministério Público poderá requerer as tutelas provisórias adequadas e necessárias, nos termos dos arts. 294 a 310 da Lei nº 13.105, de 16 de março de 2015 (Código de Processo Civil).

§ 10-C. Após a réplica do Ministério Público, o juiz proferirá decisão na qual indicará com precisão a tipificação do ato de improbidade administrativa imputável ao réu, sendo-lhe vedado modificar o fato principal e a capitulação legal apresentada pelo autor.

§ 20. A assessoria jurídica que emitiu o parecer atestando a legalidade prévia dos atos administrativos praticados pelo administrador público ficará obrigada a defendê-lo judicialmente, caso este venha a responder ação por improbidade administrativa, até que a decisão transite em julgado.

Quanto ao processamento da imputação de conduta de improbidade por agente público ou equiparado, a LIA nos traz duas possibilidades de condução, uma pela via administrativa e outra pela via judicial. Para melhor revisarmos o tema, vamos observar cada via em separado. Começamos pela via administrativa:

Art. 14. Qualquer pessoa poderá representar à autoridade administrativa competente para que seja instaurada investigação destinada a apurar a prática de ato de improbidade.

§ 1º A representação, que será escrita ou reduzida a termo e assinada, conterá a qualificação do representante, as informações sobre o fato e sua autoria e a indicação das provas de que tenha conhecimento.

§ 2º A autoridade administrativa rejeitará a representação, em despacho fundamentado, se esta não contiver as formalidades estabelecidas no § 1º deste artigo. A rejeição não impede a representação ao Ministério Público, nos termos do art. 22 desta lei.

§ 3º Atendidos os requisitos da representação, a autoridade determinará a imediata apuração dos fatos, observada a legislação que regula o processo administrativo disciplinar aplicável ao agente.

Art. 15. A comissão processante dará conhecimento ao Ministério Público e ao Tribunal ou Conselho de Contas da existência de procedimento administrativo para apurar a prática de ato de improbidade.

Parágrafo único. O Ministério Público ou Tribunal ou Conselho de Contas poderá, a requerimento, designar representante para acompanhar o procedimento administrativo.

É possível a instauração de processo administrativo com base em denúncia anônima (STJ, 2ª Turma, AgRg no REsp n. 1.307.503/RR, Rel. Min. Mauro Campbell Marques, j. 06.08.2013).

Ocorre que o procedimento administrativo instaurado pela autoridade administrativa deverá, conforme visto no texto da lei, seguir o rito estabelecido em legislação própria de acordo com o vínculo do servidor. Com isso, não será possível aplicar nenhuma das sanções previstas na LIA ao acusado. Por isso, a previsão de comunicação aos órgãos de controle da instauração do procedimento. Nesse momento se dará razão, caso não tenha sido apresentada representação direta, à propositura da ação pelos legitimados.

Agora vamos observar o rito por trás da ação judicial de improbidade, rito bem complexo e que deve ser estudado com calma, com a leitura dos dispositivos que destacaremos aqui. A ação de improbidade é uma ação civil com rito especial. Uma novidade interessante é a possibilidade de o juiz decidir por converter a ação de improbidade em uma ação civil pública, afastando completamente a posição de alguns doutrinadores que afirmavam a ação de improbidade ser necessariamente uma ação civil pública. Irei agora trazer os artigos importantes sobre esse procedimento, reorganizados de forma que facilite o entendimento do rito.

OBSERVAÇÃO! destacamos que alguns dispositivos foram considerados inconstitucionais pelo STF. Porém, como visto, foi uma inconstitucionalidade parcial sem redução de texto, o que faz que o texto ainda seja aplicável com a interpretação correta, por isso pode ser utilizado na construção de sua resposta. Assim, iremos reproduzir os dispositivos na sua integralidade a partir deste momento.

> Art. 17. A ação para a aplicação das sanções de que trata esta Lei será proposta pelo Ministério Público e seguirá o procedimento comum previsto na Lei nº 13.105, de 16 de março de 2015 (Código de Processo Civil), salvo o disposto nesta Lei.
>
> § 4º-A. A ação a que se refere o *caput* deste artigo deverá ser proposta perante o foro do local onde ocorrer o dano ou da pessoa jurídica prejudicada.
>
> § 5º A propositura da ação a que se refere o *caput* deste artigo prevenirá a competência do juízo para todas as ações posteriormente intentadas que possuam a mesma causa de pedir ou o mesmo objeto.
>
> § 14. Sem prejuízo da citação dos réus, a pessoa jurídica interessada será intimada para, caso queira, intervir no processo.
>
> Art. 17. § 7º Se a petição inicial estiver em devida forma, o juiz mandará autuá-la e ordenará a citação dos requeridos para que a contestem no prazo comum de 30 (trinta) dias, iniciado o prazo na forma do art. 231 da Lei nº 13.105, de 16 de março de 2015 (Código de Processo Civil).
>
> § 9º-A. Da decisão que rejeitar questões preliminares suscitadas pelo réu em sua contestação caberá agravo de instrumento.
>
> § 10-A. Havendo a possibilidade de solução consensual, poderão as partes requerer ao juiz a interrupção do prazo para a contestação, por prazo não superior a 90 (noventa) dias.
>
> § 21. Das decisões interlocutórias caberá agravo de instrumento, inclusive da decisão que rejeitar questões preliminares suscitadas pelo réu em sua contestação.

Art. 17. § 10-C. Após a réplica do Ministério Público, o juiz proferirá decisão na qual indicará com precisão a tipificação do ato de improbidade administrativa imputável ao réu, sendo-lhe vedado modificar o fato principal e a capitulação legal apresentada pelo autor.

§ 10-D. Para cada ato de improbidade administrativa, deverá necessariamente ser indicado apenas um tipo dentre aqueles previstos nos arts. 9º, 10 e 11 desta Lei.

§ 10-E. Proferida a decisão referida no § 10-C deste artigo, as partes serão intimadas a especificar as provas que pretendem produzir.

Proposta a ação de improbidade, a LIA oferece medidas cautelares como formas de garantir o resultado útil do processo. São elas:

- **Afastamento preventivo do servidor:** aplicável sempre que a autoridade administrativa puder demonstrar que a manutenção do agente no cargo atrapalhará o bom andamento do processo.

    Art. 20. A perda da função pública e a suspensão dos direitos políticos só se efetivam com o trânsito em julgado da sentença condenatória.

    § 1º A autoridade judicial competente poderá determinar o afastamento do agente público do exercício do cargo, do emprego ou da função, sem prejuízo da remuneração, quando a medida for necessária à instrução processual ou para evitar a iminente prática de novos ilícitos.

    § 2º O afastamento previsto no § 1º deste artigo será de até 90 (noventa) dias, prorrogáveis uma única vez por igual prazo, mediante decisão motivada.

- **Indisponibilidade dos bens:** essencial para garantir a efetivação da ação no caso de aplicação das penalidades de perda dos bens acrescidos ilicitamente ou de ressarcimento ao erário. A legislação exige a demonstração do risco de dano ao resultado útil do processo para concessão da cautelar.

    Art. 16. Na ação por improbidade administrativa poderá ser formulado, em caráter antecedente ou incidente, pedido de indisponibilidade de bens dos réus, a fim de garantir a integral recomposição do erário ou do acréscimo patrimonial resultante de enriquecimento ilícito.

    § 3º O pedido de indisponibilidade de bens a que se refere o *caput* deste artigo apenas será deferido mediante a demonstração no caso concreto de perigo de dano irreparável ou de risco ao resultado útil do processo, desde que o juiz se convença da probabilidade da ocorrência dos atos descritos na petição inicial com fundamento nos respectivos elementos de instrução, após a oitiva do réu em 5 (cinco) dias.

- **Bloqueio de contas:** medida importante para garantir a solvência do réu para arcar com as punições pecuniárias decorrentes de seus atos.

    Art. 16. § 2º Quando for o caso, o pedido de indisponibilidade de bens a que se refere o *caput* deste artigo incluirá a investigação, o exame e o bloqueio de bens, contas bancárias e aplicações financeiras mantidas pelo indiciado no exterior, nos termos da lei e dos tratados internacionais.

    § 10. A indisponibilidade recairá sobre bens que assegurem exclusivamente o integral ressarcimento do dano ao erário, sem incidir sobre os valores a serem eventualmente aplicados a título de multa civil ou sobre acréscimo patrimonial decorrente de atividade lícita.

§ 11. A ordem de indisponibilidade de bens deverá priorizar veículos de via terrestre, bens imóveis, bens móveis em geral, semoventes, navios e aeronaves, ações e quotas de sociedades simples e empresárias, pedras e metais preciosos e, apenas na existência desses, o bloqueio de contas bancárias, de forma a garantir a subsistência do acusado e a manutenção da atividade empresária ao longo do processo.

Evento importante ocorrido em 2019, com a promulgação da Lei n. 13.964 (Pacote Anticrime), também afetou diretamente a LIA, trazendo um importante instrumento a ser utilizado no processamento da ação, o chamado **acordo de não persecução civil**. Acordo de não persecução civil tem natureza de negócio jurídico, pois depende de manifestação expressa da vontade das partes para sua realização. Em razão dessa característica de bilateralidade, não há nenhuma obrigação por parte do Ministério Público quanto à propositura de tal acordo, esse instrumento se torna uma opção para a ação.

> Art. 17-B. O Ministério Público poderá, conforme as circunstâncias do caso concreto, celebrar acordo de não persecução civil, desde que dele advenham, ao menos, os seguintes resultados:
>
> I – o integral ressarcimento do dano;
>
> II – a reversão à pessoa jurídica lesada da vantagem indevida obtida, ainda que oriunda de agentes privados.
>
> § 1º A celebração do acordo a que se refere o *caput* deste artigo dependerá, cumulativamente:
>
> I – da oitiva do ente federativo lesado, em momento anterior ou posterior à propositura da ação;
>
> II – de aprovação, no prazo de até 60 (sessenta) dias, pelo órgão do Ministério Público competente para apreciar as promoções de arquivamento de inquéritos civis, se anterior ao ajuizamento da ação;
>
> III – de homologação judicial, independentemente de o acordo ocorrer antes ou depois do ajuizamento da ação de improbidade administrativa.
>
> § 4º O acordo a que se refere o *caput* deste artigo poderá ser celebrado no curso da investigação de apuração do ilícito, no curso da ação de improbidade ou no momento da execução da sentença condenatória.
>
> *Informativo* n. 728 do STJ. É possível a homologação judicial de acordo de não persecução cível no âmbito da ação de improbidade administrativa em fase recursal (STJ, 1ª Seção, REsp n. 1.913.638/MA, Rel. Min. Gurgel de Faria, j. 9-3-2022).

3.4.5. Sanções e prescrição

Este é um momento importante de nosso estudo, pois deixa claro o motivo de a LIA "classificar" determinadas condutas como espécies específicas de improbidade. Essa organização resultará em punições específicas a serem determinadas dependendo do grupo de improbidade em que a conduta investigada se enquadrar. É o que extraímos do art. 12.

Art. 12. Independentemente do ressarcimento integral do dano patrimonial, se efetivo, e das sanções penais comuns e de responsabilidade, civis e administrativas previstas na legislação específica, está o responsável pelo ato de improbidade sujeito às seguintes cominações, que podem ser aplicadas isolada ou cumulativamente, de acordo com a gravidade do fato:

I – na hipótese do art. 9º desta Lei, perda dos bens ou valores acrescidos ilicitamente ao patrimônio, perda da função pública, suspensão dos direitos políticos até 14 (catorze) anos, pagamento de multa civil equivalente ao valor do acréscimo patrimonial e proibição de contratar com o poder público ou de receber benefícios ou incentivos fiscais ou creditícios, direta ou indiretamente, ainda que por intermédio de pessoa jurídica da qual seja sócio majoritário, pelo prazo não superior a 14 (catorze) anos;

II – na hipótese do art. 10 desta Lei, perda dos bens ou valores acrescidos ilicitamente ao patrimônio, se concorrer esta circunstância, perda da função pública, suspensão dos direitos políticos até 12 (doze) anos, pagamento de multa civil equivalente ao valor do dano e proibição de contratar com o poder público ou de receber benefícios ou incentivos fiscais ou creditícios, direta ou indiretamente, ainda que por intermédio de pessoa jurídica da qual seja sócio majoritário, pelo prazo não superior a 12 (doze) anos;

III – na hipótese do art. 11 desta Lei, pagamento de multa civil de até 24 (vinte e quatro) vezes o valor da remuneração percebida pelo agente e proibição de contratar com o poder público ou de receber benefícios ou incentivos fiscais ou creditícios, direta ou indiretamente, ainda que por intermédio de pessoa jurídica da qual seja sócio majoritário, pelo prazo não superior a 4 (quatro) anos;

§ 1º A sanção de perda da função pública, nas hipóteses dos incisos I e II do *caput* deste artigo, atinge apenas o vínculo de mesma qualidade e natureza que o agente público ou político detinha com o poder público na época do cometimento da infração, podendo o magistrado, na hipótese do inciso I do *caput* deste artigo, e em caráter excepcional, estendê-la aos demais vínculos, consideradas as circunstâncias do caso e a gravidade da infração.

§ 2º A multa pode ser aumentada até o dobro, se o juiz considerar que, em virtude da situação econômica do réu, o valor calculado na forma dos incisos I, II e III do *caput* deste artigo é ineficaz para reprovação e prevenção do ato de improbidade.

§ 3º Na responsabilização da pessoa jurídica, deverão ser considerados os efeitos econômicos e sociais das sanções, de modo a viabilizar a manutenção de suas atividades.

§ 4º Em caráter excepcional e por motivos relevantes devidamente justificados, a sanção de proibição de contratação com o poder público pode extrapolar o ente público lesado pelo ato de improbidade, observados os impactos econômicos e sociais das sanções, de forma a preservar a função social da pessoa jurídica, conforme disposto no § 3º deste artigo.

§ 9º As sanções previstas neste artigo somente poderão ser executadas após o trânsito em julgado da sentença condenatória.

Art. 20. A perda da função pública e a suspensão dos direitos políticos só se efetivam com o trânsito em julgado da sentença condenatória.

Derivada do princípio da segurança jurídica, a prescrição é um instituto que visa "forçar" a Administração Pública a agir sob pena de perda dos seus poderes sancionatórios, por decurso do tempo. A Lei n. 14.230/2021 decidiu pela uniformização dos prazos prescricionais, determinando um prazo de 8 anos independentemente da condição ou posição do agente público. Em relação à ação de ressarcimento, é importante destacar que toda ação de ressarcimento resultante da ação e improbidade administrativa será imprescritível, por força do entendimento atual da redação do art. 37, § 5º, da Constituição Federal.

> Art. 37, § 5º, da CF/88 – A lei estabelecerá os prazos de prescrição para ilícitos praticados por qualquer agente, servidor ou não, que causem prejuízos ao erário, ressalvadas as respectivas ações de ressarcimento.
>
> Art. 23 da Lei 8.429/92 – A ação para a aplicação das sanções previstas nesta Lei prescreve em 8 (oito) anos, contados a partir da ocorrência do fato ou, no caso de infrações permanentes, do dia em que cessou a permanência.
>
> § 1º A instauração de inquérito civil ou de processo administrativo para apuração dos ilícitos referidos nesta Lei suspende o curso do prazo prescricional por, no máximo, 180 (cento e oitenta) dias corridos, recomeçando a correr após a sua conclusão ou, caso não concluído o processo, esgotado o prazo de suspensão.
>
> § 2º O inquérito civil para apuração do ato de improbidade será concluído no prazo de 365 (trezentos e sessenta e cinco) dias corridos, prorrogável uma única vez por igual período, mediante ato fundamentado submetido à revisão da instância competente do órgão ministerial, conforme dispuser a respectiva lei orgânica.
>
> § 3º Encerrado o prazo previsto no § 2º deste artigo, a ação deverá ser proposta no prazo de 30 (trinta) dias, se não for caso de arquivamento do inquérito civil.
>
> § 4º O prazo da prescrição referido no *caput* deste artigo interrompe-se:
>
> I – pelo ajuizamento da ação de improbidade administrativa;
>
> II – pela publicação da sentença condenatória;
>
> III – pela publicação de decisão ou acórdão de Tribunal de Justiça ou Tribunal Regional Federal que confirma sentença condenatória ou que reforma sentença de improcedência;
>
> IV – pela publicação de decisão ou acórdão do Superior Tribunal de Justiça que confirma acórdão condenatório ou que reforma acórdão de improcedência;
>
> V – pela publicação de decisão ou acórdão do Supremo Tribunal Federal que confirma acórdão condenatório ou que reforma acórdão de improcedência.
>
> § 5º Interrompida a prescrição, o prazo recomeça a correr do dia da interrupção, pela metade do prazo previsto no *caput* deste artigo.
>
> § 8º O juiz ou o tribunal, depois de ouvido o Ministério Público, deverá, de ofício ou a requerimento da parte interessada, reconhecer a prescrição intercorrente da pretensão sancionadora e decretá-la de imediato, caso, entre os marcos interruptivos referidos no § 4º, transcorra o prazo previsto no § 5º deste artigo.

3.5. Agentes públicos

3.5.1. Conceito e classificação

Pode-se considerar agente público todo aquele que exerce função pública em virtude de relação trabalhista desenvolvida com qualquer ente da Administração Pública. Também são considerados agentes públicos os contratados temporários e os detentores de cargos comissionados; tratados como excepcionais pela lei, são abarcados pelo conceito amplo de agente público. Até mesmo aqueles que não possuem um vínculo de natureza administrativa ou política com o ente estatal, mas atuam no exercício de função pública, são considerados agentes públicos.

Desse conceito passamos a ter a necessidade de identificar uma classificação mais "palatável" dos diversos tipos de vínculos e condições que geram a identificação de um agente público. O problema é que não encontramos na doutrina uma classificação que seja pacífica. Por isso, vou apresentar aqui a classificação mais compatível com o padrão FGV.

- **Agentes políticos:** a primeira espécie do gênero agentes públicos, os agentes políticos exercem função pública de alta direção do Estado, assim entendidos como aqueles que exercem função política em cargos estruturais e inerentes à organização política do país, materializando a vontade superior do Estado. Vale ressaltar que os Tribunais Superiores também entendem que devem ser considerados agentes políticos os magistrados, membros do Ministério Público e os diplomatas, haja vista que exercem funções essenciais ao Estado e praticam atos que se relacionam diretamente com a soberania deste.

- **Particulares em colaboração:** assim são considerados todos aqueles que atuam em situações excepcionais em nome do Estado, mesmo em caráter temporário ou ocasional, sem perder a qualidade de particular. Exercem função pública independentemente de vínculo estabelecido, manifestam a vontade do Estado executando atividades públicas em condições especiais, apesar de não integrarem a Administração Pública. Essa classificação se subdivide em:
  - **Agentes honoríficos:** atuam em virtude de convocação efetivada pelo Poder Público. Exercem o chamado múnus público e têm obrigação de atendimento à convocação, sob pena de sanção. Ex.: mesários eleitorais, jurados em um tribunal do júri, conscritos
  - **Agentes voluntários:** aqueles que "se oferecem" para atuar em repartições, escolas ou hospitais sempre que aberto o programa de voluntariado pelo Estado.
  - **Agentes delegados:** atuam na prestação de serviços públicos mediante delegação do Estado.
  - **Agentes credenciados:** sua atuação deriva de convênios firmados junto ao Estado para atendimento de atividades de interesse da sociedade. Ex.: clínicas particulares credenciadas para atendimento pelo SUS.

- **Agentes administrativos:** a categoria comporta todos aqueles que exercem função administrativa em virtude de um vínculo com a Administração Pública. Normalmente são identificados por exclusão, pois não se enquadram no conceito de agentes políticos nem de particulares em colaboração. Essa classificação também apresenta uma subdivisão didática.

- **Servidores temporários:** considera-se temporário todo aquele contratado sob a regra excepcional da Constituição Federal, sem a realização de um efetivo concurso público.
- **Servidores públicos e empregados públicos:** trago aqui essas duas subdivisões ao mesmo tempo, pois ambas decorrem da mesma condição, aprovação de concurso público, sendo a principal distinção entre elas o regime jurídico de regência do vínculo estabelecido.
- **Agentes militares:** agentes militares formam uma categoria separada na estrutura administrativa, localizando-se, para alguns doutrinadores, na classificação de agentes políticos, uma vez que as instituições militares se organizam com base na disciplina e na hierarquia. Os detentores de cargos militares são regidos por regras estatutárias, não possuindo vínculo contratual, porém suas regras de regência provêm de uma legislação específica, diversa daquela aplicada aos servidores civis.

3.5.2. Concurso público

Concurso público é um procedimento administrativo instaurado pelo Poder Público com o condão de selecionar candidatos mais aptos a assumirem os cargos e empregos públicos da Administração Pública. Por envolver participação de particulares, a doutrina costuma denominar o procedimento de externo, exigindo, assim, a concorrência como fator essencial de realização do certame.

> Art. 37. I – os cargos, empregos e funções públicas são acessíveis aos brasileiros que preencham os requisitos estabelecidos em lei, assim como aos estrangeiros, na forma da lei;
>
> O Supremo Tribunal Federal fixou entendimento no sentido de que o art. 37, I, da Constituição do Brasil [redação após a EC n. 19/1998], consubstancia, relativamente o acesso aos cargos públicos por estrangeiros, preceito constitucional dotado de eficácia limitada, dependendo de regulamentação para produzir efeitos, sendo assim, não autoaplicável (STF, 2ª Turma, RE n. 544.655 AgR/MG, Rel. Min. Eros Grau, j. 9-9-2008).
>
> Súmula Vinculante 43. É inconstitucional toda modalidade de provimento que propicie ao servidor investir-se, sem prévia aprovação, em concurso público destinado ao seu provimento, em cargo que não integra a carreira na qual anteriormente investido.
>
> Art. 37. II – a investidura em cargo ou emprego público depende de aprovação prévia em concurso público de provas ou de provas e títulos, de acordo com a natureza e a complexidade do cargo ou emprego, na forma prevista em lei, ressalvadas as nomeações para cargo em comissão declarado em lei de livre nomeação e exoneração;

- **Cargos em comissão:** cargos criados com a função de exercer chefia, direção ou assessoramento devem ser preenchidos com base em critérios de confiança pessoal. Assim, não há lógica na realização de um concurso prévio, determinando a lei seu preenchimento por livre nomeação.

- **Cargos temporários:** por se tratar de contratação que possui caráter excepcional, com fim de atender ao interesse público específico, considera-se que a realização de concurso público configuraria mais um obstáculo do que uma proteção legal.
- **Cargos eletivos:** agentes eleitos para exercício da função de representação da sociedade, a seleção se dará da forma mais democrática possível, qual seja a realização de eleição.
- **Ministros dos Tribunais de Contas e Tribunais Superiores:** mesmo com a previsão, no caso do Poder Judiciário, de realização de concurso público para ingresso na carreira da magistratura, o acesso aos cargos superiores se dará sem concurso, mediante indicação.

3.5.3. Principais conceitos e jurisprudências

Faremos, juntos, agora uma análise das principais informações cobradas em nossa segunda fase pela banca FGV. Faremos uma avaliação extremamente objetiva, trazendo os pontos essenciais para que possamos, juntos, construir a melhor resposta discursiva possível.

- **Edital:** o edital de concurso é considerado por muitos como a "lei do concurso público", visto ser o instrumento responsável por determinar todas as regras a serem adotadas na realização daquele certame específico. Por isso, diversas informações importantes são extraídas de seu conteúdo.
- **Validade do concurso público:** na forma da Constituição, um concurso público poderá ter validade inferior a 2 (dois) anos, mas nunca superior, salvo possibilidade de prorrogação, no interesse da Administração Pública com base em critérios de oportunidade e conveniência, por igual período, entendido como uma repetição do período de validade pré-prorrogação.
- **Direito subjetivo à nomeação:** aqui destaco duas jurisprudências importantes:
  - Em conformidade com jurisprudência pacífica desta Corte, o candidato aprovado em concurso público, dentro do número de vagas previstas em edital, possui direito líquido e certo à nomeação e à posse (STJ, 6ª Turma, RMS n. 20.718/SP, Rel. Min. Paulo Medina, j. 4-12-2007).
  - A aprovação do candidato, ainda que fora do número de vagas disponíveis no edital do concurso, lhe confere direito subjetivo à nomeação para o respectivo cargo, se a Administração Pública manifesta, por ato inequívoco, a necessidade do preenchimento de novas vagas. A desistência dos candidatos convocados, ou mesmo a sua desclassificação em razão do não preenchimento de determinados requisitos, gera para os seguintes na ordem de classificação direito subjetivo à nomeação, observada a quantidade das novas vagas disponibilizadas (STJ, 2ª Turma, RMS n. 32.105/DF, Rel. Min. Eliana Calmon, j. 19-8-2010).
- **Reserva de vagas para pessoas com deficiência:** em respeito ao princípio da isonomia, a Constituição Federal estabelece a necessidade de reserva de vagas

para as pessoas com deficiência, na forma da lei específica. As vagas a serem reservadas serão relativas a cargos compatíveis com a deficiência do candidato, e os critérios de admissão também deverão ser estabelecidos na legislação específica.

- **Reserva de vagas para negros e pardos:** a Lei n. 12.990/2014 definiu uma reserva de vagas de concursos públicos da Administração Pública Federal de 20% (vinte por cento) para os candidatos negros e pardos, desde que o número de vagas previstos no edital seja de pelo menos três. No caso de Estado, DF e Municípios, o percentual específico deverá ser estabelecido em lei própria. Interessa observar que a legislação determinou um valor fixo de 20% (vinte por cento) das vagas, e não um valor de até 20% (vinte por cento) – como acontece na reserva de vagas para pessoas com deficiência. Assim, não se prevê discricionariedade do administrador público quanto ao número de vagas realmente reservado no certame.

- **Cláusula de barreira:** são critérios restritivos previstos no edital que limitam a passagem de aprovados de uma etapa a outra. Esse tipo de prática é comum quando o concurso prevê em seu edital um número máximo de classificados que irão para uma próxima etapa, por exemplo: realizar um exame médico ou uma prova física.

- **Exame psicotécnico:** Súmula Vinculante 44. Só por lei se pode sujeitar a exame psicotécnico a habilitação de candidato a cargo público.

- **Responsabilidade por danos materiais decorrentes de cancelamento:** o STF proferiu uma decisão, constituindo tese de repercussão geral, determinando que, sendo a banca organizadora uma pessoa jurídica de direito privado que se encontra na posição de prestadora de serviço público, aplica-se no caso a responsabilidade civil objetiva, nos moldes do art. 37, § 6º, da CF/1988. Com relação ao Estado, este só responderá subsidiariamente, caso a entidade privada se torne comprovadamente insolvente.

- **Acumulação de cargos:** como regra, a Constituição Federal determina a impossibilidade de acumulação de cargos, empregos ou funções públicas. Essa regra é aplicada tanto para os entes da Administração Pública Direta quanto para os entes da Administração Pública Indireta, incluindo as subsidiárias desses entes. Porém, a vedação de acumulação é regra, o que comporta exceção, conforme texto Constitucional.

> Art. 37. XVI – é vedada a acumulação remunerada de cargos públicos, exceto, quando houver compatibilidade de horários, observado em qualquer caso o disposto no inciso XI:
>
> a) a de dois cargos de professor;
>
> b) a de um cargo de professor com outro técnico ou científico;
>
> c) a de dois cargos ou empregos privativos de profissionais de saúde, com profissões regulamentadas;
>
> XVII – a proibição de acumular estende-se a empregos e funções e abrange autarquias, fundações, empresas públicas, sociedades de economia mista, suas subsidiárias, e sociedades controladas, direta ou indiretamente, pelo Poder Público.

Art. 38. Ao servidor público da administração direta, autárquica e fundacional, no exercício de mandato eletivo, aplicam-se as seguintes disposições:

III – investido no mandato de Vereador, havendo compatibilidade de horários, perceberá as vantagens de seu cargo, emprego ou função, sem prejuízo da remuneração do cargo eletivo, e, não havendo compatibilidade, será aplicada a norma do inciso anterior;

Art. 95. Parágrafo único. Aos juízes é vedado:

I – exercer, ainda que em disponibilidade, outro cargo ou função, salvo uma de magistério;

Art. 128. § 5º Leis complementares da União e dos Estados, cuja iniciativa é facultada aos respectivos Procuradores-Gerais, estabelecerão a organização, as atribuições e o estatuto de cada Ministério Público, observadas, relativamente a seus membros:

II – as seguintes vedações:

d) exercer, ainda que em disponibilidade, qualquer outra função pública, salvo uma de magistério

- **Teto remuneratório:** Art. 37. XI – a remuneração e o subsídio dos ocupantes de cargos, funções e empregos públicos da administração direta, autárquica e fundacional, dos membros de qualquer dos Poderes da União, dos Estados, do Distrito Federal e dos Municípios, dos detentores de mandato eletivo e dos demais agentes políticos e os proventos, pensões ou outra espécie remuneratória, percebidos cumulativamente ou não, incluídas as vantagens pessoais ou de qualquer outra natureza, não poderão exceder o subsídio mensal, em espécie, dos Ministros do Supremo Tribunal Federal, aplicando-se como limite, nos Municípios, o subsídio do Prefeito, e nos Estados e no Distrito Federal, o subsídio mensal do Governador no âmbito do Poder Executivo, o subsídio dos Deputados Estaduais e Distritais no âmbito do Poder Legislativo e o subsídio dos Desembargadores do Tribunal de Justiça, limitado a noventa inteiros e vinte e cinco centésimos por cento do subsídio mensal, em espécie, dos Ministros do Supremo Tribunal Federal, no âmbito do Poder Judiciário, aplicável este limite aos membros do Ministério Público, aos Procuradores e aos Defensores Públicos;

§ 9º O disposto no inciso XI aplica-se às empresas públicas e às sociedades de economia mista, e suas subsidiárias, que receberem recursos da União, dos Estados, do Distrito Federal ou dos Municípios para pagamento de despesas de pessoal ou de custeio em geral.

§ 12. Para os fins do disposto no inciso XI do *caput* deste artigo, fica facultado aos Estados e ao Distrito Federal fixar, em seu âmbito, mediante emenda às respectivas Constituições e Lei Orgânica, como limite único, o subsídio mensal dos Desembargadores do respectivo Tribunal de Justiça, limitado a noventa inteiros e vinte e cinco centésimos por cento do subsídio mensal dos Ministros do Supremo Tribunal Federal, não se aplicando o disposto neste parágrafo aos subsídios dos Deputados Estaduais e Distritais e dos Vereadores.

- **Greve e sindicalização:** os direitos de greve e sindicalização são expressamente vedados aos servidores militares pela Constituição Federal. Estamos tratando de uma composição administrativa que é caracterizada pelo respeito à hierarquia e à disciplina, incompatível com movimentos grevistas e enfrentamentos que possam levar à eventual paralisação do serviço, essencial para a proteção da sociedade e para a garantia da segurança nacional. Tal vedação se aplica a todos aqueles que prestam serviço às Forças Armadas (Exército, Marinha e Aeronáutica) e se estende aos militares estaduais, inclusive Polícia Militar e Corpo de Bombeiros, e aos integrantes dos cargos de Segurança Pública. Com relação a servidores civis, tais vedações não existem. A Constituição Federal prevê acesso a tais direitos, determinando a necessidade de edição de lei específica quanto ao direito de greve, definindo os limites do exercício do direito.

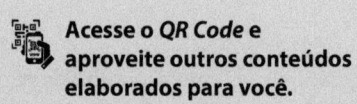

Acesse o *QR Code* e aproveite outros conteúdos elaborados para você.

> http://uqr.to/1wzru

4. QUESTÕES E GABARITOS

Neste capítulo, analisaremos os temas mais cobrados em Direito Administrativo na 2ª fase do Exame de Ordem, bem como apresentaremos as questões pertinentes a cada instituto já cobradas nas provas anteriores.

É importante sugerir a adoção de algumas regras básicas na resolução das questões discursivas:

1. Seja sempre objetivo e direto. Cuidado para não falar demais e se prejudicar, nem falar de menos e deixar de mencionar aspectos importantes da resposta; utilize parágrafos e frases curtas, a não ser que seja inevitável. Para isso, evite usar as palavras "sendo", "tendo". Em vez disso, pontue a frase ou parágrafo.

2. Responda sempre o que for exatamente perguntado. Se a pergunta é PODE, responda objetivamente logo no início da resposta com um simples "Sim" ou "Não". A partir daí, desenvolva seu raciocínio.

3. A identificação pessoal, tanto na peça como nas questões, anula a prova. Muito cuidado para não utilizar qualquer espécie de marcação, como nomes próprios, rabiscos, lugares etc. *Siga estritamente o comando da questão!*

4. Quando citar a lei e seus parágrafos, lembre-se de que "Lei n. xxxx" começa com letra maiúscula e escreva por extenso apenas o parágrafo único, os demais parágrafos podem ser mencionados pelo símbolo §.

5. Nas respostas, não personalize o discurso. Evite colocar "na minha opinião"; "a meu sentir".

Vamos aos temas cobrados pela banca FGV!

ACESSO À INFORMAÇÃO

(40º Exame) Determinada informação de interesse público não consta das vias de transparência digitais utilizadas pelo Município Alfa, a despeito de não ter sido submetida a sigilo, razão pela qual a Associação Querosaber, que tem, como uma de suas finalidades institucionais acompanhar as contas públicas, efetuou pedido de acesso a tais dados.

Para tanto, o órgão responsável cobrou montante determinado para submeter e processar o requerimento. Mesmo discordando, a Associação pagou o aludido valor, mas seu pedido foi indeferido pela autoridade competente, sob o fundamento de que não foram indicados os motivos determinantes para o acesso aos dados em questão.

Diante dessa situação hipotética, responda, fundamentadamente, aos questionamentos a seguir.

A) É lícita a cobrança efetuada pelo órgão responsável para fins de acesso à informação?

B) O fundamento utilizado pela autoridade competente para indeferir o acesso à informação tem respaldo legal?

Obs.: o(a) examinando(a) deve fundamentar suas respostas. A mera citação do dispositivo legal não confere pontuação.

GABARITO:

A) Não. A Lei n. 12.527/2011, em seu art. 12, determina que os serviços busca e fornecimento da informação sejam gratuitos, não permitindo, assim, a cobrança por sua realização.

B) Não. É vedado ao poder público exigir os motivos determinantes da solicitação de informações de interesse público, conforme art. 10, § 3º, da Lei n. 12.527/2011.

DISTRIBUIÇÃO DOS PONTOS

ITEM	PONTUAÇÃO
A) Não. A submissão e o processamento de pedido de acesso à informação não podem ser cobrados, na medida em que o serviço de busca e fornecimento da informação é gratuito (0,55), nos termos do art. 12, *caput*, da Lei n. 12.527/2011 (0,10). *(Obs.: Pode ser alegado que apenas poderia ser realizada a cobrança dos custos dos serviços e materiais necessários atinentes à exigência de reprodução de documentos (mas não a submissão e o processamento do requerimento), na forma do art. 12, § 1º, da Lei n. 12.527/2011).*	0,00/0,55/0,65
B) Não. É vedado ao poder público exigir os motivos determinantes da solicitação de informações de interesse público (0,50), consoante o art. 10, § 3º, da Lei nº 12.527/2011 (0,10).	0,00/0,50/0,60

(37º Exame) Determinada organização não governamental, destinada à fiscalização das contas públicas, solicitou informações de certa empresa pública federal, que desenvolve atividades bancárias e de operações financeiras, no sentido de obter cópias de todos os processos administrativos envolvendo os *investimentos* internacionais a serem realizados no ano corrente. A entidade administrativa em questão deferiu parcialmente o pedido. Por meio de documento escrito, a empresa pública esclareceu o lugar e a forma pelos quais as cópias das informações disponíveis poderiam ser obtidas, mediante pagamento dos custos para a reprodução dos documentos. Registrou, ainda, que não poderia autorizar o acesso a certos dados, sob o fundamento de que estão submetidos a sigilo, na medida em que colocam em risco a condução de negociações ou as relações internacionais do Brasil. Indicou, enfim, a possibilidade de recurso administrativo, bem como prazo e condições para a sua interposição. Diante dessa situação hipotética, na qualidade de advogado(a), responda, fundamentadamente, aos questionamentos a seguir.

A) Existe amparo legal para a cobrança pela reprodução dos documentos solicitados?

B) É juridicamente cabível o argumento invocado pela empresa pública federal para qualificar parte das informações como sigilosa? Exemplifique.

Obs.: o(a) examinando(a) deve fundamentar as respostas. A mera citação do dispositivo legal não confere pontuação.

GABARITO:

A) Sim. O ordenamento jurídico faculta a cobrança pela reprodução de documentos pela entidade consultada, para o ressarcimento dos custos e materiais utilizados, na forma do art. 12 da Lei n. 12527/2011.

B) Sim. São passíveis de sigilo algumas informações imprescindíveis para a segurança da sociedade e do Estado, na forma do art. 5º, inciso XXXIII, da CRFB/88, dentre as quais aquelas que põem em risco a condução de negociações ou as relações internacionais do país, consoante o art. 23, inciso II, da Lei n. 12.527/2011.

PRÁTICA ADMINISTRATIVA

DISTRIBUIÇÃO DOS PONTOS

ITEM	PONTUAÇÃO
A) Sim. O ordenamento jurídico faculta a cobrança pela reprodução de documentos pela entidade consultada, para o ressarcimento dos custos e materiais utilizados (0,45), na forma do art. 12 da Lei n. 12.527/2011 (0,10).	0,00/0,45/0,55
B) Sim. As informações solicitadas pela organização não governamental podem ser consideradas imprescindíveis para a segurança da sociedade e do Estado e, portanto, passíveis de classificação quanto ao sigilo, porque põem em risco a condução de negociações ou as relações internacionais do país (0,60), na forma do art. 23 da Lei n. 12.527/2011 OU art. 5º, inciso XXXIII, da CRFB/88 (0,10).	0,00/0,60/0,70

AGENTES PÚBLICOS

(40º Exame) Recentemente, Iná foi aprovada em concurso público para certa sociedade de economia mista federal que desempenha atividade econômica e distribui lucro entre os seus acionistas, a qual não recebe verbas da União para o pagamento de despesas de pessoal ou para o custeio em geral, sendo certo que ela está em vias de ser chamada.

Para melhor compreender as peculiaridades do regime jurídico dos agentes públicos na situação em que foi aprovada, Iná consultou você, como advogado(a), a fim de esclarecer as dúvidas a seguir.

A) A aprovação de Iná no mencionado concurso importará na sua investidura em cargo efetivo para fins de adquirir a estabilidade?

B) A remuneração dos agentes que atuam na entidade administrativa para a qual Iná foi aprovada deve ser submetida ao teto constitucional?

Obs.: o(a) examinando(a) deve fundamentar suas respostas. A mera citação do dispositivo legal não confere pontuação.

GABARITO:

A) Não. Por ter sido Iná aprovada em um concurso realizado por uma sociedade de economia mista federal que desempenha atividade econômica, ela passará a se submeter a um regime celetista, aplicável para o emprego público conquistado no concurso, que se revela incompatível com a estabilidade prevista no art. 41 da CF/88.

B) Não. O teto constitucional só deverá ser aplicado para as sociedades de economia mista que exploram atividades econômicas e recebam recursos públicos para pagamento de despesas de pessoal ou de custeio em geral, na forma do art. 37, § 9º, da CRFB/88.

DISTRIBUIÇÃO DOS PONTOS

ITEM	PONTUAÇÃO
A) Não. Iná foi aprovada para emprego público, ao qual é aplicável o regime celetista (**OU** que se revela incompatível com a garantia da estabilidade prevista no art. 41 da CRFB/88 prevista para os cargos efetivos) (0,55), nos termos do art. 173, § 1º, inciso II, da CRFB/88 (0,10).	0,00/0,55/0,65
B) Não. O teto constitucional é aplicável apenas às sociedade de economia mista que recebam recursos do ente federativo responsável por sua criação (no caso, a União) para pagamento de despesas de pessoal ou de custeio em geral (0,50), na forma do art. 37, § 9º, da CRFB/88 (0,10).	0,00/0,50/0,60

(38º Exame) O Ministério Público do Estado Alfa ajuizou ação imputando ao servidor público Bruno a prática de ato de improbidade administrativa, ocorrido em dezembro de 2022, que resultou em enriquecimento ilícito. Também é réu na mencionada demanda o particular Carlos. Bruno, no exercício da função, recebeu, de forma dolosa, para si, dez mil reais em espécie, a título de presente de Carlos, que tinha interesse direto que podia ser amparado por ação decorrente das atribuições do agente público. De acordo com a inicial, Carlos dolosamente pagou propina a Bruno para agilizar a expedição de uma certidão em seu nome, o que foi feito, inclusive com preterimento de outros requerimentos mais antigos que aguardavam andamento no setor em que Bruno está lotado, tudo em desacordo com as normas de regência. No curso do processo judicial, após a fase de instrução probatória, em que foram produzidas fartas provas do ilícito imputado aos réus, o Ministério Público peticionou nos autos, requerendo a intimação de ambos os réus para se manifestarem sobre proposta de acordo de não persecução cível, que naquele momento lhes oferecia. Na qualidade de advogado(a) dos réus, responda aos itens a seguir.

A) O particular Carlos pode ser responsabilizado por ato de improbidade administrativa? Justifique. (Valor: 0,65)

B) É possível, em tese, a celebração de acordo de não persecução cível no bojo de ação civil pública por ato de improbidade administrativa em tela? Justifique. (Valor: 0,60)

Obs.: o(a) examinando(a) deve fundamentar suas respostas. A mera citação do dispositivo legal não confere pontuação.

GABARITO:

A) Sim. Carlos, apesar de não ser servidor público, pode ser responsabilizado por ato de improbidade administrativa porque concorreu dolosamente para a prática do ato de improbidade (pagando a propina), consoante dispõe o art. 3º da Lei n. 8.429/92, que importou enriquecimento ilícito (art. 9º, inciso I, da Lei n. 8.429/92).

B) Sim. Em tese, é possível a celebração de acordo de não persecução cível no bojo de ação de improbidade administrativa na hipótese narrada, pois o art. 17-B da Lei n. 8.429/92 prevê a possibilidade desse tipo de solução negocial.

DITRIBUIÇÃO DOS PONTOS

ITEM	PONTUAÇÃO
A) Sim, porque concorreu dolosamente para a prática do ato de improbidade (pagando a propina) (0,55), consoante dispõe o art. 3º da Lei n. 8.429/92 (0,10).	0,00/0,55/0,65
B) Sim, porque é possível acordo no bojo de ação de improbidade administrativa (0,50), diante do art. 17-B da Lei n. 8.429/92 (0,10).	0,00/0,50/0,60

(37º Exame) Júlia e Mariana lograram ser aprovadas, no mesmo ano, para cargos efetivos de carreiras federais distintas, no âmbito do Poder Executivo da União. Depois de ambas terem adquirido estabilidade nos respectivos cargos, Júlia sofreu um acidente que importou no comprometimento de sua capacidade mental, de modo que visa a ser reabilitada em outro cargo, enquanto permanecer nesta condição, pois preenche os requisitos legais para tanto, sendo certo que o novo cargo possui remuneração inferior ao anterior; já o cargo regularmente ocupado por Mariana foi extinto por Decreto do Poder Executivo. Em razão disso, as amigas consultaram você, como advogado(a), para dirimir as dúvidas a seguir, que devem ser respondidas à luz das disposições constitucionais pertinentes.

A) No caso de readaptação de Júlia, teria ela direito a continuar recebendo a remuneração maior do cargo anterior? Justifique. (Valor: 0,60)

B) O cargo de Mariana poderia ser extinto por Decreto? Justifique. (Valor: 0,65)

Obs.: o(a) examinando(a) deve fundamentar suas respostas. A mera citação do dispositivo legal não confere pontuação.

GABARITO:

A) Sim. No caso de readaptação de servidor ocupante de cargo efetivo, deve ser mantida a remuneração do cargo de origem, nos termos do art. 37, § 13, da CRFB/88 ou art. 24, § 2º, da Lei n. 8.112/90.

B) Não. A extinção do cargo ocupado por Mariana submete-se à reserva de lei, na forma do art. 48, inciso X, da CRFB/88 ou o cargo regularmente ocupado por Mariana não está vago, não se enquadrando, portanto, na situação excepcional que viabiliza a extinção por Decreto, prevista no art. 84, inciso VI, alínea *b*, da CRFB/88.

DISTRIBUIÇÃO DOS PONTOS

ITEM	PONTUAÇÃO
A) Sim. No caso de readaptação de servidor ocupante de cargo efetivo, deve ser mantida a remuneração do cargo de origem (0,50), nos termos do art. 37, § 13, da CRFB/88 ou art. 24, § 2º, da Lei n. 8.112/90 (0,10).	0,00/0,50/0,60
B) Não. A extinção do cargo ocupado por Mariana submete-se à reserva de lei (0,55), na forma do art. 48, inciso X, da CRFB/88 (0,10) ou o cargo regularmente ocupado por Mariana não está vago, não se enquadrando, portanto, na situação excepcional que viabiliza a extinção por Decreto (0,55), prevista no art. 84, inciso VI, alínea *b*, da CRFB/88 (0,10).	0,00/0,55/0,65

(36º Exame) Marcos foi aprovado para o cargo de técnico de nível médio em determinada autarquia federal, no qual adquiriu estabilidade. Contudo, em decorrência de conduta dolosa por ele praticada que violava princípios da Administração Pública e, após o devido processo administrativo disciplinar, Marcos foi demitido administrativamente, em razão da caracterização de ato de improbidade. Depois de tal evento, Marcos concluiu curso universitário e, vinte anos após a aludida demissão, decidiu fazer novo concurso, de nível superior. No entanto, ao analisar o respectivo edital, amparado em lei, deparou-se com item que vedava a nomeação de quem já tivesse sido demitido do serviço público a qualquer tempo. Diante desta situação hipotética, responda aos itens a seguir.

A) Há necessidade de condenação em ação judicial por improbidade, para que Marcos possa ser demitido por tal conduta em sede de processo administrativo? Justifique. (Valor: 0,65)

B) É válida a vedação que atingiria Marcos, no sentido de inviabilizar a nomeação em novo cargo de candidato que tenha sido demitido do serviço público a qualquer tempo? Justifique. (Valor: 0,60)

Obs.: o(a) examinando(a) deve fundamentar suas respostas. A mera citação do dispositivo legal não confere pontuação.

GABARITO:

A) Não. É possível a aplicação da pena de demissão a servidor público federal pela prática de ato de improbidade administrativa, em sede de processo administrativo disciplinar, independentemente da existência de condenação em ação judicial de improbidade, com base no art. 132, inciso IV, da Lei n. 8.112/90 ou na Súmula 651 do STJ.

B) Não. A vedação em nomear candidato que tenha sido demitido a qualquer tempo do serviço público não é válida, pois corresponderia a uma penalidade de caráter perpétuo, a violar o disposto o no art. 5º, inciso XLVII, alínea *b*, da CRFB/88.

DISTRIBUIÇÃO DOS PONTOS

ITEM	PONTUAÇÃO
A) Não. É possível a aplicação da pena de demissão a servidor público federal pela prática de ato de improbidade administrativa, em sede de processo administrativo disciplinar, independentemente da existência de condenação em ação de improbidade (0,55), com base no art. 132, inciso IV, da Lei n. 8.112/90 ou na Súmula 651 do STJ (0,10).	0,00/0,55/0,65
B) Não. A vedação em nomear candidato que tenha sido demitido a qualquer tempo do serviço público não é válida, pois corresponderia a uma penalidade de caráter perpétuo (0,50), a violar o disposto no art. 5º, inciso XLVII, alínea *b*, da CRFB/88 (0,10).	0,00/0,50/0,60

(36º Exame) Helena, que não era servidora de carreira, foi validamente nomeada para cargo em comissão, relativo à assessoria de determinada Secretaria do Estado Beta. Considerando que Helena vinha executando muito bem sua atividade, ela foi cedida para ocupar emprego público, junto a uma sociedade de economia mista do mesmo ente federativo. Demais disso, tal ente federativo fez editar a Lei XYZ que conferiu a garantia da estabilidade dos servidores públicos também para todos os empregados de suas sociedades de economia mista e empresas públicas. Diante dessa situação hipotética, responda aos itens a seguir.

A) É válida a cessão de Helena? Justifique. (Valor: 0,60)

B) A Lei XYZ é constitucional? Justifique. (Valor: 0,65)

Obs.: o(a) examinando(a) deve fundamentar suas respostas. A mera citação do dispositivo legal não confere pontuação.

GABARITO:

A) Não. A cessão de Helena (ocupante de cargo em comissão) para emprego público caracteriza burla ao concurso público, de modo a violar o disposto no art. 37, inciso II, da CRFB/88.

B) Não. O regime de emprego público é incompatível com a garantia da estabilidade dos servidores ocupantes de cargo efetivo, na forma do art. 41 da CRFB/88 ou aos empregados públicos aplica-se o regime trabalhista, que não é compatível com a estabilidade, consoante art. 173, § 1º, inciso II, da CRFB/88.

DISTRIBUIÇÃO DOS PONTOS

ITEM	PONTUAÇÃO
A) Não. A cessão de Helena (ocupante de cargo em comissão) para emprego público caracteriza burla ao concurso público (0,50), consoante o art. 37, inciso II, da CRFB/88 (0,10).	0,00/0,50/0,60

ITEM	PONTUAÇÃO
B) Não. O regime de emprego público é incompatível com a garantia da estabilidade dos servidores ocupantes de cargo efetivo (0,55), na forma do art. 41 da CRFB/88 (0,10). Ou aos empregados públicos aplica-se o regime trabalhista, que não é compatível com a estabilidade (0,55), consoante art. 173, § 1º, inciso II, da CRFB/88 (0,10).	0,00/0,55/0,65

(35º Exame) Renato e Jorge são servidores públicos federais estáveis e ambos se recusaram a apresentar a declaração anual de imposto sobre a renda solicitada pela autoridade administrativa competente, a que estão submetidos, no prazo determinado, no ano corrente. A conduta de Renato decorreu de receio concernente a vultoso incremento patrimonial em virtude do recebimento de uma inesperada herança de um parente distante. Já a recusa de Jorge decorreu de seu patrimônio ter triplicado a descoberto de um ano para o outro, de modo que ele não conseguiria demonstrar a origem lícita de tal acréscimo desproporcional em seus bens. Diante dessa situação hipotética, responda aos itens a seguir.

A) Renato e Jorge podem ser demitidos administrativamente em razão da recusa em prestar a declaração anual de imposto sobre a renda no prazo determinado pela autoridade competente? Justifique. (Valor: 0,65)

B) O incremento do patrimônio de Jorge pode caracterizar ato de improbidade administrativa? A quem compete demonstrar a licitude da origem da evolução patrimonial? Justifique. (Valor: 0,60)

Obs.: o(a) examinando(a) deve fundamentar suas respostas. A mera citação do dispositivo legal não confere pontuação.

GABARITO:

A) Sim. A recusa a apresentar a declaração de imposto sobre a renda no prazo determinado pela autoridade competente está sujeita à penalidade de demissão, na forma do art. 13, § 3º, da Lei n. 8.429/92.

B) Sim. A evolução desproporcional do patrimônio a descoberto pode caracterizar ato de improbidade administrativa que importa em enriquecimento ilícito, competindo ao agente a demonstração da origem da evolução patrimonial, consoante o art. 9º, inciso VII, da Lei n. 8.429/92 (com a redação conferida pela Lei n. 14.230/2021).

DISTRIBUIÇÃO DOS PONTOS

ITEM	PONTUAÇÃO
A) Sim. A recusa a apresentar a declaração de imposto sobre a renda no prazo determinado pela autoridade competente está sujeita à penalidade de demissão (0,55), na forma do art. 13, § 3º, da Lei n. 8.429/92 (0,10).	0,00/0,55/0,65
B) Sim. A evolução desproporcional do patrimônio a descoberto pode caracterizar ato de improbidade administrativa que importa em enriquecimento ilícito (0,15), competindo a demonstração da origem da evolução patrimonial ao agente (0,35), consoante o art. 9º, inciso VII, da Lei n. 8.429/92 (com a redação conferida pela Lei n. 14.230/2021) (0,10).	0,00/0,15/0,25/0,35/ 0,45/0,50/0,60

(35º Exame) José é servidor público federal estável e, no exercício de suas atribuições, retirou documentos da repartição sem prévia anuência da autoridade competente, motivo pelo qual, após sindicância, garantidos o contraditório e a ampla defesa, foi advertido por escrito. Posteriormente, José reincidiu na aludida conduta, de modo que, após nova sindicância, foi a ele aplicada a pena de suspensão pelo prazo de 30 dias. Inconformado, José ajuizou ação para anular as referidas penalidades ou, eventualmente, substituir a pena de suspensão por multa. Diante da situação descrita, na qualidade de advogado de José, responda aos questionamentos a seguir.

A) A sindicância é cabível para as penalidades aplicadas a José? Justifique. (Valor: 0,60)

B) José tem direito subjetivo de substituir a penalidade de suspensão pela de multa? Justifique. (Valor: 0,65)

Obs.: o(a) examinando(a) deve fundamentar suas respostas. A mera citação do dispositivo legal não confere pontuação.

GABARITO:

A) Sim. A sindicância é cabível para a aplicação das penalidades de advertência e suspensão de até trinta dias, nos termos do art. 145, inciso II, da Lei n. 8.112/90.

B) Não. A substituição da penalidade de suspensão por multa submete-se à conveniência do serviço, caracterizando, assim, ato discricionário, em relação ao qual não há direito subjetivo de José, consoante o art. 130, § 2º, da Lei n. 8.112/90.

DISTRIBUIÇÃO DOS PONTOS

ITEM	PONTUAÇÃO
A) Sim. A sindicância é cabível para aplicação das penalidades de advertência e suspensão de até trinta dias (0,50), nos termos do art. 145, inciso II, da Lei n. 8.112/90 (0,10).	0,00/0,50/0,60
B) Não. A substituição da penalidade de suspensão por multa submete-se à conveniência do serviço (ato discricionário), em relação à qual não há direito subjetivo de José (0,55), consoante o art. 130, § 2º, da Lei n. 8.112/90 (0,10).	0,00/0,55/0,65

(XXXIV Exame) João e Maria são servidores públicos federais estáveis, ocupantes de cargo efetivo, e estão lotados no mesmo órgão, sediado em Município do interior do Estado Alfa. Ambos os servidores requereram à Administração Pública federal suas remoções a pedido, para outra localidade, independentemente do interesse da Administração, pelos fundamentos a seguir. I. João pretende se remover no âmbito do mesmo quadro, com mudança de sede para a capital do Estado Alfa, para acompanhar sua cônjuge Joana, que é servidora pública civil do Estado Alfa, que acabou de ser removida, a pedido, para órgão sediado na capital do citado Estado. II. Maria pretende se remover no âmbito do mesmo quadro, com mudança de sede para a capital do Estado Alfa, por motivo de saúde, haja vista que acabou de ser diagnosticada com câncer e o tratamento de quimioterapia indicado pelos seus médicos assistentes somente está disponível em unidade de saúde situada na capital do citado Estado. A Administração Pública federal indeferiu ambos os requerimentos de remoção, para não desfalcar os recursos humanos do órgão de origem. Os servidores João e Maria procuraram você, como advogado(a), para defender seus interesses. Levando em consideração os fatos narrados, de acordo com a legislação de regência, responda aos itens a seguir.

A) João possui direito subjetivo à remoção pretendida? (Valor: 0,60)

B) Maria tem direito subjetivo à remoção pleiteada? A decisão da Administração Pública federal acerca do requerimento de Maria constitui ato administrativo discricionário? (Valor: 0,65)

Obs.: o(a) examinando(a) deve fundamentar suas respostas. A mera citação do dispositivo legal não confere pontuação.

GABARITO:

A) João não possui direito subjetivo à remoção a pedido pretendida, pois tal tipo de remoção para acompanhar o cônjuge exige que este tenha sido deslocado no interesse da Administração Pública, e não a seu pedido, como o fez Joana (vide art. 36, parágrafo único, inciso III, alínea *a*, da Lei n. 8.112/90).

B) Maria tem direito subjetivo à remoção pleiteada, condicionada à comprovação de sua situação de saúde por junta médica oficial, conforme dispõe o art. 36, parágrafo único, inciso III, alínea *b*, da Lei n. 8.112/90. O indeferimento do pleito de Maria é ilegal, sob o argumento de que a Administração não deve desfalcar seus recursos humanos lotados no órgão de origem, pois não se trata de ato administrativo discricionário e sim vinculado, já que, preenchidos os requisitos legais, a Administração Pública federal não pode decidir com critérios de oportunidade e conveniência, devendo deferir o pleito.

DISTRIBUIÇÃO DOS PONTOS

ITEM	PONTUAÇÃO
A) Não, pois a remoção para acompanhar o cônjuge exige que este tenha sido deslocado no interesse da Administração Pública e não a seu pedido, como o fez Joana (0,50), conforme art. 36, parágrafo único, inciso III, alínea *a*, da Lei n. 8.112/90 (0,10).	0,00/0,50/0,60
B1) Sim, desde que comprovada a sua situação de saúde por junta médica oficial (0,25), conforme dispõe o art. 36, parágrafo único, inciso III, alínea *b*, da Lei n. 8.112/90 (0,10).	0,00/0,25/0,35
B2) Não. Trata-se de ato administrativo vinculado já que, preenchidos os requisitos legais, a Administração Pública Federal não pode decidir com critérios de oportunidade e conveniência (0,30).	0,00/0,30

(XXXIII Exame) Ana foi aprovada em concurso público para o provimento do cargo administrativo de técnico de ensino médio, em âmbito federal, no qual veio a adquirir estabilidade em 2012. Ocorre que Ana decidiu investir em outra área de formação e, após obter o diploma de economia, prestou concurso público para o cargo de analista em outra carreira federal, que tinha o grau de instrução de ensino superior, como requisito. Foi aprovada e convocada no ano corrente (2021), sendo certo que este segundo cargo não é acumulável com aquele que a servidora ocupava anteriormente. Ana, como é recém-formada em economia, receia vir a ser inabilitada no estágio probatório para o novo cargo, razão pela qual consulta você para, na qualidade de advogado, responder, fundamentadamente, aos questionamentos a seguir.

A) Caso o receio de Ana venha a concretizar-se, qual é a providência que deve ser adotada, com o fim de resguardar a possibilidade de eventual retorno ao cargo anterior? Sendo tal possível, qual será o provimento adequado para tanto? Justifique. (Valor: 0,65)

B) A investidura por concurso e o efetivo exercício do estágio probatório por três anos bastam para que Ana adquira estabilidade no cargo de analista? Justifique. (Valor: 0,60)

Obs.: o(a) examinando(a) deve fundamentar suas respostas. A mera citação do dispositivo legal não confere pontuação.

GABARITO:

A) Ana deveria pleitear a declaração de vacância no cargo federal de nível médio em que é estável, para resguardar eventual possibilidade de retorno, na forma do art. 33, inciso VIII, da Lei n.

8.112/90, sendo certo que a forma de provimento do cargo público adequada é a recondução, consoante disposto no art. 29, inciso I, da Lei n. 8.112/90.

B) Não. A investidura por concurso e o efetivo exercício, pelo prazo de três anos, do estágio probatório não são suficientes, porque a avaliação especial de desempenho, por comissão instituída para essa finalidade, é condição para a aquisição da estabilidade, nos termos do art. 41, § 4º, da CRFB/88.

DISTRIBUIÇÃO DOS PONTOS

ITEM	PONTUAÇÃO
A1) Ana deve pleitear a declaração de vacância no cargo federal de nível médio, em que é estável, para resguardar eventual possibilidade de retorno (0,20), na forma do art. 33, inciso VIII, da Lei n. 8.112/90 (0,10).	0,00/0,20/0,30
A2) A forma de provimento adequada é a recondução (0,25), consoante disposto no art. 29, inciso I, da Lei n. 8.112/90 (0,10).	0,00/0,25/0,35
B) Não. A investidura por concurso e o efetivo exercício, pelo prazo de três anos, do estágio probatório não são suficientes, porque a avaliação especial de desempenho, por comissão instituída para essa finalidade, é condição para a aquisição da estabilidade (0,50), nos termos do art. 41, § 4º, da CRFB/88 (0,10).	0,00/0,50/0,60

(XXXII Exame) Roberto é servidor do Poder Executivo Federal há dezessete anos. Infelizmente envolveu-se em um acidente automobilístico que o deixou com severas limitações cognitivas e motoras. Em razão disso, foi aposentado por invalidez. Dois anos depois, após um intenso trabalho de reabilitação, Roberto recuperou seus movimentos e também a consciência. Na qualidade de advogado(a) consultado(a), responda aos itens a seguir.

A) Supondo que Roberto tivesse direito ao auxílio-alimentação enquanto estava na ativa, ao ingressar na inatividade, ele mantém esse direito? (Valor: 0,65)

B) Ao recuperar os movimentos e a capacidade cognitiva, é cabível, segundo a legislação federal, o retorno de Roberto à atividade antes desempenhada? (Valor: 0,60)

Obs.: o(a) examinando(a) deve fundamentar suas respostas. A mera citação do dispositivo legal não confere pontuação.

GABARITO:

A) Não. O direito ao auxílio-alimentação é exclusivo dos servidores ativos, de forma que, ao passar para a inatividade, ele perde tal direito, em conformidade com a Súmula Vinculante 55 do STF.

B) Sim. Trata-se do instituto da reversão. Se uma junta médica oficial declarar insubsistentes os motivos da aposentadoria, Roberto retornará à atividade no mesmo cargo, segundo o art. 25, inciso I, da Lei n. 8.112/90.

DISTRIBUIÇÃO DOS PONTOS

ITEM	PONTUAÇÃO
A) Não. O direito ao auxílio-alimentação é exclusivo dos servidores ativos, de forma que, ao passar para a inatividade, ele perde tal direito (0,55), em conformidade com a Súmula Vinculante 55 do STF ou art. 49, § 1º da Lei 8.112/90 (0,10).	0,00/0,55/0,65

ITEM	PONTUAÇÃO
B) Sim. Trata-se do instituto da reversão (0,30). Se uma junta médica oficial declarar insubsistentes os motivos da aposentadoria, Roberto retornará à atividade no mesmo cargo (0,20), segundo o art. 25, inciso I, da Lei n. 8.112/90 (0,10).	0,00/0,20/0,30/0,40/ 0,50/0,60

(XXXI Exame) Por meio de carta apócrifa, a autoridade competente tomou conhecimento de que Lucíola, servidora pública federal estável, praticou conduta gravíssima no exercício da função pública. Ato contínuo, procedeu-se à sindicância que efetivamente apurou indícios da prática de tais atos e conduziu à instauração motivada do respectivo processo administrativo disciplinar, cujo curso respeitou a ampla defesa e o contraditório, culminando na demissão de Lucíola. Ocorre que o julgamento do processo administrativo disciplinar se deu fora do prazo legal, pois alcançou o total de duzentos dias, considerando que o inquérito administrativo foi concluído em cento e setenta dias e a decisão pela autoridade competente levou trinta dias, sem prejuízo para a defesa. Na qualidade de advogado(a) de Lucíola, responda, fundamentadamente, aos itens a seguir.

A) A instauração do processo administrativo disciplinar contra Lucíola poderia decorrer de carta apócrifa? (Valor: 0,65)

B) É cabível a anulação da penalidade aplicada a Lucíola em decorrência do excesso de prazo? (Valor: 0,60)

Obs.: o(a) examinando(a) deve fundamentar suas respostas. A mera citação do dispositivo legal não confere pontuação.

GABARITO:

A) Sim. É possível a instauração de processo administrativo disciplinar com base em denúncia anônima, devidamente motivada e com amparo em investigação ou sindicância, diante do poder-dever de autotutela imposto à Administração, consoante Súmula 611 do STJ.

B) Não. O descumprimento dos prazos legais para julgamento no processo administrativo disciplinar não importa nulidade do processo, se não houver prejuízo para a defesa, consoante disposto no art. 169, § 1º, da Lei n. 8.112/90 OU na Súmula 592 do STJ.

DISTRIBUIÇÃO DOS PONTOS

ITEM	PONTUAÇÃO
A) Sim. É possível a instauração de processo administrativo disciplinar com base em denúncia anônima, devidamente motivada e com amparo em investigação ou sindicância, diante do poder-dever de autotutela imposto à Administração (0,55), consoante Súmula 611 do STJ (0,10).	0,00/0,55/0,65
B) Não. O descumprimento dos prazos legais para o julgamento não importa nulidade do processo, se não houver prejuízo para a defesa (0,50), consoante o disposto no art. 169, § 1º, da Lei n. 8.112/90 OU na Súmula 592 do STJ (0,10).	0,00/0,50/0,60

(XXXI Exame) A Associação Verdinha dedica-se à proteção do meio ambiente e, recentemente, foi qualificada como Organização da Sociedade Civil de Interesse Público, mas não recebeu qualquer dinheiro do erário, pois não chegou a formalizar termo de parceria ou qualquer outro convênio para o desenvolvimento de suas atividades. Certas condutas de José dos Santos, como dirigente da mencionada associação, beneficiaram os negócios de seus parentes e foram objeto de fiscalização pelo Ministério Público. A fiscalização do MP culminou no ajuizamento de ação civil pública por improbidade administrativa em desfavor de José, sob o fundamento de violação dos princípios da Administração Pública. Diante dessa situação hipotética, responda, como advogado(a), fundamentadamente, aos questionamentos a seguir.

A) José dos Santos pode ser sujeito ativo da conduta ímproba a ele imputada? (Valor: 0,65)

B) O ato de improbidade apontado pelo Ministério Público – violação dos princípios da Administração Pública – admite a modalidade culposa? (Valor: 0,60)

Obs.: o(a) examinando(a) deve fundamentar suas respostas. A mera citação do dispositivo legal não confere pontuação.

GABARITO:

A) Não. A Associação Verdinha, apesar de qualificada como Organização da Sociedade Civil de Interesse Público, não recebeu qualquer verba do erário, de modo que José dos Santos não poderia ser sujeito ativo da conduta ímproba a ele imputada, tal como se depreende do art. 1º da Lei n. 8.429/92 ou os agentes particulares não podem estar no polo passivo de ação civil pública de improbidade sem a presença de agente público induzido, concorrente ou beneficiado pelo ato de improbidade, nos termos do art. 3º da Lei n. 8.429/92.

B) Não. O ato de improbidade imputado a José dos Santos foi o de violar os princípios da Administração Pública, que conhece apenas a modalidade dolosa ou não admite a modalidade culposa, na forma do art. 11 da Lei n. 8.429/92.

DISTRIBUIÇÃO DOS PONTOS

ITEM	PONTUAÇÃO
A) Não. A Associação Verdinha, apesar de qualificada como Organização da Sociedade Civil de Interesse Público, não recebeu qualquer verba do erário, de modo que José dos Santos não poderia ser sujeito ativo da conduta ímproba a ele imputada (0,55), tal como se depreende do art. 1º da Lei n. 8.429/92 (0,10). OU Os agentes particulares não podem estar no polo passivo de ação civil pública de improbidade sem a presença de agente público induzido, concorrente ou beneficiado pelo ato de improbidade (0,55), nos termos do art. 3ª da Lei n. 8.429/92 (0,10).	0,00/0,55/0,65
B) Não. O ato de improbidade imputado a José dos Santos foi o de violar os princípios da Administração Pública, que conhece apenas a modalidade dolosa ou não admite a modalidade culposa (0,50), na forma do art. 11 da Lei n. 8.429/92 (0,10).	0,00/0,50/0,60

(XXIX Exame) Determinado município brasileiro publicou, em agosto de 2011, edital de concurso público destinado ao preenchimento de sete vagas do cargo efetivo de analista de controle interno. Márcia, filha do prefeito Emanuel, foi aprovada, ficando classificada em sétimo lugar. Ela tomou posse no dia 02 de agosto de 2012. Após o encerramento do mandato de Emanuel, que ocorreu em dezembro de 2012, a Polícia Civil descobriu, em maio de 2013, que, dias antes da aplicação das provas, o ex-prefeito teve acesso ao conteúdo das questões e o repassou à sua filha. O Ministério Público teve conhecimento dos fatos em setembro de 2017. Ato contínuo, ajuizou ação de improbidade administrativa em desfavor de Emanuel, em novembro de 2017, por ofensa aos princípios da Administração Pública, requerendo, na oportunidade, dentre outras coisas, a suspensão dos seus

PRÁTICA ADMINISTRATIVA

direitos políticos pelo prazo de oito anos. Na resposta preliminar, Emanuel alega, basicamente, a prescrição da ação de improbidade. Sobre a hipótese apresentada, responda aos itens a seguir.

A) É possível o acolhimento do pleito de suspensão dos direitos políticos pelo prazo de oito anos? (Valor: 0,65)

B) A ação de improbidade administrativa está prescrita? (Valor: 0,60)

Obs.: o(a) examinando(a) deve fundamentar suas respostas. A mera citação do dispositivo legal não confere pontuação.

GABARITO:

A) Não. Por se tratar de ato de improbidade que atenta contra os princípios da Administração Pública, sobretudo frustração da licitude do concurso público e desrespeito ao princípio da moralidade, não é possível o acolhimento do pleito de suspensão dos direitos políticos pelo prazo de oito anos, pois a Lei de Improbidade limita o prazo em até cinco anos, nos termos do art. 12, inciso III, da Lei n. 8.429/92.

B) Não. Emanuel era detentor de cargo eletivo. Assim, nos termos do art. 23, inciso I, da Lei n. 8.429/92, o prazo prescricional de cinco anos tem como termo inicial o término do mandato de prefeito, que ocorreu em dezembro de 2012. Como a ação de improbidade foi proposta em novembro de 2017, não houve a prescrição.

DISTRIBUIÇÃO DOS PONTOS

ITEM	PONTUAÇÃO
A) Não. Por se tratar de ato de improbidade que atenta contra os princípios da Administração Pública, a suspensão dos direitos políticos não pode exceder o prazo de cinco anos (0,55), nos termos do art. 12, inciso III, da Lei n. 8.429/92 (0,10).	0,00/0,55/0,65
B) Não. Por se tratar de mandato eletivo, o prazo prescricional de cinco anos tem como termo inicial o término do mandato de prefeito (0,50), conforme o art. 23, inciso I, da Lei n. 8.429/92 (0,10).	0,00/0,50/0,60

(XXIX Exame) Diante de rebelião instaurada em unidade prisional federal, que contou com a conivência de servidores públicos, a autoridade competente, ao final de apuração em processo administrativo disciplinar, aplicou a disponibilidade como sanção aos agentes penitenciários envolvidos no evento, dentre os quais estava André. Em razão disso, André procura você para, na qualidade de advogado(a), esclarecer, fundamentadamente, os questionamentos a seguir.

A) A autoridade competente poderia ter aplicado a disponibilidade como sanção a André? (Valor: 0,60)

B) Existe desvio de finalidade na aplicação da sanção descrita? (Valor: 0,65)

Obs.: o(a) examinando(a) deve fundamentar suas respostas. A mera citação do dispositivo legal não confere pontuação.

GABARITO:

A) Não. A disponibilidade não tem natureza de sanção, somente se aplicando nas hipóteses de extinção do cargo ou declaração da sua desnecessidade, na forma do art. 41, § 3º, da CRFB/88, OU a disponibilidade não consta dentre as penalidades disciplinares previstas no art. 127 da Lei n. 8.112/90.

B) Sim. Há desvio de finalidade na situação descrita, dado que a disponibilidade foi utilizada para alcançar fim diverso daquele previsto na lei, consoante define o art. 2º da Lei n. 4.717/65.

DISTRIBUIÇÃO DOS PONTOS

ITEM	PONTUAÇÃO
A) Não. A disponibilidade somente se aplica nas hipóteses de extinção do cargo ou declaração da sua desnecessidade (0,50), segundo o art. 41, § 3º, da CRFB/88 (0,10) OU Não. A disponibilidade não consta dentre as penalidades disciplinares (0,50), segundo o art. 127 da Lei n. 8.112/90 (0,10).	0,00/0,50/0,60
B) Sim. Há desvio de finalidade, dado que a disponibilidade foi utilizada para alcançar fim diverso daquele previsto na lei (0,55), consoante define o art. 2º da Lei 4.717/65 OU art. 2º, *caput*, da Lei 9.784/99 (0,10).	0,00/0,55/0,65

(XXVIII Exame) Márcio, estudante de engenharia civil, em razão dos elevados índices de desemprego e da dificuldade de conseguir um estágio, resolveu iniciar os estudos para ingressar no serviço público. Faltando exatamente seis meses para concluir a faculdade, o Tribunal Regional Federal da 1ª Região publica edital de concurso para provimento do cargo efetivo de engenheiro civil. O estudante inscreve-se no certame e é aprovado. Dois meses depois da colação de grau, Márcio é surpreendido com sua nomeação. Na qualidade de advogado(a) consultado(a), responda aos itens a seguir.

A) O fato de Márcio ter feito a inscrição no concurso quando ainda não preenchia os requisitos do cargo torna sem efeito sua posterior nomeação? (Valor: 0,65)

B) Márcio, seis meses depois da posse, recebe uma proposta para trabalhar em uma grande construtora brasileira. Para não se desvincular do serviço público, ele pode obter licença para tratar de interesses particulares pelo prazo de dois anos? (Valor: 0,60)

Obs.: o(a) examinando(a) deve fundamentar as respostas. A mera citação do dispositivo legal não confere pontuação.

GABARITO:

A) Não. O diploma necessário para o exercício do cargo deve ser exigido na posse e não na inscrição para o concurso público, conforme dispõe a Súmula 266 do STJ. Logo, o fato de Márcio ter feito a inscrição no concurso quando ainda não preenchia os requisitos do cargo não torna sem efeito sua posterior nomeação. Observe-se, ainda, que não é dito que o Edital previa o preenchimento dos requisitos no momento da nomeação.

B) Não. Não é juridicamente possível a obtenção da referida licença, pois tal licença só pode ser concedida ao servidor que não esteja em estágio probatório, conforme disposto no art. 91 da Lei n. 8.112/90.

DISTRIBUIÇÃO DOS PONTOS

ITEM	PONTUAÇÃO
A) Não. As condições para o exercício do cargo devem ser exigidas na posse e não na inscrição para o concurso público (0,55), conforme dispõe a Súmula 266 do STJ (0,10).	0,00/0,55/0,65
B) Não, pois tal licença só pode ser concedida ao servidor que não esteja em estágio probatório (0,50), conforme disposto no art. 91 da Lei n. 8.112/90 (0,10).	0,00/0,50/0,60

PRÁTICA ADMINISTRATIVA

(XXIV Exame) Maria da Silva, médica, inscreveu-se no concurso de perito do Instituto Nacional do Seguro Social (INSS) e foi aprovada. Após ser nomeada, tomou posse e, logo em seguida, entrou em exercício. Quatro anos depois, Maria foi diagnosticada com glaucoma e, em decorrência disso, infelizmente, perdeu a visão de um dos olhos. Passados alguns anos, o Tribunal Regional do Trabalho (TRT) abriu concurso para o cargo de médico. Maria solicitou inscrição para as vagas reservadas a candidatos com deficiência. Para comprovar sua condição, enviou à comissão do concurso laudo médico. A solicitação foi indeferida, sob a justificativa de que o portador de visão monocular não tem direito de concorrer às vagas reservadas aos deficientes. Na qualidade de advogado(a) consultado(a), responda aos itens a seguir.

A) Maria pode acumular o cargo de perito do INSS com o de médico do TRT? (Valor: 0,65)

B) A decisão que indeferiu o pedido de Maria para concorrer às vagas reservadas a candidatos com deficiência é lícita? (Valor: 0,60)

Obs.: o(a) examinando(a) deve fundamentar as respostas. A mera citação do dispositivo legal não confere pontuação.

GABARITO:

A) Sim. Por se tratar de profissionais da área da saúde, a acumulação de cargos é lícita, desde que haja compatibilidade de horários, conforme previsão constante do art. 37, inciso XVI, alínea c, da CRFB/88.

B) Não. O portador de visão monocular tem direito de concorrer, em concurso público, às vagas reservadas aos deficientes, conforme Súmula 377 do Superior Tribunal de Justiça.

DISTRIBUIÇÃO DOS PONTOS

ITEM	PONTUAÇÃO
A) Sim. Por se tratar de profissionais da área da saúde, a acumulação de cargos é lícita, desde que haja compatibilidade de horários (0,55), conforme previsão constante do art. 37, inciso XVI, alínea c, da CRFB/88 (0,10).	0,00/0,55/0,65
B) Não. O portador de visão monocular tem direito de concorrer, em concurso público, às vagas reservadas aos deficientes (0,50), conforme Súmula 377/STJ (0,10).	0,00/0,50/0,60

(XXIV Exame) João, servidor público federal estável, teve instaurado contra si processo administrativo disciplinar, acusado de cobrar valores para deixar de praticar ato de sua competência, em violação de dever passível de demissão. A respectiva Comissão Processante elaborou relatório, no qual entendeu que a prova dos autos não era muito robusta, mas que o testemunho de Ana, por si só, revelava-se suficiente para a aplicação da pena de demissão, o que foi acatado pela autoridade julgadora competente, a qual se utilizou do próprio relatório como motivação para o ato demissional. Diante da gravidade da conduta imputada a João, foi igualmente instaurado processo criminal, que resultou na sua absolvição por ausência de provas, sendo certo que o Magistrado, diante dos desencontros do testemunho de Ana na ação penal, determinou a extração de cópias e remessa para o Ministério Público, a fim de que tomasse as providências que entendesse cabíveis. O *Parquet*, por sua vez, denunciou Ana pelo crime de falso testemunho pelos exatos fatos que levaram à demissão de João no mencionado processo administrativo disciplinar, e, após o devido processo legal, ela foi condenada pelo delito, por meio de decisão transitada em julgado. Na qualidade de advogado(a) consultado(a), responda aos itens a seguir.

A) Em sede de processo administrativo federal, poderia a autoridade competente para o julgamento ter se utilizado do relatório da comissão processante para motivar o ato demissório de João?

B) A condenação penal de Ana poderia ensejar a revisão do processo administrativo disciplinar que levou à demissão de João?

Obs.: o(a) examinando(a) deve fundamentar as respostas. A mera citação do dispositivo legal não confere pontuação.

GABARITO:

A) Sim. Em sede de processo administrativo federal, o relatório pode ser utilizado como motivação, na forma do art. 50, § 1º, da Lei n. 9784/99 OU do art. 168 da Lei n. 8.112/90.

B) Sim. O testemunho de Ana foi determinante, por si só, para a demissão de João e a posterior condenação dela pelo crime de falso testemunho, em razão das mesmas circunstâncias, se apresenta como fato novo suscetível de justificar a inocência do servidor e promover a revisão do processo administrativo disciplinar, com fulcro no art. 174 da Lei n. 8112/90.

DISTRIBUIÇÃO DOS PONTOS

ITEM	PONTUAÇÃO
A) Sim. Em sede de processo administrativo federal, o relatório pode ser utilizado como motivação (0,50), na forma do art. 50, § 1º, da Lei n. 9.784/99 OU do art. 168 da Lei n. 8.112/90 (0,10).	0,00/0,50/0,60
B) Sim. A condenação criminal de Ana é fato novo ou circunstância suscetível de justificar a inocência do servidor e promover a revisão do processo administrativo disciplinar (0,55), com fulcro no art. 174 da Lei n. 8.112/90 OU no art. 65 da Lei n. 9.784/99 (0,10).	0,00/0,55/0,65

(XXIII Exame) Odorico foi prefeito do Município Beta entre 01/01/2009 e 31/12/2012, tendo sido apurada pelo Ministério Público a prática de atos de improbidade que causaram lesão ao erário pelo então chefe do Poder Executivo, no período entre janeiro e julho de 2010. Em razão disso, em 10/11/2016, foi ajuizada a respectiva ação civil pública, com fulcro no art. 10 da Lei n. 8.429/92, sendo certo que Odorico veio a falecer em 10/01/2017. Diante dessa situação hipotética, responda, fundamentadamente, aos questionamentos a seguir.

A) Operou-se a prescrição de pretensão punitiva para a ação de improbidade?

B) O Juízo deve extinguir o feito em decorrência do falecimento de Odorico?

Obs.: o(a) examinando(a) deve fundamentar as respostas. A mera citação do dispositivo legal não confere pontuação.

GABARITO:

A) Não. Na mencionada ação de improbidade, o marco inicial para a contagem do prazo de prescrição da pretensão punitiva é o término do mandato do prefeito, segundo o art. 23, inciso I, da Lei n. 8.429/92.

B) Não. Os sucessores de Odorico respondem pela prática de atos que tenham causado prejuízos ao erário, até o limite do valor da herança, na forma do art. 8º da Lei n. 8.429/92.

DISTRIBUIÇÃO DOS PONTOS

ITEM	PONTUAÇÃO
A) Não. A prescrição da pretensão punitiva na mencionada ação de improbidade é regida pelo art. 23, inciso I, da Lei n. 8.429/92 (0,10), que determina que o marco inicial da contagem do prazo é o término do mandato do prefeito (0,55).	0,00/0,55/0,65

ITEM	PONTUAÇÃO
B) Não. Os sucessores de Odorico respondem pela prática de atos que tenham causado prejuízos ao erário, até o limite do valor da herança (0,50), na forma do art. 8º da Lei n. 8.429/92 (0,10).	0,00/0,50/0,60

(XX Exame) José Maria, aprovado em concurso público para o cargo de Auditor Fiscal do Ministério da Fazenda, foi convocado a apresentar toda a sua documentação e os exames médicos necessários até o dia 13 de julho. Após a entrega dos documentos, José Maria foi colocado em treinamento, e, passadas duas semanas, iniciou o exercício de suas atividades funcionais, que consistiam no processamento de pedidos de parcelamento de débitos tributários. Ocorre que, meses depois, a Administração percebeu que José Maria não havia, formalmente, sido nomeado e nem assinado o termo de posse. Responda, fundamentadamente, aos itens a seguir.

A) Os atos praticados por José Maria podem gerar efeitos em relação a terceiros?

B) A Administração pode exigir de José Maria a devolução dos valores por ele percebidos ao longo do tempo em que não esteve regularmente investido?

Obs.: o examinando deve fundamentar suas respostas. A mera citação do dispositivo legal não confere pontuação.

GABARITO:

A) A resposta é positiva. A situação descrita configura exemplo de atuação de um agente de fato, isto é, aquele que desempenha atividade pública com base na presunção de legitimidade de sua situação funcional. Os atos praticados por agentes de fato podem ser convalidados, a fim de se evitarem prejuízos para a Administração ou a terceiros de boa-fé.

B) A resposta é negativa. Ainda que ilegítima a investidura, o agente de fato tem direito à percepção de sua remuneração porque agiu de boa-fé e as verbas recebidas tinham caráter alimentar, sob pena de enriquecimento sem causa da Administração Pública.

DISTRIBUIÇÃO DOS PONTOS

ITEM	PONTUAÇÃO
A) Sim, pois José Maria é agente de fato, isto é, aquele que desempenha atividade pública com base na presunção de legitimidade de sua situação funcional, razão pela qual seus atos podem ser convalidados (0,75).	0,00/0,75
B) Não. O agente tem direito à remuneração porque agiu de boa-fé (0,25) e as verbas recebidas tinham caráter alimentar (0,10), sob pena de enriquecimento sem causa da Administração Pública (0,15).	0,00/0,10/0,15/0,25/ 0,35/0,40/0,50

(XX Exame) Certo estado da Federação fez editar lei que determina a divulgação, por meio de sítios eletrônicos, da remuneração de seu quadro de pessoal, incluindo informações sobre nome, matrícula e montante bruto do total da remuneração de cada servidor. Cumprido o comando normativo, observou-se que o montante total bruto percebido por alguns servidores era superior ao teto remuneratório estipulado na Constituição. Como assessor jurídico da Secretaria de Estado de Administração, responda aos seguintes itens.

A) A lei em questão viola o direito à privacidade e à intimidade dos servidores? Fundamente sua resposta.

B) Existe verba que não esteja submetida ao teto remuneratório e possa validamente justificar a percepção de remuneração em valor acima do limite determinado pela Constituição?

Obs.: o examinando deve fundamentar suas respostas. A mera citação do dispositivo legal não confere pontuação.

GABARITO:

A) Não há violação ao direito à privacidade e à intimidade porque os dados a serem divulgados dizem respeito a agentes públicos atuando nessa qualidade; remuneração bruta, cargo e lotação são informações de interesse coletivo e geral, em consonância com o princípio republicano que se extrai do art. 1º da CRFB/88. A lei enquadra-se na parte inicial do disposto no art. 5º, inciso XXXIII, da CRFB/88, ausente qualquer das circunstâncias impositivas de sigilo com base na parte final do dispositivo. A atividade administrativa e os respectivos gastos se submetem ao princípio da publicidade, enunciado no art. 37, *caput*, da Constituição da República.

B) Sim. As verbas de caráter indenizatório, previstas em lei, não se submetem ao teto remuneratório, na forma do art. 37, § 11, da CRFB/88.

DISTRIBUIÇÃO DOS PONTOS

ITEM	PONTUAÇÃO
A) Não. Informações sobre agentes atuando nessa qualidade são de interesse público e, por isso, devem ser divulgadas, em atenção ao princípio da publicidade (0,65), segundo o art. 5º, inciso XXXIII, OU art. 37, *caput*, da CRFB/88 (0,10).	0,00/0,65/0,75
B) Sim. Excluem-se do teto remuneratório as verbas de caráter indenizatório previstas em lei (0,40), na forma do art. 37, § 11, da CRFB/88 (0,10).	0,0/0,40/0,50

(XXI Exame) Mário, servidor público não estável, foi designado, sem auferir remuneração específica, para integrar comissão de licitação destinada a escolher a melhor proposta dentre as que as empresas especializadas viessem a apresentar para a execução de serviço de engenharia, consistente em assentar uma ciclovia. Encerrada a licitação, um terceiro representou à autoridade administrativa competente, denunciando que a comissão praticara ato de improbidade administrativa porque seus membros teriam induzido a contratação por preço superior ao de mercado, o que causa lesão ao erário.

Como assessor(a) jurídico(a) da autoridade, responda aos itens a seguir.

A) Mário pode ser considerado sujeito ativo de ato de improbidade administrativa?

B) Pela prática de ato de improbidade administrativa que causa prejuízo ao erário, ao juiz da ação de improbidade é dado, segundo a lei de regência, cumular as sanções de multa e de perda da função pública, afastando as demais aplicáveis à espécie?

Obs.: o(a) examinando(a) deve fundamentar as respostas. A mera citação do dispositivo legal não confere pontuação.

GABARITO:

A) Sim. Mário é servidor público que pode ser considerado sujeito ativo por ato de improbidade, independentemente de ainda não gozar de estabilidade ou de não auferir remuneração específica para a realização da atribuição em comento, considerando que a lei de improbidade adotou conceito amplo de agente público, tal como se depreende do art. 2º da Lei n. 8.429/92.

B) O magistrado não está obrigado a aplicar cumulativamente todas as sanções previstas no art. 12, inciso II, da Lei n. 8.429/92, podendo, mediante adequada fundamentação, fixá-las e dosá-las segundo a natureza, a gravidade e as consequências da infração. Mas, uma vez comprovado o prejuízo ao erário, o ressarcimento, em correspondência aos danos efetivamente causados ao poder público, constitui consequência necessária do ato de improbidade, por aplicação do disposto no art. 5º da Lei n. 8.429/92.

DISTRIBUIÇÃO DOS PONTOS

ITEM	PONTUAÇÃO
A) Sim. Mário é servidor público que pode ser considerado sujeito ativo por ato de improbidade, independente de ainda não gozar de estabilidade ou de não auferir remuneração específica para a realização da atribuição em comento, considerando que a lei de improbidade adotou conceito amplo de agente público (0,35), tal como se depreende do art. 2º da Lei n. 8.429/92 (0,10).	0,00/0,35/0,45
B1) O magistrado não está obrigado a aplicar cumulativamente todas as sanções, podendo, mediante adequada fundamentação, fixá-las e dosá-las segundo a natureza, a gravidade e as consequências da infração (0,35), nos termos do art. 12, inciso II, da Lei n. 8.429/92 (0,10)	0,00/0,35/0,45
B2) Mas, tratando-se de improbidade que causa prejuízo ao erário, não é possível ao Magistrado afastar o integral ressarcimento do dano (0,25), por aplicação do disposto no art. 5º da Lei n. 8.429/92 (0,10).	0,00/0,25/0,35

(**XXII Exame**) José prestou concurso público federal mediante a realização de provas e de exame psicotécnico, etapa integrante do certame e previsto na legislação. Ele logrou aprovação e foi regularmente investido na vaga existente no Estado Alfa. Sua esposa, Maria, já é servidora federal estável lotada no mesmo Estado. Logo após a nomeação de José, ela foi removida para o Estado Beta, no extremo oposto do país, onde terá que passar a residir, no interesse da Administração. Diante dessa situação hipotética, responda aos itens a seguir.

A) José poderia ser submetido à realização de exame psicotécnico como etapa de concurso público, ciente de que o cargo exige equilíbrio emocional?

B) José tem direito de ser removido para outro cargo, no âmbito do mesmo quadro funcional, para o Estado Beta, com o fim de se juntar a Maria?

Obs.: o examinando deve fundamentar suas respostas. A mera citação do dispositivo legal não confere pontuação.

GABARITO:

A) Sim. O exame psicotécnico pode constituir etapa de concurso público, desde que exista previsão em lei e no respectivo edital, na forma do art. 37, inciso I, da CRFB/88 OU da Súmula Vinculante 44 do STF.

B) Sim, porque é cabível a remoção, a pedido, para outra localidade, independentemente do interesse da Administração para acompanhamento de cônjuge que tenha sido deslocado no interesse da Administração, como se extrai do art. 36, parágrafo único, inciso III, alínea *a*, da Lei n. 8.112/90.

DISTRIBUIÇÃO DOS PONTOS

ITEM	PONTUAÇÃO
A) Sim. O exame psicotécnico pode constituir etapa de concurso público, desde que exista previsão em lei (0,40), na forma do art. 37, inciso I, da CRFB OU da Súmula Vinculante 44/STF OU Súmula 686/STF (0,10).	0,00/0,40/0,50
B) Sim, porque é cabível a remoção, a pedido, para outra localidade, para acompanhamento de cônjuge que tenha sido deslocado no interesse da Administração (0,65), consoante o art. 36, parágrafo único, inciso III, alínea *a*, da Lei n. 8.112/90 (0,10).	0,00/0,65/0,75

(XXII Exame) Em fevereiro de 2017, o Estado Alfa fez editar a Lei n. XYZ, que inovou no ordenamento local ao proibir a nomeação de cônjuge, companheiro ou parente em linha reta, colateral ou por afinidade, até o terceiro grau inclusive, da autoridade nomeante ou de servidor da mesma pessoa jurídica investido em cargo de direção, chefia ou assessoramento, para o exercício de cargo em comissão ou de confiança, ou, ainda, de função gratificada na respectiva Administração Pública Direta e na Indireta de todos os Poderes locais, também abrangendo ajustes mediante designações recíprocas. Com isso, a dita lei vedou a prática do chamado nepotismo. Em razão de tal norma, o governador do Estado Alfa se recusou a nomear João para o cargo de médico, para o qual este havia sido aprovado em concurso público regularmente realizado, sob o fundamento de o candidato ser filho de deputado estadual. Diante dessa situação hipotética, responda, fundamentadamente, aos itens a seguir.

A) Considerando que a Lei n. XYZ inovou no ordenamento local, analise se a prática de nepotismo era possível antes de seu advento, à luz do ordenamento vigente. (Valor: 0,70)

B) É válida a conduta do governador de recusar a nomeação de João? (Valor: 0,55)

Obs.: o examinando deve fundamentar suas respostas. A mera citação do dispositivo legal não confere pontuação.

GABARITO:

A) Não. A vedação ao nepotismo não depende de lei ordinária para a sua aplicação, que decorre diretamente dos princípios consagrados na CRFB/88, conforme o art. 37, *caput*, da CRFB/88 OU a Súmula Vinculante 13 do STF, notadamente os da isonomia, moralidade e eficiência.

B) Não. A vedação ao nepotismo não se aplica à investidura de servidores por efeito de aprovação em regular concurso público, sob pena de violar o disposto no art. 37, inciso II, da CRFB/88.

DISTRIBUIÇÃO DOS PONTOS

ITEM	PONTUAÇÃO
A) Não. A vedação ao nepotismo não depende de lei ordinária para a sua aplicação, que decorre diretamente dos princípios consagrados na Constituição (0,60), conforme o art. 37, *caput*, da CRFB/88 OU a Súmula Vinculante 13/STF (0,10).	0,00/0,60/0,70
B) Não. A vedação ao nepotismo não se aplica à investidura de servidores por efeito de aprovação em regular concurso público (0,45), sob pena de violação ao art. 37, inciso I OU II, da CRFB/88 OU à Súmula Vinculante 13/STF (0,10).	0,00/0,45/0,55

ATOS ADMINISTRATIVOS

(41º Exame) Esglobênia, servidora pública federal estável, acreditava ter preenchido os respectivos requisitos do Regime Próprio de Previdência no cargo que ocupava, razão pela qual pleiteou e obteve, junto ao órgão de origem, a aposentadoria voluntária.

Ato contínuo, o processo foi encaminhado ao Tribunal de Contas da União, o qual verificou algumas inconsistências no deferimento do pedido, de modo que está tendente a negar o registro da aposentadoria, sendo certo que o processo chegou na Corte de Contas há apenas um ano.

Diante dessa situação hipotética, responda como advogado(a), fundamentadamente, aos questionamentos a seguir.

A) O ato aposentadoria de Esglobênia estava perfeito, ou seja, completou o seu ciclo de formação, antes do pronunciamento da Corte de Contas?

B) Para negar o registro da aposentadoria de Esglobênia, o Tribunal de Contas precisa observar a ampla defesa e o contraditório?

Obs.: o(a) examinando(a) deve fundamentar suas respostas. A mera citação do dispositivo legal não confere pontuação.

GABARITO:

A) Não. Conforme se extrai do art. 71, inciso III, da CF/88, o ato de aposentadoria só será considerado completo após seu devido registro no Tribunal de Contas. Como foram identificadas inconsistências no pedido, será este considerado um ato em formação, um ato não perfeito.

B) Não. Por se tratar de um procedimento natural para a concessão da aposentadoria, a mera identificação de inconsistências ainda não resultou na decisão sobre o pedido, o que demonstra ser um ato ainda em produção. Com base no determinado na Súmula Vinculante 3, não há até o momento da decisão proferida nenhuma obrigação de atendimento a obrigatoriedade de observância ao contraditório e à ampla defesa.

DISTRIBUIÇÃO DOS PONTOS

ITEM	PONTUAÇÃO
A. Não. A concessão de aposentadoria configura ato complexo que só estará perfeito após pronunciamento da Corte de Contas (0,50), nos termos do art. 71, inciso III, da CRFB/88 ou Súmula Vinculante 3 (0,10).	0,00/0,50/0,60
B. Não. O contraditório e a ampla defesa são assegurados no Tribunal de Contas da União quando da decisão puder resultar anulação ou revogação de ato administrativo, excetuada a apreciação de legalidade do ato de concessão inicial de aposentadoria, reforma e pensão (0,55), consoante a Súmula Vinculante 3 (0,10).	0,00/0,55/0,65

(XXI Exame) Maria construiu, de forma clandestina, um imóvel residencial em local de risco e, em razão disso, a vida de sua família e outros imóveis situados na região estão ameaçados. A autoridade municipal competente, por meio do devido processo administrativo, tomou as providências cabíveis para determinar e promover a demolição de tal construção, nos exatos termos da legislação local. Diante dessa situação hipotética, responda aos itens a seguir.

A) Pode o Município determinar unilateralmente a obrigação demolitória?

B) Caso Maria não cumpra a obrigação imposta, o Município está obrigado a postular a demolição em Juízo?

Obs.: o(a) examinando(a) deve fundamentar as respostas. A mera citação do dispositivo legal não confere pontuação.

GABARITO:

A) Sim. O ato administrativo em questão decorre do exercício do poder de polícia, que goza do atributo da imperatividade ou coercibilidade, por meio do qual a Administração pode impor unilateralmente obrigações válidas.

B) Não. O ato administrativo em questão goza do atributo da autoexecutoriedade, que autoriza a Administração a executar diretamente seus atos e a fazer cumprir suas determinações, sem recorrer ao Judiciário.

DISTRIBUIÇÃO DOS PONTOS

ITEM	PONTUAÇÃO
A) Sim. O ato administrativo decorre do exercício do poder de polícia, que goza do atributo da imperatividade ou coercibilidade, por meio do qual a Administração pode impor unilateralmente obrigações válidas (0,60).	0,00/0,60
B) A resposta é negativa. O ato administrativo em questão goza do atributo da autoexecutoriedade, que autoriza a Administração a executar diretamente seus atos e a fazer cumprir suas determinações sem recorrer ao Judiciário (0,65).	0,00/0,65

(XXIII Exame) O Congresso Nacional aprovou recentemente a Lei n. 20.100/17, que reestruturou diversas carreiras do funcionalismo público federal e concedeu a elas reajuste remuneratório. Especificamente em relação aos analistas administrativos de determinada agência reguladora, foi instituída gratificação de desempenho. Ao proceder aos cálculos, a Administração interpreta equivocadamente a lei e calcula a maior o acréscimo salarial, erro que só é percebido alguns anos depois de iniciado o pagamento. Sobre a hipótese apresentada, responda aos itens a seguir.

A) Não havendo má-fé dos servidores, a Administração pode rever a qualquer tempo os cálculos e exigir a devolução da quantia paga indevidamente? (Valor: 0,75)

B) O ato da Administração que resultar na revisão do cálculo da gratificação precisa, obrigatoriamente, ser motivado? (Valor: 0,50)

Obs.: o(a) examinando(a) deve fundamentar as respostas. A mera citação do dispositivo legal não confere pontuação.

GABARITO:

A) A Administração possui o prazo de cinco anos para anular os atos administrativos de que decorram efeitos favoráveis para os destinatários, conforme disposto no art. 54 da Lei n. 9.784/99. Quanto à restituição da quantia paga a maior, por não terem os servidores dado causa ao equívoco e estarem de boa-fé, bem como diante do caráter alimentar e do princípio da confiança legítima, não será cabível.

B) Sim, a Administração deve obrigatoriamente motivar o ato, conforme disposto no art. 50, inciso I, da Lei n. 9.784/99 OU no art. 50, incisos VI ou VIII, da Lei n. 9.784/99.

DISTRIBUIÇÃO DOS PONTOS

ITEM	PONTUAÇÃO
A1) Não, pois o direito da Administração de anular os atos administrativos de que decorram efeitos favoráveis para os destinatários decai em cinco anos (0,35), conforme disposto no art. 54 da Lei n. 9.784/99 (0,10).	0,00/0,35/0,45
A2) Quanto à restituição da quantia paga a maior, por não terem os servidores dado causa ao equívoco e estarem de boa-fé, não será cabível (0,30).	0,00/0,30
B) Sim, a Administração deve obrigatoriamente motivar o ato na forma do artigo 2º da Lei n. 9784/99 OU no princípio da motivação (0,40), conforme disposto no art. 50, inciso I, da Lei n. 9.784/99 OU no art. 50, incisos VI ou VIII, da Lei n. 9.784/99 (0,10).	0,00/0,40/0,50

BENS PÚBLICOS

(XXV Exame) Luiz encontrou um ônibus pertencente a uma autarquia federal abandonado em um terreno baldio e passou a utilizá-lo para promover festas itinerantes patrocinadas por sua empresa. O uso e a posse desse ônibus, com *animus domini*, vêm perdurando por longo período, de modo que já estariam presentes os requisitos para a usucapião do mencionado bem móvel. Em razão disso, Luiz procura você para, na qualidade de advogado(a), orientá-lo na regularização e integração do ônibus ao patrimônio da empresa promotora de festas, formulando as indagações a seguir.

A) O ônibus em questão é um bem público? (Valor: 0,65)

B) É possível a usucapião de tal ônibus? (Valor: 0,60)

Obs.: o(a) examinando(a) deve fundamentar as respostas. A mera citação do dispositivo legal não confere pontuação.

GABARITO:

A) Sim. O bem em questão pertence a uma pessoa jurídica de direito público, e a situação fática de abandono não desnatura sua natureza jurídica. O citado veículo é um bem público, consoante define o art. 98 do CC.

B) Não. Os bens públicos gozam da característica da imprescritibilidade, ou seja, não poderão ser usucapidos, segundo estabelece o art. 102 do CC.

DISTRIBUIÇÃO DOS PONTOS

ITEM	PONTUAÇÃO
A) Sim. O ônibus em questão pertence a uma pessoa jurídica de direito público, de modo que é um bem público (0,55), nos termos do art. 98 do CC (0,10).	0,00/0,55/0,65
B) Não. Os bens públicos são imprescritíveis, ou seja, não poderão ser usucapidos (0,50), segundo o disposto no art. 102 do CC (0,10).	0,00/0,50/0,60

CONSÓRCIOS PÚBLICOS

(XXIX Exame) O Estado Alfa, para prestar os serviços de captação e tratamento de água, uniu-se aos municípios localizados em seu território, formando um consórcio público de direito público. Devido ao aumento da população, foi necessário buscar novos mananciais, o que acarretou a necessidade de construção de novas adutoras. Por consequência, a nova tubulação precisará passar por áreas particulares, prevendo-se, com isso, a instituição de novas servidões. Na qualidade de advogado(a) consultado(a), esclareça os itens a seguir.

A) Os entes da federação consorciados podem ceder servidores para o consórcio público?

B) O consórcio público em questão pode instituir servidão?

Obs.: o(a) examinando(a) deve fundamentar suas respostas. A mera citação do dispositivo legal não confere pontuação.

GABARITO:

A) Sim. Os entes consorciados podem ceder servidores para o consórcio público na forma e condições de cada ente consorciado, nos termos do art. 4º, § 4º, da Lei n. 11.107/2005 OU do art. 241 da CRFB/88.

B) Sim. Por ser pessoa jurídica de direito público, o consórcio pode instituir servidão, nos termos do contrato de consórcio, conforme o art. 2º, § 1º, inciso II, da Lei n. 11.107/2005.

DISTRIBUIÇÃO DOS PONTOS

ITEM	PONTUAÇÃO
A) Sim. Os entes consorciados podem ceder servidores para o consórcio público na forma e condições de cada ente consorciado (0,55), nos termos do art. 4º, § 4º, da Lei 11.107/2005 OU do art. 241 da CRFB/88 (0,10).	0,00/0,55/0,65
B) Sim. Por ser pessoa jurídica de direito público, nos termos do contrato de consórcio (0,50), conforme o art. 2º, § 1º, inciso II, da Lei 11.107/2005 (0,10).	0,00/0,50/0,60

(XXVI Exame) Os Municípios Alfa, Beta e Gama decidiram criar um consórcio público para a execução de serviços de saneamento básico. Como não iriam outorgar o exercício de potestades públicas à entidade administrativa, os entes federativos em questão formalizaram o respectivo protocolo de intenções, no qual previram a criação de uma pessoa jurídica de direito privado, a ser denominada "Saneare", pelo prazo de vinte anos, constituída na forma da lei. Contudo, logo no início das atividades da "Saneare", o Município Alfa descumpriu com as obrigações regularmente assumidas no contrato de rateio. Na qualidade de advogado(a) consultado(a), esclareça os questionamentos a seguir.

A) "Saneare" é uma associação pública?

B) O Município Gama tem legitimidade para, isoladamente, exigir do Município Alfa o cumprimento das obrigações constantes do contrato de rateio?

Obs.: o(a) examinando(a) deve fundamentar as respostas. A mera citação do dispositivo legal não confere pontuação.

GABARITO:

A) Não. "Saneare" é pessoa jurídica de direito privado, razão pela qual não pode ser considerada uma associação pública, que é pessoa jurídica de direito público, na forma do art. 6º da Lei n. 11.107/2005.

B) Sim. O Município Gama é legitimado para exigir o cumprimento das obrigações constantes do contrato de rateio, isoladamente ou em conjunto com os demais entes consorciados, nos termos do art. 8º, § 3º, da Lei n. 11.107/2005.

DISTRIBUIÇÃO DOS PONTOS

ITEM	PONTUAÇÃO
A) Não. "Saneare" é pessoa jurídica de direito privado, razão pela qual não pode constituir uma associação pública, que é pessoa jurídica de direito público (0,50), na forma do art. 4º, IV, OU art. 6º, da Lei n. 11.107/2005 (0,10).	0,00/0,50/0,60
B) Sim. O Município Gama é legitimado para exigir o cumprimento das obrigações constantes do contrato de rateio, isoladamente ou em conjunto com os demais entes consorciados (0,55), nos termos do art. 8º, § 3º, da Lei n. 11.107/2005 (0,10).	0,00/0,55/0,65

INTERVENÇÃO DO ESTADO NA PROPRIEDADE PRIVADA

(41º Exame) Antes da edição do decreto expropriatório, Fábio tomou conhecimento de que a União deseja desapropriar uma grande propriedade rural de sua titularidade, situada na zona rural do Município Delta, para construir um aeroporto.

Em razão disso, ele busca sua assessoria jurídica para esclarecer as dúvidas elencadas a seguir, que deverão ser respondidas à luz do ordenamento vigente.

A) A fim de concretizar a intervenção do Estado na propriedade, antes do ajuizamento da respectiva ação, o Poder Público deve fazer uma oferta a Fábio?

B) A fim de alcançar a justa indenização na situação descrita, é possível a utilização de arbitragem?

Obs.: o(a) examinando(a) deve fundamentar suas respostas. A mera citação do dispositivo legal não confere pontuação.

GABARITO:

A) Sim. Na forma do art. 10-A do Decreto-lei n. 3.365/41, o Poder Público deverá proceder à notificação ao proprietário e apresentar uma oferta indenizatória antes do ajuizamento da ação de desapropriação.

B) Sim. Poderá ser adotada a arbitragem nos procedimentos de desapropriação por necessidade ou utilidade pública, na forma do art. 10-B do Decreto-lei n. 3.365/41.

DISTRIBUIÇÃO DE PONTOS

ITEM	PONTUAÇÃO
A. Sim. O Poder Público deverá notificar o proprietário e apresentar-lhe oferta e indenização antes do ajuizamento da ação de desapropriação (0,50), nos termos do art. 10-A do Decreto-lei n. 3.365/41 (0,10).	0,00/0,50/0,60
B. Sim. É possível a opção pela arbitragem nos procedimentos de desapropriação por necessidade ou utilidade pública (0,55), consoante o art. 10-B do Decreto-lei n. 3.365/41 (0,10).	0,00/0,55/0,65

(XXXII Exame) A sociedade empresária Alfa, concessionária estadual de serviço público de administração e conservação da rodovia estadual XXX, com escopo de melhorar a qualidade do serviço prestado aos usuários, pretende realizar abertura, conservação e melhoramento em determinado trecho da via pública. Para viabilizar seu intento, estudos técnicos preliminares concluíram ser imprescindível a desapropriação de um imóvel. Nesse contexto, responda aos questionamentos a seguir.

A) Quais são os pressupostos legais para a desapropriação pretendida pela concessionária? Justifique.

B) Quais são as fases do procedimento expropriatório para a hipótese narrada? A sociedade empresária Alfa tem competência para atuar nessas fases? Justifique.

Obs.: o(a) examinando(a) deve fundamentar suas respostas. A mera citação do dispositivo legal não confere pontuação.

GABARITO:

A) Os pressupostos que a autorizariam são: interesse público (na modalidade utilidade pública, conforme previsto no art. 5º, alínea *i*, do Decreto-lei n. 3.365/41) e pagamento de indenização prévia, justa e em dinheiro (art. 5º, inciso XXIV, da CRFB/88).

B) As fases do procedimento expropriatório na desapropriação comum são: (i) fase declaratória: os entes federativos (art. 6º do Decreto-lei n. 3.365/41) declaram o interesse público na desapropriação. A concessionária não tem competência para declarar a utilidade pública da desapropriação; (ii) fase executória: declarado o interesse na desapropriação (conforme fase anterior), na fase executória o Estado deverá adotar as providências necessárias à sua efetivação, com a transferência do bem após pagamento do valor justo (indenização mais imissão da posse). A concessionária não tem competência para declarar o interesse público (fase declaratória), mas o ordenamento jurídico lhe confere competência para promover a fase executória, mediante autorização expressa, constante de lei ou contrato, conforme se vê do art. 3º do Decreto-lei n. 3.365/41).

DISTRIBUIÇÃO DOS PONTOS

ITEM	PONTUAÇÃO
A) Os pressupostos são: interesse público, na modalidade utilidade pública (0,25), previsto no art. 5º, alínea *i*, do Decreto-lei n. 3.365/41 (0,10), e pagamento de indenização prévia, justa e em dinheiro (0,25), segundo o art. 5º, inciso XXIV, da CRFB/88 (0,10).	0,00/0,25/0,35/0,50/ 0,60/0,70
B1) As fases do procedimento expropriatório são: (i) fase declaratória, cuja competência, via de regra, está restrita aos entes federativos (0,15); (ii) fase executória: o Estado deverá adotar as providências necessárias à sua efetivação, com a transferência do bem após o pagamento do valor justo (indenização mais imissão da posse) (0,15).	0,00/0,15/0,30
B2) A concessionária não tem competência para declarar o interesse público (fase declaratória), mas o ordenamento jurídico lhe confere competência para promover a fase executória mediante autorização expressa, constante de lei ou contrato (0,15), conforme o art. 3º do Decreto-lei n. 3.365/41 (0,10).	0,00/0,15/0,25

PRÁTICA ADMINISTRATIVA

(XXVII Exame) Para diminuir o índice de acidentes em uma rodovia movimentada, o poder público decidiu alterar o traçado de alguns trechos críticos. Para tanto, será necessário desapropriar certas áreas, dentre as quais parte da fazenda que pertence a Roberval, que explora economicamente o bem por meio da plantação de milho. Em razão das constantes mortes que ocorrem na rodovia, o decreto expropriatório, que reconheceu a utilidade pública do bem, declarou a urgência da desapropriação. Em acréscimo, o poder público depositou a quantia arbitrada e, assim, requereu a imissão provisória na posse. Ao fim do processo de desapropriação, o valor do bem fixado na sentença corresponde ao dobro daquele ofertado em juízo para fins de imissão provisória na posse. Na qualidade de advogado(a) consultado(a), responda aos itens a seguir.

A) No processo de desapropriação, Roberval pode alegar toda e qualquer matéria de defesa na contestação? (Valor: 0,65)

B) Os juros compensatórios são devidos a partir de que momento? (Valor: 0,60)

Obs.: o(a) examinando(a) deve fundamentar as respostas. A mera citação do dispositivo legal não confere pontuação.

GABARITO:

A) Não. A defesa de Roberval só poderá versar sobre vício do processo judicial ou sobre impugnação do preço; qualquer outra questão deverá ser decidida por ação direta, em conformidade com o art. 20 do Decreto-lei n. 3.365/41.

B) Os juros compensatórios são devidos desde a imissão na posse, pois é neste momento que o proprietário é privado da exploração econômica de seu bem, em conformidade com a Súmula 69 do STJ OU com a Súmula 164 do STF OU com o art. 15-A do Decreto Lei n. 3.365/41.

DISTRIBUIÇÃO DOS PONTOS

ITEM	PONTUAÇÃO
A) Não. A defesa de Roberval só poderá versar sobre vício do processo judicial ou sobre impugnação do preço (0,55), em conformidade com o art. 20 do Decreto Lei n. 3.365/41 (0,10).	0,00/0,55/0,65
B) Os juros compensatórios são devidos desde a imissão na posse (0,50), em conformidade com a Súmula 69 do STJ OU com a Súmula 164 do STF OU com o art. 15-A do Decreto Lei n. 3.365/41 (0,10).	0,00/0,50/0,60

(XXVI Exame) José possuía uma grande propriedade rural, utilizada para o cultivo de milho e soja. Após seu falecimento, ocorrido em 2001, suas duas filhas, as únicas herdeiras, decidiram interromper o plantio dos grãos, tornando a propriedade improdutiva. Em 2017, a União declarou a área como de interesse social para fins de reforma agrária. Após um processo judicial de rito sumário, o juiz fixou o valor da indenização devido às filhas de José. Na ocasião, identificou-se a ausência de benfeitorias no terreno desapropriado. Após o pagamento pela União do valor fixado na sentença, Ronaldo foi beneficiado pela desapropriação, passando a ser proprietário de uma pequena fração do terreno. Sobre a hipótese apresentada, responda aos itens a seguir.

A) O valor da indenização devido às filhas de José foi pago em dinheiro?

B) Ronaldo, dois anos após ser beneficiado pela desapropriação, pode vender o terreno recebido a terceiros?

Obs.: o(a) examinando(a) deve fundamentar as respostas. A mera citação do dispositivo legal não confere pontuação.

GABARITO:

A) Não, o valor da indenização devido às filhas de José não foi pago em dinheiro, mas em títulos da dívida agrária, nos termos do art. 184 da CRFB/88.

B) Não, Ronaldo não pode vender o terreno dois anos depois de ser beneficiado pela desapropriação. Os imóveis recebidos na reforma agrária são inegociáveis por dez anos, nos termos do art. 189 da CRFB/88.

DISTRIBUIÇÃO DOS PONTOS

ITEM	PONTUAÇÃO
A) Não, o valor da indenização devido às filhas de José não foi pago em dinheiro, mas em títulos da dívida agrária (0,55), nos termos do art. 184 da CRFB/88 (0,10).	0,00/0,55/0,65
B) Não, Ronaldo não pode vender o terreno dois anos depois de ser beneficiado pela desapropriação. Os imóveis recebidos na reforma agrária são inegociáveis por dez anos (0,50), nos termos do art. 189 da CRFB/88 (0,10).	0,00/0,50/0,60

(XXI Exame) Após a edição do pertinente decreto declaratório da utilidade pública pela União, sociedade de economia mista federal, enquanto prestadora de serviço público, foi incumbida de promover a desapropriação de imóvel de Antônio. Para tanto, pretende promover tratativas com vistas a lograr a chamada desapropriação amigável ou tomar as medidas judiciais cabíveis para levar a efeito a intervenção do Estado na propriedade em foco. Diante dessa situação hipotética, responda aos itens a seguir.

A) A sociedade de economia mista em questão pode ajuizar a ação de desapropriação?

B) Considerando que o mencionado decreto expropriatório foi publicado em 05/05/2016, analise se existe prazo para o eventual ajuizamento da ação de desapropriação.

Obs.: o(a) examinando(a) deve fundamentar as respostas. A mera citação do dispositivo legal não confere pontuação.

GABARITO:

A) Sim. É possível que a entidade administrativa promova a desapropriação e, consequentemente, ajuíze a respectiva ação, na forma do art. 3º do Decreto-lei n. 3.365/41, desde que haja autorização expressa em lei ou no contrato.

B) Sim. Os legitimados para promover a desapropriação por utilidade pública possuem o prazo de 5 (cinco) anos, a contar da expedição do decreto, para o ajuizamento da respectiva ação, sob pena de caducidade, consoante o art. 10 do Decreto-lei n. 3.365/41.

DISTRIBUIÇÃO DOS PONTOS

ITEM	PONTUAÇÃO
A) Sim. É possível que sociedade de economia mista ajuíze a ação de desapropriação, desde que haja autorização expressa em lei ou no contrato (0,55), na forma do art. 3º do Decreto-lei n. 3.365/41 (0,10).	0,00/0,55/0,65
B) Sim. Os legitimados para promover a desapropriação por utilidade pública possuem o prazo de 5 (cinco) anos, a contar da expedição do decreto, para o ajuizamento da respectiva ação, sob pena de caducidade (0,50), consoante o art. 10 do Decreto-lei n. 3.365/41 (0,10).	0,00/0,50/0,60

(XXII Exame) O Município Beta, que possui cerca de quinze mil habitantes, pretende fazer uso de instrumentos previstos na ordem jurídica pátria para promover a ordenação urbana local, tais como os de parcelamento e edificação compulsórios. Para tanto, fez editar o plano diretor da cidade, aprovado pela Câmara Municipal, cujo projeto foi de iniciativa do Prefeito, após a efetivação de estudos técnicos por especialistas multidisciplinares contratados, que não realizaram a oitiva popular acerca das mudanças sugeridas. Diante dessa situação hipotética, responda aos questionamentos a seguir.

A) Para o Município Beta, a elaboração de plano diretor para se utilizar dos instrumentos de parcelamento e edificação compulsórios é obrigatória?

B) Considerando as diretrizes estabelecidas na legislação de regência, o Município Beta deveria ter promovido a participação popular no processo de elaboração do plano diretor?

Obs.: o examinando deve fundamentar suas respostas. A mera citação do dispositivo legal não confere pontuação.

GABARITO:

A) Sim. A utilização dos instrumentos de parcelamento e edificação compulsórios depende de previsão no plano diretor, tal como se depreende do art. 182, § 4º, inciso I, da CRFB/88 OU do art. 5º da Lei n. 10.257/2001 (Estatuto da Cidade) OU do art. 41, inciso III, da Lei n. 10.257/2001 (Estatuto da Cidade).

B) Sim. A gestão democrática das cidades constitui importante diretriz elencada no art. 2º, inciso II, da Lei n. 10.257/2001 (Estatuto da Cidade), a ser implementada por meio da participação popular, que é obrigatória no processo de elaboração do plano diretor, na forma do art. 40, § 4º, da Lei n. 10.257/2001 (Estatuto da Cidade).

DISTRIBUIÇÃO DOS PONTOS

ITEM	PONTUAÇÃO
A) Sim. A utilização dos instrumentos de parcelamento e edificação compulsórios depende de previsão no plano diretor (0,50), tal como se depreende do art. 182, § 4º, inciso I, da CRFB/88 OU do art. 5º da Lei n. 10.257/2001 OU do art. 41, inciso III, da Lei n. 10.257/01 (0,10).	0,00/0,50/0,60
B) Sim. Consoante a diretriz da gestão democrática das cidades OU a diretriz do art. 2º, inciso II, a Lei n. 10.257/2001 (0,15), a participação popular é obrigatória no processo de elaboração do plano diretor (0,40), nos termos do art. 40, § 4º, da Lei n. 10.257/2001 (0,10).	0,00/0,15/0,25/0,40/ 0,50/0,55/0,65

LEI ANTICORRUPÇÃO

(40º Exame) A sociedade empresária Sagaz S.A. envolveu-se em um esquema de corrupção que importou em ato lesivo à Administração Pública Federal, de modo que o órgão competente está em via de adotar as medidas pertinentes para a sua responsabilização administrativa na respectiva esfera.

O mencionado esquema veio à tona por conta de informações prestadas pela sociedade empresária Arguta S.A., que formalizou acordo de leniência com a autoridade que detém tal atribuição.

Ao tomar conhecimento de tais fatos, os representantes da sociedade empresária Sagaz procuraram você, na condição de advogado(a), a fim de esclarecer os questionamentos a seguir.

A) Há necessidade de demonstração do elemento subjetivo, ou seja, dolo ou culpa, para a caracterização da responsabilização administrativa da sociedade empresária Sagaz na esfera em questão?

B) A sociedade empresária Sagaz poderia também formalizar acordo de leniência com a autoridade competente, para cooperar na elucidação dos mesmos fatos, a fim de isentar ou reduzir as penalidades administrativas a ela aplicáveis?

Obs.: o(a) examinando(a) deve fundamentar suas respostas. A mera citação do dispositivo legal não confere pontuação.

GABARITO:

A) Não. A responsabilização civil por ato contra a Administração Pública, conforme estabelece o art. 2º da Lei n. 12.846/2016, é objetiva, não exigindo demonstração do elemento subjetivo para sua configuração.

B) Não. Por já existir um acordo de leniência firmado como a sociedade Arguta sobre os mesmos fatos, não há preenchimento pela sociedade Sagaz do requisito constante no art. 16, § 1º, I, da Lei n. 12.846/2016, qual seja, ter sido a empresa a primeira a manifestar o interesse na cooperação.

DISTRIBUIÇÃO DOS PONTOS

ITEM	PONTUAÇÃO
A) Não. A responsabilização administrativa por ato lesivo contra a Administração Pública (ou previsto na Lei Anticorrupção) é objetiva, de modo que independe da demonstração do elemento subjetivo (dolo ou culpa) (0,55), nos termos do art. 2º da Lei n. 12.846/2016 (0,10).	0,00/0,55/0,65
B) Não. Diante da existência de acordo de leniência já formalizado com a sociedade Arguta sobre os mesmos fatos, observa-se que a sociedade empresária Sagaz não foi a primeira a manifestar o interesse em cooperar para a apuração do ilícito (0,50), não preenchendo assim requisito constante do art. 16, § 1º, inciso I, da Lei n. 12.846/2016 (0,10).	0,00/0,50/0,60

(XXXIV Exame) As sociedades empresárias Alfa, Beta e Gama, em comunhão de ações e desígnios, fraudaram licitação para reforma e manutenção de estádio esportivo, mediante ajuste e combinação que frustraram o caráter competitivo do certame, que culminou com a contratação da sociedade empresária Gama por determinado Estado da Federação. Após regular processo administrativo deflagrado pela Administração Pública Estadual contratante, restaram comprovadas a autoria e a materialidade do ato ilícito, bem como um prejuízo ao erário na ordem de 50 milhões de reais. A sociedade empresária Alfa, em janeiro de 2021, procurou voluntariamente o Estado com intuito de celebrar acordo de leniência. Por sua vez, a sociedade empresária Beta, em abril de 2021, também procurou o Estado com o mesmo escopo. Observados os fatos narrados à luz da Lei Anticorrupção, responda aos questionamentos a seguir.

A) Poderão as sociedades empresárias Alfa e Beta celebrar, ao mesmo tempo e acerca dos mesmos fatos, acordo de leniência com o Estado? Justifique.

B) Pelo poder público, de quem é a competência para celebrar o acordo de leniência? Há necessidade de participação do Ministério Público e/ou de homologação judicial para a validade do acordo de leniência? Justifique.

Obs.: o(a) examinando(a) deve fundamentar suas respostas. A mera citação do dispositivo legal não confere pontuação

GABARITO:

A) Não. As sociedades empresárias não poderão, ao mesmo tempo e acerca dos mesmos fatos, celebrar acordo de leniência, eis que a legislação estabelece que tal acordo apenas pode ser firmado com a primeira sociedade empresária que se manifestar nesse sentido, no caso em tela, a Alfa (art. 16, § 1º, inciso I, da Lei n. 12.846/2013).

B) A autoridade máxima de cada órgão ou entidade pública poderá celebrar acordo de leniência com as pessoas jurídicas responsáveis pela prática dos atos ilícitos previstos na Lei Anticorrupção, conforme prevê o art. 16, *caput*, da Lei n. 12.846/2013. Não é necessária a participação do Ministério Público e/ou a homologação judicial para a validade do acordo de leniência, pois a Lei n. 12.846/2013, que dispõe sobre a matéria, não o exige, bastando que os requisitos legais, trazidos no citado diploma legal, sejam observados.

DISTRIBUIÇÃO DOS PONTOS

ITEM	PONTUAÇÃO
A) Não. Somente a sociedade empresarial Alfa poderá celebrar o acordo de leniência, eis que tal acordo apenas poderá ser firmado com a primeira sociedade empresária que se manifestar nesse sentido (0,50), com base no art. 16, § 1º, inciso I, da Lei n. 12.846/2013 (0,10).	0,00/0,50/0,60
B1) A autoridade máxima de cada órgão ou entidade pública poderá celebrar acordo de leniência com as pessoas jurídicas responsáveis pela prática dos atos ilícitos previstos na Lei Anticorrupção (0,30), conforme prevê o art. 16, *caput*, da Lei n. 12.846/2013 (0,10).	0,00/0,30/0,40
B2) Não, a Lei n. 12.846/2013 não prevê a participação do Ministério Público e/ou a homologação judicial para a validade do acordo de leniência (0,25).	0,00/0,25

LICITAÇÃO

(41º Exame) A sociedade de economia mista federal XYZ entrou em contato com a sociedade empresária ABC, de notória especialização, que fornece serviço técnico especializado de publicidade e divulgação, visando à celebração de um contrato administrativo. Durante as tratativas, um dos representantes da estatal afirmou que, em razão da expertise da entidade ABC, seria possível a contratação direta, afastando-se a necessidade de licitação. Nesse contexto, o contrato administrativo foi celebrado sem o prévio processo licitatório. Passados alguns meses, o diretor-executivo da sociedade empresária ABC foi informado de que o órgão de controle externo da estatal estava analisando a regularidade da contratação, em razão de indícios de superfaturamento. Dessa forma, ele solicitou à sua equipe jurídica os devidos esclarecimentos sobre a temática.

Diante dessa situação hipotética, com base na legislação que dispõe sobre o estatuto jurídico da empresa pública e da sociedade de economia mista e de suas subsidiárias, responda aos itens a seguir.

A) A contratação direta da sociedade empresária ABC pela sociedade de economia mista federal XYZ, no caso em tela, cumpriu as exigências legais?

B) Caso o órgão de controle externo da estatal verifique superfaturamento na contratação, quem responderá pelo dano causado? Justifique.

Obs.: o(a) examinando(a) deve fundamentar suas respostas. A mera citação do dispositivo legal não confere pontuação.

GABARITO:

A) Não. Segundo estabelece o art. 30, inciso II, da Lei n. 13.303/2016, é vedada a contratação direta com fundamento na inexigibilidade de licitação quando estamos diante de um objeto com finalidade específica de serviços de publicidade e de divulgação.

B) No caso de identificação de superfaturamento ou sobrepreço pelos órgãos de controle externo em uma contratação direta com base na inexigibilidade de licitação, a responsabilidade será solidária quanto ao dano causado, abarcando quem houver decidido pela contratação direta e o fornecedor ou o prestador de serviços, na forma do art. 30, § 2º, da Lei n. 13.303/2016.

DISTRIBUIÇÃO DE PONTOS

ITEM	PONTUAÇÃO
A) Não. A contratação direta, em razão da inexigibilidade de licitação, é vedada para serviços de publicidade e de divulgação (0,55), nos termos do art. 30, inciso II, ou art. 28, caput, ambos da Lei n. 13.303/2016 (0,10).	0,00/0,55/0,65
B) Respondem solidariamente pelo dano causado quem houver decidido pela contratação direta e o fornecedor ou o prestador de serviços (0,50), na forma do art. 30, § 2º, da Lei n. 13.303/2016 (0,10).	0,00/0,50/0,60

(40º Exame) Certa Secretaria do Estado Alfa fez publicar dois editais de registro de preços, na qualidade de gerenciadora, à luz da Lei n. 14.133/2021 (Nova Lei de Licitações). Um deles está voltado para a viabilização de contratações futuras e sucessivas de pequenos serviços padronizados de engenharia, de pequena complexidade, que são permanentes e frequentes. O outro, para a aquisição de produtos que são continuamente necessários para as atividades do órgão. Ambos os procedimentos foram adequadamente processados e concluídos sem a adesão de outros participantes.

Ocorre que a autarquia federal Ômega precisou dos produtos que constavam de um dos mencionados procedimentos de registro de preços, de modo que visa aderir à respectiva ata, na qualidade de não participante.

Diante desta situação hipotética, responda, como advogado(a), aos questionamentos a seguir.

A) É possível a utilização do sistema de registro de preços para a contratação de serviços de engenharia em questão?

B) A autarquia Ômega poderia aderir à ata de registro de preços tal como pretendido?

Obs.: o(a) examinando(a) deve fundamentar suas respostas. A mera citação do dispositivo legal não confere pontuação.

GABARITO:

A) Sim. A contratação de execução de obras e serviços de engenharia poderá ser realizada pelo sistema de registro de preços caso sejam preenchidos os requisitos elencados no art. 85 da Lei n. 14.133/2021, quais sejam existência de projeto padronizado, sem complexidade técnica e operacional e necessidade permanente e frequente do serviço em questão.

B) Não. O art. 86, § 8º, da Lei n. 14.133/2021 veda expressamente a adesão de autarquia federal à ata de registro de preços gerenciada por órgão ou entidade estadual.

DISTRIBUIÇÃO DOS PONTOS

ITEM	PONTUAÇÃO
A) Sim. A Administração poderá contratar a execução de obras e serviços de engenharia pelo sistema de registro de preços, desde que preenchidos os seguintes requisitos: a) existência de projeto padronizado, sem complexidade técnica e operacional (0,30); b) necessidade permanente e frequente do serviço em questão, como na situação descrita (0,25), nos termos do art. 85 da Lei n. 14.133/2021 (0,10).	0,00/0,25/0,30/0,35/0,40/0,55/0,65
B) Não. É vedado à autarquia federal aderir à ata de registro de preços gerenciada por órgão ou entidade estadual (0,50), nos termos do art. 86, § 8º, da Lei n. 14.133/2021 (0,10). (Obs.: Pode ser alegado que é facultado à autarquia federal aderir à ata de registro de preços do estado Alfa, com fundamento no art. 86, § 3º, I, da Lei n. 14.133/2021).	0,00/0,50/0,60

(39º Exame) A União fez publicar um edital de licitação, na modalidade concorrência, para uma grande obra de infraestrutura, inicialmente orçada em R$ 300.000.000,00 (trezentos milhões de reais), a caracterizar, portanto, um contrato de grande vulto nos termos da nova Lei de Licitações, aplicável à hipótese. A sociedade empresária Construodetudo S.A. visa a participar do certame, mas, após a leitura do edital, ficou com fundadas dúvidas acerca de alguns pontos, razão pela qual buscou sua assessoria jurídica, a fim de esclarecê-las. Diante dessa situação hipotética, responda, fundamentadamente, aos questionamentos a seguir.

A) O edital em questão deveria contemplar a matriz de alocação de riscos entre contratante e contratado? Justifique.

B) É possível exigir do licitante vencedor a implementação de programa de integridade? Justifique.

Obs.: o(a) examinando(a) deve fundamentar suas respostas. A mera citação do dispositivo legal não confere pontuação.

GABARITO:

A) Sim. Contratos de grande vulto são contratos cujo valor seja estimado, segundo o art. 6º, inciso XXII, da Lei n. 14.133/2021, superior a R$ 239.624.058,14 (valor atualizado pelo Decreto n. 11.781/2023). Para esses contratos, exige-se a matriz de alocação de riscos entre contratante e contratado, na forma do art. 22, § 3º, da Lei n. 14.133/2021.

B) Sim. O programa de integridade é de implementação obrigatória em contratos de grande vulto, na forma do art. 25, § 4º, da Lei n. 14.133/2021.

DISTRIBUIÇÃO DOS PONTOS

ITEM	PONTUAÇÃO
A) Sim. Para os contratos de grande vulto, assim caracterizados nos termos do art. 6º, inciso XXII, da Lei n. 14.133/2021, é obrigatório que o edital contemple a matriz de alocação de riscos entre contratante e contratado (0,55), na forma do art. 22, § 3º, da Lei n. 14.133/2021 (0,10).	0,00/0,55/0,65
B) Sim. Nas contratações de obra de grande vulto, assim caracterizados nos termos do art. 6º, inciso XXII, da Lei n. 14.133/2021, o edital deverá prever a obrigatoriedade de implementação de programa de integridade (0,50), consoante o art. 25, § 4º, da Lei n. 14.133/2021 (0,10).	0,00/0,50/0,60

(39º Exame) A sociedade empresária Alfa foi contratada pelo Estado Beta para prestar determinados serviços na área de tecnologia da informação pelo prazo de um ano, sob o regime jurídico da nova Lei de Licitações e Contratos. Atualmente, no curso da execução do contrato administrativo, o estado Beta já está com atraso de 80 (oitenta) dias, contados da emissão da nota fiscal de parcelas de pagamentos devidos pela Administração por despesas de serviços já prestados pela sociedade empresária Alfa. Sabe-se que o contrato em tela não contém cláusula compromissória ou compromisso arbitral. Cansado de tentar receber os valores devidos, o sócio administrador da sociedade empresária Alfa contrata você como advogado(a), pois pretende extinguir o contrato. Sobre o caso narrado, responda aos itens a seguir.

A) A contratada tem direito à extinção do contrato? Justifique.

B) Caso haja a extinção do contrato em decorrência de culpa exclusiva do estado Beta, quais os direitos do contratado? Justifique.

Obs.: o(a) examinando(a) deve fundamentar suas respostas. A mera citação do dispositivo legal não confere pontuação.

GABARITO:

A) Sim. Pelo fato de o atraso identificado no caso em tela ultrapassar o período de 2 (dois) meses, a sociedade empresária Alfa terá direito à extinção do contrato, na forma do art. 137, § 2º, inciso IV, da Lei n. 14.133/2021.

B) No caso da ocorrência da extinção contratual por culpa exclusiva da Administração Pública, a Lei n. 14.133/2021 prevê, em seu art. 138, § 2º, incisos I, II e III, que o contratado seja ressarcido pelos prejuízos regularmente comprovados que houver sofrido e que terá direito à devolução da garantia, aos pagamentos devidos pela execução do contrato até a data de extinção e ao pagamento do custo da desmobilização.

DISTRIBUIÇÃO DOS PONTOS

ITEM	PONTUAÇÃO
A) Sim, a *sociedade empresária Alfa* tem direito à extinção do contrato, pois o atraso narrado do enunciado já acontece há mais de dois meses (0,55), segundo o art. 137, § 2º, inciso IV, da Lei n. 14.133/2021 (0,10).	0,00/0,55/0,65
B) Ressarcimento dos prejuízos regularmente comprovados que houver sofrido (0,20); devolução da garantia (0,10); pagamentos devidos pela execução do contrato até a data de extinção (0,10) e pagamento do custo da desmobilização (0,10), conforme dispõe o art. 138, § 2º, incisos, I, II e III, da Lei n. 14.133/2021 (0,10).	0,00/0,10/0,20/0,30/0,40/0,50/0,60

(38º Exame) O Estado Ômega decidiu alienar determinado imóvel nos termos da Lei n. 14.133/21, haja vista que há muito tempo não está sendo utilizado e o valor arrecadado poderá ser destinado à implementação de políticas públicas prioritárias. Assim sendo, o Estado Ômega instaurou processo administrativo, no bojo do qual se demonstrou a existência de interesse público devidamente justificado para a alienação, sendo certo que já foi realizada a avaliação do bem. Ao tomar conhecimento de que o Estado Ômega pretendia vender o imóvel, a autarquia municipal Beta manifestou interesse em comprar o bem imóvel. Por outro lado, um empresário local também pretende comprar o imóvel, para nele construir um shopping center. Sobre o caso em tela, responda aos itens a seguir.

A) É lícita a venda do imóvel, sem licitação, para a autarquia municipal Beta? Justifique.

B) É lícita a pretensão do empresário local de comprar o imóvel, sem licitação, para construir um shopping center? Justifique.

Obs.: o(a) examinando(a) deve fundamentar suas respostas. A mera citação do dispositivo legal não confere pontuação.

GABARITO:

A) Sim. A venda do imóvel do Estado Ômega para a autarquia municipal Beta é lícita, mediante dispensa de licitação, desde que haja prévia autorização legislativa, na forma do art. 76, *caput* e inciso I, alínea *e*, da Lei n. 14.133/2021.

B) Não. O empresário local não poderá comprar o imóvel sem prévia licitação para construir um *shopping center*, pois não estão presentes as hipóteses legais de dispensa e inexigibilidade de licitação previstas nos arts. 74 e 75, ambos da Lei n. 14.133/2021 ou conforme o art. 76, *caput* e inciso I, da Lei n. 14.133/2021.

DISTRIBUIÇÃO DOS PONTOS

ITEM	PONTUAÇÃO
A) Sim. A venda do imóvel do Estado Ômega para a autarquia municipal Beta é lícita, desde que haja prévia autorização legislativa (0,35), mediante dispensa de licitação (0,20), na forma do art. 76, *caput* e inciso I, alínea *e*, da Lei n. 14.133/2021 (0,10).	0,00/0,35/0,45/0,55/0,65
B) Não, pois não se configuram as hipóteses legais de dispensa e inexigibilidade de licitação (0,50), previstas nos arts. 74 e 75 da Lei n. 14.133/2021 ou conforme o art. 76, *caput* e inciso I, da Lei n. 14.133/2021 (0,10).	0,00/0,50/0,60

PRÁTICA ADMINISTRATIVA

(38º Exame) O Estado Alfa, por meio da Secretaria Estadual de Saúde, após processo licitatório, celebrou contrato administrativo com a sociedade empresária Ar Puro, que tinha por objeto o fornecimento de bens, consistentes em aparelhos respiradores pulmonares. Durante a execução do contrato, o contratado prestou declaração falsa no que tange às especificações técnicas e à quantidade dos equipamentos que efetivamente entregou ao Estado contratante, de maneira que forneceu um número menor de respiradores e de qualidade bem inferior à contratada. O órgão de controle interno do Estado Alfa identificou a conduta ilícita da sociedade empresária contratada, razão pela qual está em curso processo administrativo que visa à responsabilização administrativa da contratada, com base na Nova Lei de Licitações e Contratos Administrativos. No contrato administrativo, há previsão expressa de que a fiscalização de sua execução, inclusive no que tange à aplicação de penalidades administrativas, segue o regime jurídico previsto em tal lei. Sobre as possíveis consequências administrativas sancionadoras previstas na citada lei que podem advir do processo administrativo em curso, na qualidade de advogado(a) da sociedade empresária Ar Puro, responda aos itens a seguir.

A) No bojo do processo administrativo mencionado, além da multa, há possibilidade de ser aplicada outra sanção administrativa à sociedade empresária Ar Puro contratada? Justifique.

B) Quem é a autoridade competente para aplicar a multa ou outra eventual sanção administrativa à citada sociedade empresária? Justifique.

Obs.: o(a) examinando(a) deve fundamentar suas respostas. A mera citação do dispositivo legal não confere pontuação.

GABARITO:

A) Sim. A sociedade empresária Ar Puro praticou infração administrativa prevista no art. 155, incisos VIII, IX, X e XI, da Lei n. 14.133/2021, razão pela qual, além da multa como penalidade pecuniária, a contratada deve sofrer a sanção legal de declaração de inidoneidade para licitar ou contratar no âmbito da Administração Pública direta e indireta de todos os entes federativos, conforme previsto no art. 156, inciso IV, c/c. o § 5º da Lei n. 14.133/2021.

B) A aplicação da sanção administrativa de declaração de inidoneidade para licitar ou contratar no âmbito da Administração Pública é de competência exclusiva do Secretário Estadual de Saúde do Estado Alfa, consoante dispõe o art. 156, § 6º, inciso I, da Nova Lei de Licitações e Contratos.

DISTRIBUIÇÃO DOS PONTOS

ITEM	PONTUAÇÃO
A) Sim. A sociedade empresária Ar Puro está sujeita à sanção legal de declaração de inidoneidade para licitar ou contratar no âmbito da Administração Pública direta e indireta de todos os entes federativos (0,55), com fundamento no art. 156, inciso IV, c/c. o § 5º da Lei n. 14.133/2021 (0,10).	0,00/0,55/0,65
B) O Secretário Estadual de Saúde do Estado Alfa (0,50), consoante dispõe o art. 156, § 6º, inciso I, da Nova Lei de Licitações e Contratos (0,10).	0,00/0,50/0,60

(37º Exame) Determinada sociedade de economia mista estadual fez publicar edital de licitação para a realização de um serviço de engenharia em sua sede, no qual foi admitida a remuneração variável vinculada ao desempenho do contratado, com base em metas, padrões de qualidade, critérios de sustentabilidade ambiental e prazos de entrega, devidamente especificados no respectivo instrumento convocatório, respeitado o limite orçamentário fixado pela futura contratante. A sociedade empresária Tudopronto S/A tem, dentre suas sócias, Fabiana, que não é administradora mas possui 10% (dez por cento) do capital social. Como Fabiana é empregada concursada da sociedade de economia mista em questão, e a sociedade empresária deseja participar da mencionada licitação, seus representantes consultam você, como advogado, acerca do tema. Considerando estritamente os fatos narrados, responda aos itens a seguir.

A) É possível a remuneração admitida pelo edital em questão? Justifique.

B) A sociedade empresária Tudopronto poderia participar de tal licitação? Justifique.

Obs.: o(a) examinando(a) deve fundamentar suas respostas. A mera citação do dispositivo legal não confere pontuação.

GABARITO:

A) Sim. Para a contratação de obras e serviços, inclusive de engenharia, é possível a adoção de remuneração variável vinculada ao desempenho do contratado, com base nos critérios mencionados, especificados no respectivo instrumento convocatório, nos termos do art. 45 da Lei n. 13.303/2016.

B) Não. A sociedade empresária Tudopronto está impedida de participar da licitação em questão, na medida em que possui em seu quadro societário empregada da sociedade de economia mista (Fabiana) que detém mais de 5% (cinco por cento) de seu capital social, consoante o art. 38, inciso I, da Lei n. 13.303/2016.

DISTRIBUIÇÃO DOS PONTOS

ITEM	PONTUAÇÃO
A) Sim. Para a contratação de obras e serviços, inclusive de engenharia, é possível a adoção de remuneração variável vinculada ao desempenho do contratado, com base nos critérios mencionados, especificados no respectivo instrumento convocatório (0,50), nos termos do art. 45 da Lei n. 13.303/2016 (0,10).	0,00/0,50/0,60
B) Não. A sociedade empresária Tudopronto está impedida de participar da licitação em questão, na medida em que possui em seu quadro societário empregada da sociedade de economia mista (Fabiana) que detém 10% (dez por cento) de seu capital social (0,55), consoante o art. 38, inciso I, da Lei n. 13.303/2016 (0,10).	0,00/0,55/0,65

(35º Exame) No ano corrente, a sociedade empresária Correcta praticou conduta que caracteriza, a um só tempo, violação à nova lei de licitações e contratos (Lei n. 14.133/21) e ato lesivo à Administração Pública federal (Lei n. 12.846/13 – Lei Anticorrupção). Ciente de que tanto a Administração Pública quanto o Ministério Público estão tomando as medidas pertinentes para a responsabilização com fulcro em cada uma das mencionadas normas, os dirigentes da sociedade empresária Correcta procuram você, como advogado(a), para prestar assessoria jurídica. Diante dessa situação hipotética, responda aos questionamentos a seguir.

A) É possível a apuração e o julgamento em conjunto pelas infrações administrativas caracterizadas em decorrência da conduta da sociedade empresária Correcta nos mesmos autos do processo administrativo de responsabilização? Justifique.

B) Eventual sancionamento na esfera administrativa afasta a possibilidade de o Ministério Público ajuizar ação com vistas a obter a responsabilização civil/judicial da sociedade empresária Correcta por ato lesivo à administração em decorrência da conduta em questão? Justifique.

PRÁTICA ADMINISTRATIVA

Obs.: o(a) examinando(a) deve fundamentar suas respostas. A mera citação do dispositivo legal não confere pontuação.

GABARITO:

A) Sim. As condutas que caracterizem infração à Lei de Licitações que também sejam tipificadas como ato lesivo à Administração Pública (Lei n. 12.846/2013) serão apuradas e julgadas conjuntamente, nos mesmos autos, observado o rito do processo administrativo de responsabilização e a autoridade definidos na Lei Anticorrupção, na forma do art. 159 da Lei n. 14.133/2021.

B) Não. Eventual sancionamento da sociedade empresária Correcta na esfera administrativa não afasta a possibilidade de responsabilização na esfera judicial (ou independência entre as esferas administrativa e civil/judicial), consoante o art. 18 da Lei n. 12.846/2013.

DISTRIBUIÇÃO DOS PONTOS

ITEM	PONTUAÇÃO
A) Sim. As condutas que caracterizem infração à Lei de Licitações que também sejam tipificadas como ato lesivo à Administração Pública (Lei n. 12.846/2013) serão apuradas e julgadas conjuntamente, nos mesmos autos, observado o rito do processo administrativo de responsabilização e a autoridade definidos na Lei Anticorrupção (0,50), na forma do art. 159 da Lei n. 14.133/2021 (0,10).	0,00/0,50/0,60
B) Não. Eventual sancionamento da sociedade empresária Correcta na esfera administrativa não afasta a possibilidade de responsabilização na esfera civil judicial (ou independência entre as esferas administrativa e civil/judicial) (0,55), consoante o art. 18 da Lei n. 12.846/2013 (0,10).	0,00/0,55/0,65

LINDB

(XXXIII Exame) A autoridade competente, em âmbito federal, tem fundadas dúvidas acerca da possibilidade de expedição de uma licença pleiteada pela sociedade empresária Alegre, que envolve assunto de interesse geral. Isso porque, apesar de todos os elementos do ato administrativo vinculado estarem especificados em lei, a respectiva norma se utiliza de conceitos jurídicos indeterminados, que demandam nova interpretação a ser implementada pela Administração, a implicar novo dever para os requerentes daquela licença. Considerando que a adoção da nova interpretação acarretará o indeferimento da licença requerida pela sociedade empresária Alegre, que preenchia os requisitos que prevaleciam à luz da orientação vigente no momento da efetivação do requerimento, responda, fundamentadamente, aos questionamentos a seguir, na qualidade de advogado(a) desta pessoa jurídica.

A) É possível a aplicação retroativa da nova interpretação para indeferir a licença pleiteada pela sociedade empresária Alegre? Justifique.

B) A realização de consulta pública, para dirimir a incerteza jurídica suscitada pela autoridade para o exercício de sua competência, é cabível? Justifique.

Obs.: o(a) examinando(a) deve fundamentar suas respostas. A mera citação do dispositivo legal não confere pontuação.

GABARITO:

A) Não. É vedada a aplicação retroativa de nova orientação firmada em sede administrativa, consoante o disposto no art. 23 do Decreto-lei n. 4.657/42 (LINDB), ou do art. 2º, inciso XIII, da Lei n. 9.784/99.

B) Sim. Nas hipóteses de dúvida ou de incerteza jurídica acerca de assuntos de interesse geral, inclusive para a expedição de licença, a Administração Pública poderá realizar consulta pública, na forma do art. 26 do Decreto-lei n. 4.657/42 (LINDB) ou do art. 31 da Lei n. 9.784/99.

DISTRIBUIÇÃO DOS PONTOS

ITEM	PONTUAÇÃO
A) Não. É vedada a aplicação retroativa de nova orientação firmada em sede administrativa (0,50), consoante o art. 23 do Decreto-Lei n. 4.657/42 (LINDB) ou do art. 2º, inciso XIII, da Lei n. 9.784/99 (0,10) OU Não é possível, em atenção ao princípio da segurança jurídica (0,50), na forma do art. 2º, *caput* ou inciso XIII, da Lei n. 9.784/99 (0,10)	0,00/0,50/0,60
B) Sim. Nas hipóteses de dúvida ou de incerteza jurídica acerca de assuntos de interesse geral, inclusive para a expedição de licença, a Administração Pública poderá realizar consulta pública (0,55), na forma do art. 26 do Decreto-Lei n. 4.657/42 (LINDB) ou do art. 31 da Lei n. 9.784/99 (0,10).	0,00/0,55/0,65

ORGANIZAÇÃO DA ADMINISTRAÇÃO PÚBLICA

(37º Exame) A União está promovendo estudos para criar uma Agência Reguladora, a ser designada de Ômega, cuja atividade será relacionada com a atuação do Ministério da Agricultura, com vistas a promover a regulação de determinado setor, à qual deseja conferir atribuição normativa, notadamente com relação às questões técnicas de interesse geral para os respectivos agentes econômicos, a fim de conferir maior segurança jurídica e promover maior bem-estar social na área em questão. Ao longo de tais estudos surgiram questionamentos acerca do enquadramento de tal entidade no âmbito da organização administrativa, bem como quanto à operacionalização de seus atos normativos. Em razão disso, responda aos itens a seguir.

A) Existirá subordinação hierárquica entre a Agência Ômega e o Ministério da Agricultura? Justifique.

B) No caso da edição de um ato normativo de interesse geral dos agentes econômicos, a Agência Ômega deverá submeter a respectiva minuta à consulta pública? Justifique.

Obs.: o(a) examinando(a) deve fundamentar suas respostas. A mera citação do dispositivo legal não confere pontuação.

GABARITO:

A) Não. A criação de entidades da Administração Indireta confere a elas personalidade jurídica e patrimônio próprios, não existindo subordinação hierárquica entre a Administração Indireta e a Administração Direta ou a Agência Reguladora é uma entidade autárquica em regime especial, com personalidade jurídica e patrimônio próprios, com autonomia funcional, decisória, administrativa e financeira, que não se submete à subordinação hierárquica, consoante se observa do art. 3º da Lei n. 13.848/2019.

B) Sim. As minutas de atos normativos de interesse geral dos agentes econômicos será objeto de consulta pública, nos termos do art. 9º da Lei n. 13.848/2019.

PRÁTICA ADMINISTRATIVA

DISTRIBUIÇÃO DOS PONTOS

ITEM	PONTUAÇÃO
A) Não. A Agência Reguladora é uma entidade autárquica em regime especial, com personalidade jurídica e patrimônio próprios, com autonomia funcional, decisória, administrativa e financeira, que não se submete à subordinação hierárquica (0,55), consoante o art. 3º da Lei n. 13.848/2019 (0,10).	0,00/0,55/0,65
B) Sim. As minutas de atos normativos de interesse geral dos agentes econômicos será objeto de consulta pública (0,50), nos termos do art. 9º da Lei n. 13.848/2019 (0,10)	0,00/0,50/0,60

(XXXIII Exame) Determinada sociedade de economia mista estadual, com vistas a adquirir bens necessários ao adequado funcionamento de seus serviços de informática, divulgou, após a devida fase preparatória, o instrumento convocatório, no qual indicou certa marca, que é comercializada por diversos fornecedores, por considerá-la a única capaz de atender ao objeto do contrato, tal como tecnicamente justificado nos autos do respectivo processo administrativo, certo que o edital adotou a sequência de fases prevista em lei. No curso do procedimento licitatório, a proposta apresentada pela sociedade Beta foi considerada a vencedora, mas os representantes de outra licitante, a sociedade Alfa, consideraram o julgamento equivocado e pretendem interpor recurso administrativo para impugná-lo antes da habilitação. Diante dessa situação hipotética, responda, fundamentadamente, aos questionamentos a seguir.

A) É válida a indicação de marca pela sociedade de economia mista em questão? Justifique.

B) É cabível a interposição do recurso administrativo pretendido pela sociedade Alfa? Justifique.

Obs.: o(a) examinando(a) deve fundamentar suas respostas. A mera citação do dispositivo legal não confere pontuação.

GABARITO:

A) Sim. A indicação de marca é válida nas circunstâncias do caso proposto na medida em que, mesmo sendo comercializada por diversos fornecedores, é a única capaz de atender ao objeto do contrato, como tecnicamente demonstrado no processo administrativo pertinente, a enquadrar-se na regra do art. 47, inciso I, alínea *b*, da Lei n. 13.303/2016.

B) Não. Considerando que foi adotada a sequência de fases estabelecida na Lei n. 13.303/2016, observa-se que a fase recursal é única e posterior à habilitação, na forma do art. 59 da Lei n. 13.303/2016 (pode ser aceita menção ao art. 51, inciso VIII, da Lei n. 13.303/2016).

DISTRIBUIÇÃO DOS PONTOS

ITEM	PONTUAÇÃO
A) Sim. A indicação de marca é válida porque, apesar de comercializada por diversos fornecedores, é a única capaz de atender ao objeto do contrato, conforme tecnicamente demonstrado no processo administrativo pertinente (0,55), a enquadrar-se na regra do art. 47, inciso I, alínea *b*, da Lei n. 13.303/2016 (0,10).	0,00/0,55/0,65
B) Não. Considerando que foi adotada a sequência de fases estabelecida na Lei n. 13.303/2016, observa-se que a fase recursal é única e posterior à habilitação (0,50), na forma do art. 59 da Lei n. 13.303/2016 ou do art. 51, inciso VIII, da Lei n. 13.303/2016) (0,10).	0,00/0,50/0,60

(XXVI Exame) O Governador do estado Ômega decidiu nomear Alberto, engenheiro civil formado há dois anos, para o cargo de diretor da companhia estadual de água e esgoto, empresa pública que presta serviços em todo o estado e que tem um faturamento médio mensal em torno de R$ 1 bilhão. Assim que assumiu o cargo, seu primeiro emprego, Alberto ordenou a realização de licitação para ser construída uma nova estação de tratamento de esgoto. Publicado o edital, seis empresas apresentaram propostas comerciais, sendo que o menor preço foi ofertado pela sociedade empresária Faz de Tudo. Ao analisar a documentação entregue pela referida empresa para fins de habilitação, a comissão de licitação apontou que o sócio-administrador da Faz de Tudo também é sócio-administrador de uma segunda empresa (Construtora Mercadão Ltda.), esta última declarada inidônea para participar de licitação na Administração Pública estadual. Sobre a hipótese apresentada, responda aos itens a seguir.

A) É válida a nomeação de Alberto?

B) A sociedade empresária Faz de Tudo pode ser habilitada no certame?

Obs.: o(a) examinando(a) deve fundamentar as respostas. A mera citação do dispositivo legal não confere pontuação.

GABARITO:

A) Não. Como Alberto se formou há apenas dois anos e esse era seu primeiro emprego, ele não possui experiência profissional para ocupar o cargo de diretor da companhia estadual de água e esgoto. O examinando deve indicar as alíneas constantes no art. 17, inciso I, da Lei n. 13.303/2016.

B) Não. A Lei de Responsabilidade das Estatais não permite a contratação de sociedades empresárias constituídas por sócio de outra empresa declarada inidônea. O examinando deve indicar o art. 38, inciso IV, da Lei n. 13.303/2016.

DISTRIBUIÇÃO DOS PONTOS

ITEM	PONTUAÇÃO
A) Não. Como Alberto se formou há apenas dois anos e esse era seu primeiro emprego, ele não possui experiência profissional para ocupar o cargo de diretor da companhia estadual de água e esgoto (0,55), nos termos do art. 17, inciso I, da Lei n. 13.303/2016 (0,10).	0,00/0,55/0,65
B) Não. A Lei de Responsabilidade das Estatais não permite a contratação de sociedades empresárias constituídas por sócio de outra empresa declarada inidônea (0,50), nos termos do art. 38, inciso IV, da Lei n. 13.303/2016 (0,10).	0,00/0,50/0,60

PROCESSO ADMINISTRATIVO

(39º Exame) Após realizar pedido administrativo para a concessão de determinado benefício, a sociedade empresária Incrível teve o seu pedido parcialmente deferido pelo órgão com atribuição da Administração Pública Federal. Em razão disso, apresentou o recurso administrativo X para a obtenção do deferimento integral do pleiteado. O recurso X não foi conhecido pela autoridade competente, porque foi apresentado fora do prazo legal.

Ocorre que, ao analisar a situação impugnada, a referida autoridade competente, de ofício, entendeu que a parcela que havia sido deferida continha vício insanável, de modo que, na mesma decisão que não conheceu do recurso – sem que tenha havido preclusão, portanto –, realizou a notificação da sociedade empresária Incrível para se manifestar sobre a ilegalidade verificada, que pode ensejar a anulação daquilo que havia sido concedido, fato que importaria em gravame para a sociedade Incrível.

Considerando os dados apresentados e que não há legislação acerca do aludido procedimento administrativo específico, responda, fundamentadamente, aos questionamentos abaixo.

A) Qual o prazo para a interposição do recurso administrativo X em questão? Justifique.

B) O não conhecimento do recurso X impede que a Administração reveja, de ofício, eventual ilegalidade constatada na parte em que o pedido da sociedade empresária Incrível foi deferido?

Obs.: o(a) examinando(a) deve fundamentar suas respostas. A mera citação do dispositivo legal não confere pontuação.

GABARITO:

A) Segundo a Lei n. 9.784/99, na falta de legislação específica sobre determinada matéria, o prazo para apresentação de recurso administrativo será de 10 (dez) dias, contados da ciência ou divulgação oficial da decisão recorrida, nos termos do art. 59 da citada lei.

B) Não. O fato de o recurso não ter sido conhecido não caracteriza impedimento por parte da Administração para realização de atos de revisão de ofício por eventual ilegalidade, conforme podemos extrair do art. 63, § 2º, da Lei n. 9.784/99.

DISTRIBUIÇÃO DOS PONTOS

ITEM	PONTUAÇÃO
A) Considerando que não há legislação específica sobre a matéria, o prazo para apresentar o recurso administrativo é de dez dias a contar da ciência ou divulgação oficial da decisão recorrida (0,50), nos termos do art. 59 da Lei n. 9.784/2000 (0,10).	0,00/0,55/0,60
B) Não. À luz do princípio da autotutela, a Administração tem o poder-dever de rever os atos eivados de vícios insanáveis, razão pela qual o não conhecimento do recurso não impede a Administração de rever, de ofício, o ato ilegal, desde que não tenha ocorrido a preclusão administrativa (0,55), conforme o art. 63, § 2º, da Lei n. 9.784/99 OU art. 53 da Lei n. 9.784/99 OU Súmula 473 do STF (0,10).	0,00/0,55/0,65

(36º Exame) Asdrubal, de boa-fé, obteve a concessão de determinado auxílio, que é ato administrativo simples, perante a Administração Pública federal. Passados sete anos, foi verificada a existência de vício insanável no aludido ato, razão pela qual a autoridade competente decidiu instaurar, de ofício, o processo administrativo para fins de promover a sua anulação. No curso do aludido processo administrativo, que não se submete à legislação diferenciada, foi determinada a intimação de Asdrubal para a realização de diligências, sendo certo que do respectivo documento constavam apenas o número do processo e o respectivo órgão, sem a indicação de qualquer fato ou fundamento jurídico pertinente. Inconformado, Asdrubal procura você, como advogado, para prestar assessoria jurídica e esclarecer os questionamentos a seguir.

A) Existe prazo para a Administração Pública anular o ato que concedeu o auxílio a Asdrubal? Justifique.

B) É válida a intimação na forma em que foi determinada pelo órgão em questão? Justifique.

Obs.: o(a) examinando(a) deve fundamentar suas respostas. A mera citação do dispositivo legal não confere pontuação.

GABARITO:

A) Sim. A anulação dos atos administrativos que beneficiem terceiros de boa-fé, em decorrência de vícios insanáveis, submete-se ao prazo decadencial de cinco anos, na forma do art. 54 da Lei n. 9.784/99 ou da Súmula 473 do STF.

B) Não. A intimação promovida pelo órgão no qual está tramitando o processo administrativo deve atender aos requisitos previstos em lei, dentre os quais está a indicação dos fatos e dos fundamentos jurídicos pertinentes, na forma do art. 26 da Lei n. 9.784/99.

DISTRIBUIÇÃO DOS PONTOS

ITEM	PONTUAÇÃO
A) Sim. A anulação dos atos administrativos que beneficiem terceiros de boa-fé, em decorrência de vícios insanáveis, submete-se ao prazo decadencial de cinco anos (0,50), na forma do art. 54 da Lei n. 9784/99 ou da Súmula 473 do STF (0,10).	0,00/0,50/0,60
B) Não. A intimação promovida pelo órgão no qual está tramitando o processo administrativo deve atender aos requisitos previstos em lei, entre os quais, está a indicação dos fatos e dos fundamentos jurídicos (0,55), na forma do art. 26 da Lei n. 9.784/99 (0,10).	0,00/0,55/0,65

(XXXIV Exame) A lei orgânica do Município Delta estabelece a competência não exclusiva do prefeito municipal para nomear servidores ocupantes de cargo em comissão. João, prefeito recém empossado, vem promovendo diversas mudanças na administração municipal e editou decreto municipal delegando ao secretário municipal da Casa Civil competência para nomear e exonerar os titulares de cargos em comissão, exceto os cargos de secretários municipais, procurador-geral e presidentes das entidades integrantes da Administração Indireta municipal. Registra-se que a legislação municipal, no que tange à delegação de competência, repete os mesmos termos da lei federal que regula o processo administrativo no âmbito da Administração Pública Federal. Jorge, secretário municipal da Casa Civil, praticou ato administrativo exonerando Maria de cargo em comissão, com formal, extensa e circunstanciada motivação no sentido de que a exoneração era imprescindível para cortes de despesas, diante da crise financeira por que passa o Município que agravou o déficit orçamentário. No dia seguinte à sua exoneração, Maria verificou que foi publicada no Diário Oficial a nomeação de outra pessoa (sem qualquer relacionamento com agentes públicos) para o mesmo cargo em comissão que ocupara, inclusive sendo lotada no mesmo setor, com igual remuneração e para exercício de idênticas funções de assessoramento que outrora exercia. Mesmo sabedora de que era ocupante de cargo exclusivamente em comissão, de livre nomeação e exoneração, Maria não se conformou com o ocorrido e procurou você como advogado(a). Em pesquisa ao site da transparência do Município, você verificou a plena saúde financeira do Município, já que o orçamento municipal do exercício em vigor é o maior de sua história e superou a arrecadação esperada, em razão do recebimento de recursos oriundos dos royalties do petróleo. Diante dos fatos narrados, responda, de forma fundamentada, às questões a seguir.

A) A delegação de competência feita pelo prefeito João ao secretário municipal da Casa Civil é lícita? (Valor: 0,60)

B) Qual argumento deve ser utilizado judicialmente pelo advogado(a) visando à declaração de nulidade do ato de exoneração de Maria? (Valor: 0,65)

Obs.: o(a) examinando(a) deve fundamentar suas respostas. A mera citação do dispositivo legal não confere pontuação.

GABARITO:

A) A delegação de competência para a prática de atos de nomeação e exoneração de ocupantes de cargos em comissão feita pelo prefeito João ao secretário municipal da Casa Civil é lícita, porque não se trata de competência exclusiva, conforme dispõe o art. 13, inciso III, da Lei n. 9.784/99.

B) Apesar de o ato de exoneração de Maria ser um ato administrativo discricionário, na medida em que o agente público Jorge resolve motivá-lo, fica vinculado à realidade fática exposta. Ocorre que, no caso concreto, a nomeação de outra pessoa, no dia seguinte à exoneração de Maria, para ocupar o mesmo cargo e auferir a mesma remuneração, aliado ao fato de que o orçamento municipal recebeu incremento pelos *royalties* do petróleo, revelam que não foi a crise financeira que motivou a exoneração de Maria. Dessa forma, aplicando-se a teoria dos motivos determinantes, verifica-se que o elemento do ato administrativo motivo está viciado, razão pela qual o ato de exoneração de Maria é nulo.

DISTRIBUIÇÃO DOS PONTOS

ITEM	PONTUAÇÃO
A) Sim. A delegação de competência é lícita, pois não se trata de competência exclusiva (0,50), conforme dispõe o art. 13, inciso III, da Lei n. 9.784/99 (0,10).	0,00/0,50/0,60
B) Apesar de o ato de exoneração de Maria ser um ato administrativo discricionário (0,30), na medida em que o agente público Jorge resolve motivá-lo, fica vinculado à realidade fática exposta, aplicando-se a teoria dos motivos determinantes (0,35).	0,00/0,30/0,35/0,65

(XXXIV Exame) Gabriel é servidor de determinado órgão consultivo federal, ao qual compete a emissão de pareceres que são considerados, por lei, obrigatórios e vinculantes. Por estar assoberbado de trabalho, Gabriel não conseguiu elaborar, em tempo, o parecer que afeta os interesses da sociedade empresária Alfa. Decorrido o respectivo prazo, a Administração deu prosseguimento ao processo administrativo, para que fossem adiantadas outras providências. Após longo período, mas antes da conclusão do processo, Gabriel finalmente apresentou sua opinião técnica, fundamentada em entendimento controvertido, mas que foi determinante para o posicionamento da autoridade competente. A orientação adotada mostrou-se contrária aos interesses da mencionada sociedade, causando-lhe prejuízos, à vista dos quais tal pessoa jurídica dispõe-se a buscar as vias pertinentes para a responsabilização administrativa pessoal do parecerista. Considerando que o processo administrativo em questão não conta com legislação acerca de rito específico, responda, fundamentadamente, aos questionamentos a seguir.

A) O processo administrativo poderia ter prosseguido sem a apresentação do parecer de Gabriel?

B) A existência de controvérsia é suficiente para a responsabilização administrativa pessoal de Gabriel por sua opinião técnica?

Obs.: o(a) examinando(a) deve fundamentar suas respostas. A mera citação do dispositivo legal não confere pontuação.

GABARITO:

A) Não. O parecer é obrigatório e vinculante, de modo que o processo não poderia ter prosseguimento até a sua apresentação, consoante o art. 42, § 1º, da Lei n. 9.784/99.

B) Não. A responsabilização pessoal do agente público (parecerista) por sua opinião técnica depende da caracterização de dolo ou erro grosseiro, na forma do art. 28 do Decreto-Lei n. 4.657/42 (LINDB).

DISTRIBUIÇÃO DOS PONTOS

ITEM	PONTUAÇÃO
A) Não. O parecer é obrigatório e vinculante, de modo que o processo não poderia ter prosseguimento até a sua apresentação (0,50), consoante o art. 42, § 1º, da Lei n. 9.784/99 (0,10).	0,00/0,50/0,60
B) Não. A responsabilização pessoal do agente público (parecerista) por sua opinião técnica depende da caracterização de dolo ou erro grosseiro (0,55), na forma do art. 28 do Decreto-Lei n. 4.657/42 (LINDB) (0,10).	0,00/0,55/0,65

(XXXIII Exame) A Universidade Federal Beta, entidade autárquica, com o objetivo de custear programas de ensino, editou um ato que condicionou a inscrição dos alunos dos cursos de graduação, mestrado e doutorado, ao pagamento de valor pré-estabelecido, a que chamou de "condicionante de inscrição", no montante de R$ 500,00 (quinhentos reais). Eliseu dos Santos que estava cursando o segundo ano do curso de graduação em Direito na mencionada universidade, inconformado com a determinação, apresentou, antes da matrícula, recurso administrativo com vistas a impugnar a cobrança efetuada para todos os alunos. Após protocolizar o recurso, Eliseu comunicou o fato ao Diretório Central dos Estudantes, que há dez anos constituiu regularmente uma associação para a defesa dos interesses do corpo discente, designada de ADICDI. Antes da decisão no respectivo processo administrativo, Eliseu decidiu mudar de carreira e aceitou uma bolsa, oferecida por uma universidade particular, para cursar Medicina, de modo que optou por deixar o curso de Direito da instituição federal, fato que comunicou tanto à Universidade, quanto à ADICDI. Diante dessa situação hipotética, certo de que não há legislação especial para o processo administrativo em questão, responda, fundamentadamente, aos questionamentos a seguir.

A) A Universidade Federal pode deixar de decidir o pleito instaurado por Eliseu?

B) Acaso discorde da decisão que venha a ser prolatada pela autoridade de primeiro grau no âmbito administrativo, a ADICDI tem legitimidade para apresentar recurso hierárquico?

Obs.: o examinando deve fundamentar suas respostas. A mera citação do dispositivo legal não confere pontuação.

GABARITO:

A) Não. A Administração tem o dever de prover o impulsionamento de ofício dos processos administrativos instaurados (princípio da oficialidade), sem prejuízo da atuação dos interessados, na forma do art. 2º, parágrafo único, inciso XII, ou art. 51, parágrafo 2º, da Lei n. 9.784/99.

B) Sim. Eliseu pediu a liberação do pagamento para todos os estudantes da Universidade Federal ou trata-se de decisão que interessa a todo o corpo discente, de modo que a ADICDI tem legitimidade para apresentar recurso administrativo para a defesa dos interesses coletivos, consoante o disposto no art. 58, inciso III, da Lei n. 9.784/99.

PRÁTICA ADMINISTRATIVA

DISTRIBUIÇÃO DOS PONTOS

ITEM	PONTUAÇÃO
A) Não. A Administração tem o dever de prover o impulsionamento de ofício dos processos administrativos instaurados (princípio da oficialidade), sem prejuízo da atuação dos interessados (0,50), na forma do art. 2º, parágrafo único, inciso XII, ou art. 51, parágrafo 2º da Lei n. 9.784/99 (0,10).	0,00/0,50/0,60
B) Sim. Eliseu pediu a liberação do pagamento para todos os estudantes da Universidade Federal ou trata-se de decisão que interessa a todo o corpo discente, de modo que a ADICDI tem legitimidade para apresentar recurso administrativo para a defesa dos interesses coletivos (0,55), segundo o art. 58, inciso III, da Lei n. 9.784/99 (0,10).	0,00/0,55/0,65

(XXXII Exame) O Ministério Público tomou conhecimento de que uma sociedade empresária, com atuação no Brasil, auferiu vultosos lucros em decorrência da prática de atos lesivos à administração pública estrangeira, na forma descrita em lei. Nas diligências realizadas pelo Ministério Público, verificou-se a omissão das autoridades brasileiras competentes para a apuração da respectiva responsabilização administrativa, considerando que, ao longo dos anos, o único ato voltado para tal fim foi o que delegou competência a determinado órgão, no intuito de instaurar e julgar o respectivo processo administrativo. Em razão disso, o parquet ajuizou ação com vistas a obter, na via judicial, a responsabilização civil e administrativa da sociedade empresária, cuja defesa afirma não ser possível a aplicação de sanção administrativa na esfera jurisdicional. Considerando a situação narrada, responda, na condição de advogado(a), aos itens a seguir.

A) Para o processamento e julgamento na esfera administrativa, é possível a delegação de competência?

B) O Judiciário pode aplicar penalidades relativas à responsabilização administrativa almejada pelo Ministério Público?

Obs.: o(a) examinando(a) deve fundamentar suas respostas. A mera citação do dispositivo legal não confere pontuação.

GABARITO:
A) Sim. A instauração e o desenvolvimento de processos administrativos para a apuração de responsabilidade de pessoa jurídica por atos lesivos à Administração Pública estrangeira podem ser delegados, consoante o disposto no art. 8º, § 1º, da Lei n. 12.846/2013.

B) Sim. Nas ações ajuizadas pelo Ministério Público, poderão ser aplicadas as penalidades previstas no âmbito da responsabilização administrativa, desde que comprovada a omissão das autoridades competentes para promover a responsabilização na respectiva esfera, na forma do art. 20 da Lei n. 12.846/2013.

DISTRIBUIÇÃO DOS PONTOS

ITEM	PONTUAÇÃO
A) Sim. A instauração e o desenvolvimento de processos administrativos para a apuração de responsabilidade de pessoa jurídica por atos lesivos à Administração Pública estrangeira podem ser delegados (0,50), consoante o disposto no art. 8º, § 1º, da Lei n. 12.846/2013 (0,10).	0,00/0,50/0,60
B) Sim. Nas ações ajuizadas pelo Ministério Público poderão ser aplicadas as penalidades previstas no âmbito da responsabilização administrativa, desde que comprovada a omissão das autoridades competentes para promover a responsabilização na respectiva esfera (0,55), na forma do art. 20 da Lei n. 12.846/2013 (0,10).	0,00/0,55/0,65

(XXVIII Exame) Maria dos Santos, médica de um hospital federal, é plantonista na emergência da unidade de saúde. Determinado dia, ao chegar ao local de trabalho, é notificada pela ouvidoria do referido órgão acerca de uma reclamação feita por uma paciente da médica, na qual é narrado o péssimo atendimento prestado pela profissional de saúde. Na mesma notificação, a ouvidoria pediu esclarecimentos a Maria, que deveriam ser prestados em cinco dias. Por um lapso, Maria não deu sua versão sobre o ocorrido. A ouvidoria entendeu, assim, que os fatos narrados pela paciente eram verdadeiros, razão pela qual a médica foi advertida – apontamento este incluído nos assentamentos funcionais da servidora. Insatisfeita, Maria recorreu. Para que o apelo fosse admitido, teve que fazer um depósito de R$ 500,00 (quinhentos reais) para cobrir custos administrativos decorrentes do pleito de reexame do processo. Sobre a hipótese apresentada, responda aos itens a seguir.

A) O silêncio de Maria implica sua concordância quanto aos fatos narrados pela paciente?

B) É lícita a exigência de caução como requisito de admissibilidade do recurso?

Obs.: o(a) examinando(a) deve fundamentar as respostas. A mera citação do dispositivo legal não confere pontuação.

GABARITO:

A) Não. O não atendimento da notificação não implica o reconhecimento da verdade dos fatos narrados pela paciente OU a Administração deveria apurar os fatos antes de aplicar qualquer sanção administrativa, nos termos do art. 27 da Lei n. 9.784/99 OU art. 5º, inciso LV, da CRFB/88.

B) Não. A Administração Pública não pode exigir depósito ou caução como condicionante à análise de recursos administrativos, conforme a Súmula Vinculante 21 do STF OU Súmula 373 do STJ.

DISTRIBUIÇÃO DOS PONTOS

ITEM	PONTUAÇÃO
A) Não. O desatendimento da notificação não pode implicar o reconhecimento da verdade dos fatos narrados pela paciente OU a Administração deveria apurar os fatos antes de aplicar qualquer sanção administrativa (0,55), nos termos do art. 27 da Lei n. 9.784/99 OU art. 5º, inciso LV, da CRFB/88 (0,10).	0,00/0,55/0,65
B) Não. A Administração Pública não pode exigir depósito ou caução como condicionante à análise de recursos administrativos (0,50), nos termos da Súmula Vinculante 21 do STF OU da Súmula 373 do STJ (0,10).	0,00/0,50/0,60

(XXIII Exame) No regular exercício do poder de polícia e após o devido processo administrativo, certo órgão competente da Administração Pública Federal aplicou à sociedade empresária Beleza Ltda. multa de R$ 10.000,00 (dez mil reais) pelo descumprimento de normas administrativas que lhe são aplicáveis. Inconformada, a apenada apresentou o recurso administrativo cabível, no qual foi verificado que o valor da multa aplicada estava muito aquém dos limites estabelecidos pela lei. Após ciência e manifestação da pessoa jurídica em questão, a multa foi majorada para R$ 50.000,00 (cinquenta mil reais), sendo certo que tal valor foi mantido na terceira instância administrativa após novo recurso da sociedade. Diante dessa situação hipotética, considerando que existe autoridade superior à que manteve a majoração da multa aplicada à sociedade empresária Beleza Ltda. e que não há legislação específica acerca de recursos no mencionado processo administrativo, responda aos itens a seguir.

PRÁTICA ADMINISTRATIVA

A) Analise a viabilidade de a pessoa jurídica prejudicada recorrer administrativamente dessa última decisão.

B) É cabível a majoração da multa efetuada pela autoridade administrativa?

Obs.: o(a) examinando(a) deve fundamentar as respostas. A mera citação do dispositivo legal não confere pontuação.

GABARITO:

A) Não é viável recorrer administrativamente, na hipótese. A norma geral do processo administrativo determina o cabimento de recurso por até três esferas administrativas, que já se consumaram na hipótese, tal como se depreende do art. 57 da Lei n. 9.784/99.

B) Sim. A Administração está autorizada a majorar a penalidade aplicada ao particular que se mostre contrária à lei, em decorrência do princípio da autotutela OU do poder-dever de zelar pela legalidade dos atos administrativos, na forma do art. 64 da Lei n. 9.784/99.

DISTRIBUIÇÃO DOS PONTOS

ITEM	PONTUAÇÃO
A) Não. A norma geral do processo administrativo determina o cabimento de recurso por até três esferas administrativas, que já se consumaram na hipótese (0,40), na forma do art. 57 da Lei n. 9.784/99 (0,10).	0,00/0,40/0,50
B) Sim. A Administração está autorizada a majorar a penalidade aplicada ao particular que se mostre contrária à lei (0,35), em decorrência do princípio da autotutela OU do poder-dever de zelar pela legalidade dos atos administrativos (0,30), na forma do art. 64 da Lei n. 9.784/99 OU Súmula 473 do STF (0,10).	0,00/0,30/0,35/0,40/ 0,45/0,65/0,75

RESPONSABILIDADE CIVIL DO ESTADO

(35º Exame) A sociedade empresária Águas Claras é concessionária prestadora do serviço público de abastecimento de água no Município Beta e, no último ano, teve recorde em seus lucros. Alberto, empregado da sociedade empresária Águas Claras, após reclamação de Maria, usuária do serviço, realizava reparo na rede de abastecimento de água potável em via pública em frente à casa da usuária, quando manuseou com muita força seu instrumento de trabalho, causando a ruptura total da tubulação. A conduta de Alberto fez com que, imediatamente, jorrasse água com muita pressão no veículo do turista João (não usuário do serviço público), que passava pelo local naquele momento, causando-lhe danos materiais pela quebra dos vidros de seu carro. Ademais, os jatos de água também quebraram o portão elétrico de entrada da casa de Maria. Na qualidade de advogado(a) contratado(a) por João e Maria para ajuizar ação indenizatória pelos danos materiais sofridos, responda às perguntas a seguir levando em conta a estratégia jurídica que demande menor ônus probatório para seus clientes.

A) Em face de quem deverão ser manejadas as ações judiciais a serem propostas? Justifique.

B) Qual tipo de responsabilidade civil deve embasar as ações indenizatórias a serem ajuizadas por Maria (usuária do serviço público) e por João (terceiro, não usuário do serviço público)? Justifique.

Obs.: o(a) examinando(a) deve fundamentar suas respostas. A mera citação do dispositivo legal não confere pontuação.

GABARITO:

A) As ações indenizatórias a serem ajuizadas por João e Maria devem ser propostas em face da sociedade empresária Águas Claras, eis que se trata de prestadora de serviço público que deve responder pelos danos causados por seu funcionário Alberto, conforme dispõe o art. 37, § 6º, da CRFB/88.

B) Com base no mesmo art. 37, § 6º, da CRFB/88, incide a responsabilidade civil objetiva (na qual não há necessidade de comprovação do elemento subjetivo – dolo ou culpa – do agente Alberto) tanto para Maria (usuária do serviço público) quanto para João (não usuário do serviço público), eis que a citada norma constitucional que rege a matéria não fez qualquer distinção entre o usuário e o não usuário do serviço.

DISTRIBUIÇÃO DOS PONTOS

ITEM	PONTUAÇÃO
A) As ações indenizatórias devem ser propostas em face da sociedade empresária Águas Claras (0,55), eis que se trata de prestadora de serviço público que deve responder pelos danos causados por seu funcionário Alberto, conforme dispõe o art. 37, § 6º, da CRFB/88 ou art. 25 da Lei n. 8987/95 ou art. 14, *caput*, da Lei n. 8078/90 (0,10).	0,00/0,55/0,65
B) Incide a responsabilidade civil objetiva, na qual não há necessidade de comprovação do elemento subjetivo – dolo ou culpa (0,20), tanto para Maria (usuária do serviço público) (0,15), quanto para João (não usuário do serviço público) (0,15), conforme o art. 37, § 6º, da CRFB/88 ou art. 14, *caput*, c/c. art. 17 da Lei n. 8078/90 (0,10).	0,00/0,20/0,30/0,35/ 0,45/0,50/0,60

(XXXII Exame) A sociedade empresária Viagem Certa S/A, concessionária de serviços de transporte ferroviário, vem descumprindo, reiteradamente, uma série de obrigações constantes no contrato, relativas à manutenção dos trilhos. Em razão disso, ocorreu um trágico acidente, no qual um de seus trens descarrilhou e atingiu o automóvel dirigido por Dulcineia, que trafegava na rodovia próxima, ocasionando o óbito da referida motorista. Diante dessa situação hipotética, na qualidade de advogado(a), responda, fundamentadamente, aos questionamentos a seguir.

A) A sociedade Viagem Certa S/A, no âmbito civil, responde objetivamente pelos danos causados à Dulcineia?

B) Qual seria a modalidade de extinção do contrato de concessão cabível, em razão do descumprimento das obrigações pela sociedade Viagem Certa S/A?

Obs.: o(a) examinando(a) deve fundamentar suas respostas. A mera citação do dispositivo legal não confere pontuação.

GABARITO:

A) Sim. Apesar de Dulcineia não ser usuária do serviço em questão, a concessionária é pessoa jurídica de direito privado que presta serviços públicos, de modo que responde objetivamente pelos danos que seus agentes causarem a terceiros, na forma do art. 37, § 6º, da CRFB/88.

B) O descumprimento das obrigações de manter os trilhos corresponde à inexecução do contrato, de modo que a modalidade de extinção do contrato de concessão cabível na hipótese é a caducidade, consoante o art. 38 da Lei n. 8.987/95.

PRÁTICA ADMINISTRATIVA

DISTRIBUIÇÃO DOS PONTOS

ITEM	PONTUAÇÃO
A) Sim. Apesar de Dulcineia não ser usuária do serviço em questão, a concessionária é pessoa jurídica de direito privado que presta serviços públicos, de modo que responde objetivamente pelos danos que seus agentes causarem a terceiros (0,55), na forma do art. 37, § 6º, da CRFB/88 ou art. 25, *caput*, da Lei n. 8.987/95 (0,10).	0,00/0,55/0,65
B) O descumprimento das obrigações de manter os trilhos corresponde à inexecução do contrato, de modo que a modalidade de extinção do contrato de concessão cabível na hipótese é a caducidade (0,50), consoante o art. 38 da Lei n. 8.987/95 (0,10).	0,00/0,50/0,60

(XXIV Exame) João e Roberto foram condenados a dezesseis anos de prisão, em regime fechado, pela morte de Flávio. Em razão disso, foram recolhidos a uma penitenciária conhecida por suas instalações precárias. As celas estão superlotadas: atualmente, o estabelecimento possui quatro vezes mais detentos que a capacidade recomendada. As condições de vida são insalubres. A alimentação, além de ter baixo valor nutricional, é servida em vasilhas sujas. Recentemente, houve uma rebelião que, em razão da demora na intervenção por parte do poder público, resultou na morte de João. Na qualidade de advogado(a) consultado(a), responda aos itens a seguir:

A) O Estado pode ser responsabilizado objetivamente pela morte de João?

B) Roberto faz jus a uma indenização por danos morais em razão das péssimas condições em que é mantido?

Obs.: o(a) examinando(a) deve fundamentar as respostas. A mera citação do dispositivo legal não confere pontuação.

GABARITO:

A) Sim. Cabe a responsabilização objetiva porque caracterizada a inobservância do dever de proteção ou custódia pelo Estado e o nexo de causalidade com a morte de João, em conformidade com o disposto no art. 37, § 6º, da CRFB/88 OU com a tese de repercussão geral reconhecida pelo STF.

B) Sim. A situação descrita (falta de condições mínimas de habitação nos estabelecimentos penais) revela grave violação à integridade física e moral de Roberto, do que resulta o dever de indenização por danos, inclusive morais, conforme o art. 5º, XLIX, da CRFB/88 OU tese de repercussão geral reconhecida pelo STF OU art. 186 do Código Civil.

DISTRIBUIÇÃO DOS PONTOS

ITEM	PONTUAÇÃO
A) Sim. Cabe a responsabilização objetiva porque caracterizada a inobservância do dever de proteção ou custódia pelo Estado (0,25) e o nexo de causalidade com a morte de João (0,30), em conformidade com o disposto no art. 37, § 6º, da CRFB/88 OU com a tese de repercussão geral reconhecida pelo STF (0,10).	0,00/0,25/0,30/0,35/ 0,40/0,55/0,65
B) Sim. A situação descrita (falta de condições mínimas de habitação nos estabelecimentos penais) revela grave violação à integridade física e moral de Roberto, do que resulta o dever de indenização por danos, inclusive morais (0,50), conforme o art. 5º, XLIX, da CRFB/88 OU tese de repercussão geral reconhecida pelo STF OU art. 186 do Código Civil (0,10).	0,00/0,50/0,60

SERVIÇOS PÚBLICOS

(38º Exame) A sociedade empresária Feliz S/A, de capital integralmente privado, sagrou-se vencedora em licitação e formalizou, regularmente, contrato de concessão do serviço público de metrô, remunerado exclusivamente por tarifa. No transcurso do aludido contrato verificou-se a necessidade da contratação de terceiro, ou seja, outra sociedade, para realizar a manutenção dos trilhos, que é atividade inerente à da concessionária. Além disso, vem sendo conjecturado um rearranjo societário, por meio do qual o controle acionário da sociedade Feliz passará para outra controladora, diversa daquela que detinha tal controle quando foi vencida a licitação. Diante dessa situação hipotética, responda, fundamentadamente, os questionamentos a seguir.

A) A sociedade empresária Feliz precisa fazer licitação para a contratação de terceiro para a manutenção de trilhos? Justifique. (Valor: 0,65)

B) A transferência do controle acionário da sociedade empresária Feliz precisa da anuência do poder concedente? Justifique. (Valor: 0,60)

Obs.: o(a) examinando(a) deve fundamentar suas respostas. A mera citação do dispositivo legal não confere pontuação.

GABARITO:

A) Não. A sociedade empresária Feliz não integra a Administração Pública, de modo que não precisa fazer licitação para suas próprias contratações, pois não está submetida aos ditames do art. 37, inciso XXI, da CRFB/88 ou pode realizar contratações por meio de regime privado nos termos do art. 25, §§ 1º e 2º, ou do art. 31, parágrafo único, ambos da Lei n. 8.987/95.

B) Sim. A anuência do poder concedente é necessária para a transferência de controle acionário da concessionária, sob pena de caducidade do contrato, nos termos do art. 27 da Lei n. 8.987/95.

DISTRIBUIÇÃO DOS PONTOS

ITEM	PONTUAÇÃO
A) Não. A sociedade empresária Feliz não integra a Administração Pública, de modo que não precisa fazer licitação para suas próprias contratações (0,55), pois não está submetida aos ditames do art. 37, inciso XXI, da CRFB/88 (0,10). OU Não. A sociedade empresária Feliz pode realizar contratações por meio de regime privado (0,55), nos termos do art. 25, §§ 1º e 2º, ou do art. 31, parágrafo único, ambos da Lei n. 8.987/95 (0,10).	0,00/0,55/0,65
B) Sim. A anuência do poder concedente é necessária para a transferência de controle acionário da concessionária, sob pena de caducidade do contrato (0,50), nos termos do art. 27 da Lei n. 8.987/95 (0,10).	0,00/0,50/0,60

(36º Exame) Com vistas a otimizar os serviços de limpeza urbana, destinação final e tratamento do lixo, o Município Ômega objetiva formalizar uma parceria público privada, na modalidade concessão administrativa. Para tanto, o ente federativo fez publicar instrumento convocatório com a minuta do contrato, que, dentre as cláusulas necessárias e pertinentes, estabeleceu como critério de julgamento para o certame a combinação dos critérios de melhor técnica, de acordo com pesos estabelecidos pelo edital, com o menor valor da contraprestação a ser paga pela Administração. Além disso, o instrumento convocatório previu que, para a formalização do contrato, será necessária a criação de uma sociedade de propósito específico pela vencedora da licitação, a qual ficará incumbida de implantar e gerir o objeto da parceria. A sociedade empresária Alfa está interessada em participar da licitação, de modo que procura você, como advogado (a), a fim de esclarecer, fundamentadamente, as dúvidas a seguir.

A) A combinação de critérios de julgamento estabelecida no instrumento convocatório é válida?

B) É lícita a exigência editalícia no sentido de impor a criação de uma sociedade de propósito específico para a formalização do contrato em questão?

Obs.: o(a) examinando(a) deve fundamentar suas respostas. A mera citação do dispositivo legal não confere pontuação.

GABARITO:

A) Sim. É válida a combinação do critério de melhor técnica, de acordo com os pesos estabelecidos no edital, com o de menor valor da contraprestação a ser paga pela Administração, nos termos do art. 12, inciso II, alínea b, da Lei n. 11.079/2004.

B) Sim. A exigência é válida, na medida em que o contrato de parceria público privada deve ser formalizado com a sociedade de propósito específico, que será incumbida de implantar e gerir o objeto da parceria, nos termos do art. 9º da Lei n. 11.079/2004.

DISTRIBUIÇÃO DOS PONTOS

ITEM	PONTUAÇÃO
A) Sim. É válida a combinação dos critérios de melhor técnica, de acordo com os pesos estabelecidos no edital, com o de menor valor da contraprestação a ser paga pela Administração (0,50), nos termos do art. 12, inciso II, alínea b, da Lei n. 11.079/2004 (0,10).	0,00/0,50/0,60
B) Sim. A exigência é válida, na medida em que o contrato de parceria público privada deve ser formalizado com a sociedade de propósito específico, que será incumbida de implantar e gerir o objeto da parceria (0,55), nos termos do art. 9º da Lei n. 11.079/2004 (0,10).	0,00/0,55/0,65

(XXV Exame) A sociedade empresária Alfa, percebendo a necessidade de duplicação das faixas de rolamento em uma determinada rodovia federal, apresentou, autorizada pelo poder público, um estudo detalhado para mostrar que a demanda atual era maior do que a capacidade da pista. No entender da empresa, haveria uma demanda reprimida pela utilização da via, prejudicando e encarecendo o escoamento de grãos para os principais portos brasileiros. O Governo Federal, ciente das suas limitações orçamentárias, decidiu fazer uma concessão de serviço público precedida da execução de obra pública. Os estudos feitos pela sociedade empresária Alfa foram utilizados na estimativa do fluxo de caixa feita pela Administração e estavam disponíveis para consulta pelos interessados. Após o procedimento licitatório, sagrou-se vencedor o consórcio Sigma, formado pelas empresas Beta e Gama. Na qualidade de advogado(a) consultado(a), responda aos itens a seguir.

A) O consórcio vencedor do certame pode ser obrigado a pagar pelos estudos desenvolvidos pela sociedade empresária Alfa?

B) O consórcio Sigma está obrigado, por lei, a se constituir em sociedade empresária antes da celebração do contrato com o poder concedente?

Obs.: o(a) examinando(a) deve fundamentar as respostas. A mera citação do dispositivo legal não confere pontuação.

GABARITO:

A) Sim, o consórcio pode ser obrigado a pagar os estudos, pois são de utilidade para a licitação, foram realizados com a autorização do poder concedente e estavam à disposição dos interessados no certame, conforme disposto no art. 21 da Lei n. 8.987/95.

B) Não. O consórcio não está obrigado por lei a se constituir em sociedade empresária. No entanto, o edital pode exigir do consórcio a constituição de sociedade empresária, mas desde que tal exigência esteja alinhada com o interesse do serviço a ser concedido, conforme disposto no art. 20 da Lei n. 8.987/95.

DISTRIBUIÇÃO DOS PONTOS

ITEM	PONTUAÇÃO
A) Sim, o consórcio pode ser obrigado a pagar os estudos, porque foram realizados com a autorização do poder concedente (0,40) e estavam à disposição dos interessados no certame (0,20), conforme disposto no art. 21 da Lei n. 8.987/95 (0,10).	0,00/0,20/0,30/0,40/ 0,50/0,60/0,70
B) Não. O consórcio não está obrigado por lei a se constituir em sociedade empresária (0,30). O edital, não a lei, pode trazer tal exigência, desde que esteja alinhada com o interesse do serviço a ser concedido (0,15), conforme disposto no art. 20 da Lei n. 8.987/95 (0,10).	0,00/0,15/0,25/0,30/ 0,40/0,45/0,55

(**XX Exame**) A sociedade empresária "Mais Veloz", concessionária do serviço público de transporte ferroviário de passageiros no Estado X, está encontrando uma série de dificuldades na operação de um dos ramais do sistema ferroviário. Os consultores da sociedade empresária recomendaram aos seus administradores a manutenção da concessão, que é lucrativa, e a subconcessão do ramal que está gerando problemas. Os consultores, inclusive, indicaram o interesse de duas empresas em assumir a operação do ramal – e ambas atendem a todos os requisitos de qualificação que haviam sido inicialmente exigidos no edital de concessão do serviço. Com base no caso apresentado, responda fundamentadamente.

A) Caso seja silente o contrato de concessão celebrado, pode haver a subconcessão do ramal que está gerando problemas operacionais?

B) Caso autorizada a subconcessão, a sociedade empresária "Mais Veloz" pode escolher livremente uma das duas empresas para celebrar o contrato de subconcessão?

Obs.: o examinando deve fundamentar suas respostas. A mera citação do dispositivo legal não confere pontuação.

GABARITO:

A) Não. A subconcessão é admitida em nosso ordenamento, mas, nos termos do art. 26 da Lei n. 8.987/95, deve haver expressa previsão no contrato de concessão.

B) Não. A outorga de subconcessão, nos termos do art. 26, § 1º, da Lei n. 8.987/95, será sempre precedida de concorrência, não podendo, portanto, haver uma escolha por parte da sociedade empresária "Mais Veloz".

DISTRIBUIÇÃO DOS PONTOS

ITEM	PONTUAÇÃO
A) Não, pois a subconcessão só é admitida quando houver expressa previsão no contrato de concessão (0,55), conforme previsão do art. 26, *caput*, da Lei n. 8.987/95 (0,10).	0,00/0,55/0,65
B) Não, pois a outorga de subconcessão será sempre precedida de concorrência (0,50), nos termos do art. 26, § 1º, da Lei n. 8.987/95 (0,10).	0,00/0,50/0,60

TERCEIRO SETOR

(37º Exame) A Associação Vivaoverde, constituída há cinco anos, destina-se a promover boas práticas para a proteção do meio ambiente e visa a qualificar-se como Organização da Sociedade Civil de Interesse Público (OSCIP), para fins de formalizar a respectiva parceria com o governo federal, mas está com fundadas dúvidas acerca do tema, em razão do que consulta sua assessoria jurídica. Diante desta situação hipotética, responda aos itens a seguir.

A) A qualificação pretendida por Associação Vivaoverde é ato discricionário? Justifique.

B) Qual é o instrumento adequado para a formação do vínculo de cooperação entre as partes no âmbito da parceria pretendida? Justifique.

Obs.: o(a) examinando(a) deve fundamentar suas respostas. A mera citação do dispositivo legal não confere pontuação.

GABARITO:

A) Não. A qualificação como Organização da Sociedade Civil de Interesse Público (OSCIP) é ato vinculado, consoante o art. 1º, § 2º, da Lei n. 9.790/99.

B) O instrumento adequado para a formação do vínculo de cooperação entre uma entidade qualificada como Organização da Sociedade Civil de Interesse Público (OSCIP) e o Poder Público é o termo de parceria, na forma do art. 9º e seguintes da Lei n. 9.790/99 (podem ser mencionados do art. 9º ao 15-B, da aludida Lei).

DISTRIBUIÇÃO DOS PONTOS

ITEM	PONTUAÇÃO
A) Não. A qualificação como Organização da Sociedade Civil de Interesse Público (OSCIP) é ato vinculado (0,50), consoante o art. 1º, § 2º, da Lei n. 9.790/99 (0,10).	0,00/0,50/0,60
B) O instrumento adequado é o termo de parceria (0,55), na forma do art. 9º da Lei n. 9.790/99 (0,10).	0,00/0,55/0,65

(XXXI Exame) Eustáquio, prefeito eleito do Município Alfa, pretende implementar, ao longo de sua administração, projetos que atendam ao interesse público. A gestão desses projetos seria realizada em associação a outros entes da Administração e em parceria com a sociedade civil. Após a posse, Eustáquio realizou numerosas consultas e audiências públicas, e, com base nos estudos elaborados, concluiu que seria pertinente a formalização de um convênio com os Municípios Beta e Gama para promover o turismo na região, bem como estabelecer um acordo de cooperação com entidades da sociedade civil voltadas para a área de saúde. Diante dessa situação hipotética, responda, fundamentadamente, aos questionamentos a seguir.

A) A formalização de convênio entre os mencionados Municípios deve ser precedida de chamamento público, na forma exigida para os regimes de parceria?

B) O Município Alfa, para formalizar a parceria por meio do acordo de cooperação, pode transferir recursos financeiros do erário para uma organização da sociedade civil que venha a ser selecionada mediante a realização de chamamento público?

Obs.: o(a) examinando(a) deve fundamentar suas respostas. A mera citação do dispositivo legal não confere pontuação.

GABARITO:

A) Não. Os convênios entre entes federados não se submetem ao regime da Lei n. 13.019/2014 ou estão submetidos ao art. 116 da Lei n. 8.666/93, consoante se depreende do art. 84, parágrafo único, inciso I, da Lei n. 13.019/2014.

B) Não. Os acordos de cooperação não admitem a transferência de recursos financeiros, na forma do art. 2º, inciso VIII-A, da Lei n. 13.019/2014.

DISTRIBUIÇÃO DOS PONTOS

ITEM	PONTUAÇÃO
A) Não. Os convênios entre entes federados não se submetem ao regime da Lei n. 13.019/2014 ou estão submetidos ao art. 116 da Lei n. 8.666/93 (0,50), consoante se depreende do art. 84, parágrafo único, inciso I, da Lei n. 13.019/2014 (0,10).	0,00/0,50/0,60
B) Não. Os acordos de cooperação não admitem a transferência de recursos financeiros (0,55), na forma do art. 2º, inciso VIII-A, da Lei n. 13.019/2014 (0,10).	0,00/0,55/0,65

TRIBUNAL DE CONTAS

(39º Exame) Jaqueline é servidora pública ocupante de cargo efetivo em determinado Tribunal Regional Federal e atualmente é a responsável pelo controle interno do Tribunal. No exercício de suas funções, Jaqueline tomou conhecimento de ilegalidade, consistente em fraude em contrato administrativo celebrado pelo Tribunal com determinada sociedade empresária, que causou dano ao erário no valor de R$ 600.000,00 (seiscentos mil reais). No entanto, mesmo não tendo qualquer participação no ilícito, Jaqueline preferiu quedar-se omissa e sequer deu ciência da ilegalidade ao Tribunal de Contas da União. No caso em tela, em matéria de controle da Administração Pública, com base no texto da Constituição Federal, responda às perguntas a seguir.

A) Jaqueline, como agente público responsável pelo controle interno, pode ser responsabilizada por sua omissão? Justifique.

B) Quem possui legitimidade para denunciar, perante o Tribunal de Contas da União, ilegalidade como a narrada acima? Justifique.

Obs.: o(a) examinando(a) deve fundamentar suas respostas. A mera citação do dispositivo legal não confere pontuação.

GABARITO:

A) Sim. Ao tomar conhecimento da ilegalidade resultante de fraude contratual, Jaqueline deveria ter dado ciência ao Tribunal de Contas da União, por ser atividade inerente a sua função como agente de controle interno. Por sua omissão, Jaqueline estará sujeita à responsabilidade solidária, conforme art. 74 § 1º, da CRFB/88.

B) É parte legítima para denunciar a ilegalidade do caso exposto perante o Tribunal de Contas da União qualquer cidadão, partido político, associação ou sindicato, como reza o art. 74, § 2º, da CRFB/88.

DISTRIBUIÇÃO DOS PONTOS

ITEM	PONTUAÇÃO
A) Sim. Diante de sua omissão, Jaqueline está sujeita à responsabilidade solidária (0,55), conforme dispõe o art. 74, § 1º, da CRF/88 (0,10).	0,00/0,55/0,65
B) Qualquer cidadão, partido político, associação ou sindicato é parte legítima para, na forma da lei, denunciar a ilegalidade narrada perante o Tribunal de Contas da União (0,50), consoante estabelece o art. 74, § 2º, da CRFB/88 (0,10).	0,00/0,50/0,60

PRÁTICA ADMINISTRATIVA

(XXX Exame) Em sede de controle realizado pelo Tribunal de Contas da União sobre contrato de obra de grande vulto, celebrado entre a União e a sociedade empresária Engenhoca S/A, foi apurada a existência de fraudes na respectiva licitação, além de graves vícios insanáveis na formalização da avença. No procedimento administrativo de apuração, apenas a União foi instada a se manifestar e, após a consideração dos argumentos apresentados por esta, a Corte de Contas prolatou decisão no sentido de sustar, diretamente, a execução do contrato e notificou o poder executivo para tomar, de imediato, as providências cabíveis. Os representantes da sociedade empresária Engenhoca S/A procuram você, na qualidade de advogado(a), para responder, fundamentadamente, aos questionamentos a seguir.

A) A sociedade empresária Engenhoca S/A deveria ter sido chamada pelo Tribunal de Contas a participar do processo administrativo de apuração?

B) A Corte de Contas é competente para realizar, diretamente, o ato de sustação do aludido contrato?

Obs.: o(a) examinando(a) deve fundamentar suas respostas. A mera citação do dispositivo legal não confere pontuação.

GABARITO:

A) Sim. A Corte de Contas, considerando o objeto específico do controle externo e que os atos decorrentes dele podem repercutir na esfera jurídica de Engenhoca S/A, deveria ter intimado a contratada para participar do processo administrativo que resultou na sustação do contrato. Essa iniciativa respeitaria o princípio do devido processo legal ou da ampla defesa e do contraditório, na forma do art. 5º, inciso LIV OU inciso LV, da CRFB/88, ou da Súmula Vinculante 3 do STF.

B) Não. A decisão da Corte de Contas, de sustar, diretamente, o contrato administrativo, é inconstitucional porque tal ato é de competência do Congresso Nacional, nos termos do art. 71, § 1º, da CRFB/88.

DISTRIBUIÇÃO DOS PONTOS

ITEM	PONTUAÇÃO
A) Sim. A Corte de Contas deveria ter intimado a contratada para participar do processo administrativo que resultou na sustação do contrato, em respeito ao princípio do devido processo legal ou da ampla defesa e do contraditório (0,55), na forma do art. 5º, incisos LIV ou LV, da CRFB/88, ou consoante estabelecido pela Súmula Vinculante 3 do Supremo Tribunal Federal ou art. 2º da Lei 9.784/99 ou art. 43, II, da Lei 8.443/92 (0,10).	0,00/0,55/0,65
B) Não. A competência para sustação de contrato administrativo é do Congresso Nacional (0,50), nos termos do art. 71, § 1º, da CRFB/88 ou do art. 45, § 2º, da Lei 8.443/92 (0,10).	0,00/0,50/0,60

REGIME JURÍDICO DAS PARCERIAS (LEI N. 10.019/2014)

(41º Exame) Determinada organização da sociedade civil tem, entre as suas principais atribuições, o desenvolvimento de projetos voltados para a alimentação saudável de crianças em idade escolar.

Após aprofundado estudo, a entidade elaborou uma proposta que acredita ser de grande interesse para o Poder Público. Assim, deseja apresentá-la, a fim de que a Administração avalie a possibilidade de realizar um chamamento público para estabelecer uma parceria com fulcro na Lei n. 13.019/2014.

Em razão disso, os representantes da mencionada organização da sociedade civil buscaram sua assessoria jurídica para dirimir as dúvidas a seguir.

A) Qual é o instrumento previsto na norma em comento que viabiliza a apresentação da proposta pretendida pela mencionada organização da sociedade civil?

B) A organização da sociedade civil ficaria impedida de participar de eventual chamamento público que venha a ser realizado a partir de sua proposta?

Obs.: o(a) examinando(a) deve fundamentar suas respostas. A mera citação do dispositivo legal não confere pontuação.

GABARITO:

A) O PMI (Procedimento de Manifestação de Interesse) foi o instrumento determinado pela Lei n. 13.019/2014, em seu art. 18, através do qual as organizações da sociedade civil poderão apresentar propostas ao Poder Público para que este avalie a possibilidade de realização de um chamamento público objetivando a celebração de uma parceria.

B) Não. A proposição no PMI não impede a participação em eventual chamamento público subsequente, conforme reza o art. 21, § 2º, da Lei n. 13.019/2014.

DISTRIBUIÇÃO DE PONTOS

ITEM	PONTUAÇÃO
A) O instrumento previsto é o Procedimento de Manifestação de Interesse Social (0,50), nos termos do art. 18 da Lei n. 13.019/2014 (0,10).	0,00/0,50/0,60
B) Não. A proposição no Procedimento de Manifestação de Interesse Social não impede a organização da sociedade civil de participar no eventual chamamento público subsequente (0,55), nos termos do art. 21, § 2º, da Lei n. 13.019/2014 (0,10).	0,00/0,55/0,65

Súmulas selecionadas

Acesse o *QR Code* e veja as súmulas que foram selecionadas pelos autores para auxiliar seus estudos.

> *http://uqr.to/1wzsk*

Referências

BONAVIDES, Paulo. *Curso de direito constitucional*. 32. ed. São Paulo: Malheiros, 2017.

CARVALHO FILHO, José dos Santos. *Manual de direito administrativo*. 31. ed. Rio de Janeiro: Atlas, 2017.

DI PIETRO, Maria Sylvia Zanella. *Direito administrativo*. 30. ed. São Paulo: Forense, 2017.

FERREIRA FILHO, Manoel Gonçalves. *Do processo legislativo*. 7. ed. São Paulo: Saraiva, 2012.

MADEIRA, José Maria Pinheiro. *Administração Pública*. 12. ed. Rio de Janeiro: Freitas Bastos, t. I, 2014.

MELLO, Celso Antônio Bandeira de. *Curso de direito administrativo*. 33. ed. São Paulo: Malheiros, 2016.